Jeshajahu Leibowitz

im Gespräch mit Michael Shashar

Am Ende dieses Buches finden Sie ein alphabetisch geordnetes Glossar. Dies ergänzt Erläuterungen, die in den Text eingearbeitet wurden.

Bei der Zusammenstellung des Glossars haben wir uns von der Erwartung leiten lassen, daß dieses wichtige Buch einen Leserkreis findet, der bis in die Oberstufenkurse und Gesprächsgruppen der Gewerkschaftsjugend reicht.

Die Gespräche, die diesem Buch zugrundeliegen, wurden bis 1987 geführt.

Umschlaggestaltung von Sarah Schumann

Impressum
Gespräche über Gott und die Welt
Übersetzt aus dem Hebräischen
Übersetzer: Matthias Schmidt
Originaltitel: Al olam umlo'oh
© 1987 by Keter Publishing, Jerusalem
© 1990 deutsche Ausgabe by Alibaba Verlag GmbH,
Frankfurt
Satz: Textline GmbH, Oberursel
Printed in Yugoslavia
ISBN 3-927 926-01-9
DVORAH VERLAG ist das Literaturprogramm
im ALIBABA VERLAG

Jeshajahu Leibowitz
mit Michael Shashar

Gespräche über Gott und die Welt

Herausgegeben von Michael Shashar
Übersetzt von Matthias Schmidt

DVORAH VERLAG
Frankfurt am Main

Inhalt

Vorwort (Michael Shashar) 7

Zionismus und der Staat Israel
Der siebente Tag 9
Nationalismus 24
Begegnungen mit führenden Persönlichkeiten 37

Das jüdische Volk
Die Wissenschaft des Judentums 46
Jüdische Kreativität 60
Judentum und Christentum 67
Wer ist Jude? 82
Antisemitismus 89
Nazismus 98

Judentum
Religion und Staat 105
Das große meta-halachische Problem 110
Mythologie 117
Autorität und Verantwortung 125
Gebet 149
Halacha und Meta-Halacha 155

Kultur, Geist und Werte des Menschen
Das psychophysische Problem 166
Psychologie und Wissenschaft 176
Die Hebräische Enzyklopädie 183
Der Kibbutz 191
Determinismus 198
Humanismus 203
Charisma 210
Demokratie 215
Sozialismus 220

Über Leben und Tod
Der Sinn des Lebens 228
Sterbehilfe (Euthanasie) 232
Organtransplantation 238
Lebensgrenzen 241
Die Gesellschaft und der Tod 246

Leibowitz über Leibowitz
Bestrebungen 252
Jugend 259
Zwischen Kunst und Pornographie 265
Zensur 272
Radikalismus und Stil 276

Zum Abschluß (Michael Shashar) 281
Biografisches 295
Glossar 297

*In Liebe, Schmerz und Sehnsucht
meinem Vater Dr. Simon Schereschewsky,
dem Arzt der Kranken,
Helfer der Schwachen,
Wohltäter der Armen,
und Kämpfer für den Frieden,
der während der Abfassung dieses Buches am 3. Februar 1987
(7. Shevat 5747) verstarb.*

Vorwort

> »Vieles wird von Zweien getan, weil der Einzelne allein es nicht beginnt.«
> Raschi zu Kohelet

Meine Eltern, Dr. Simon und Elfriede Schereschewsky, trafen mit Jeshajahu Leibowitz und seiner Gattin, Dr. Grete Leibowitz, in unterschiedlichen Lebensabschnitten in Deutschland und in Israel zusammen. Seit gut fünfzig Jahren wohnen beide Familien nun in Jerusalem, und auch die Kinder, darunter ich selbst, kennen einander gut und pflegen freundschaftliche Verbindungen. So fühlte ich mich frei, die Idee zu diesem Buch zunächst Frau Leibowitz und den Kindern vorzustellen.

Durch die Zustimmung der Familie ermuntert trug ich die Idee Leibowitz selbst vor und stieß sofort auf völlige Ablehnung. »Meine Ansichten«, so sagte Leibowitz, »kann man in meinen Vorträgen hören oder in meinen Aufsätzen und Büchern lesen, meine Persönlichkeit aber ist nicht interessant!« Es schien, als ob ich meine Idee unter diesen Worten endgültig begraben mußte.

Einige Wochen vergingen, sogar Monate. Ich traf Leibowitz hier und dort und durch Zufall, fand aber keine Gelegenheit, mein Ansinnen erneut anzusprechen. Und dann, eines Samstagabends, rief Prof. Leibowitz bei mir an, um mir seinen Beifall zu einem Artikel auszudrücken, den ich veröffentlicht hatte.

Während unseres Telefongespräches nun wußte ich, daß dies die Gelegenheit war, noch einmal die Idee zu diesem Buch anzusprechen, und so schlug ich eine »Verabredung zu einem Gespräch« vor.

Diesmal erhielt ich zu meiner großen Freude eine positive Antwort.

★

»Über Gott und die Welt« ist das Ergebnis von unzähligen Stunden, die wir zu zweit oder manchmal zu dritt – wenn sich nämlich Frau Leibowitz zu uns setzte – in den letzen Jahren im Gespräch über alles und jedes verbrachten. Ohne Übertreibung muß ich sagen, daß ich im Verlauf jener Monate auf sehr intensive Weise Leibowitz erlebte.

Nicht immer gelang es uns, ein Thema in einer Sitzung erschöpfend zu behandeln, oft war dann ein zusätzliches Gespräch notwendig.

Unsere Gespräche fanden in Leibowitz' Wohnung in Jerusalem, in seinem Arbeitszimmer, das mit judaistischen und philosophischen Bücher angefüllt ist, oder in seinem Arbeitszimmer in der Hebräischen Universität statt, auch hier alles mit Büchern der exakten Wissenschaften (Leibowitz ist Professor für Chemie) randvoll. Meist unterhielten wir uns zwei oder drei Stunden. Alle Gespräche wurden mit dem Tonband aufgezeichnet. Nachdem ich die Gespräche vom Band auf Papier übertragen hatte, gab ich Leibowitz das Material zur billigenden Lektüre.

Michael Shashar
Jerusalem, Februar 1990

Zionismus und der Staat Israel

> ». . . und wir haben keine anderen Wertinhalte als die jüdische Faust.«

Der siebente Tag

Michael Shashar: Prof. Leibowitz, wie sieht Ihr politisches Programm für die Lösung des Konfliktes zwischen Israel und den Palästinensern aus?

Jeshajahu Leibowitz: Mein politisches Programm fordert die Teilung des Landes zwischen dem jüdischen und dem palästinensischen Volk. Ich lehne den Autonomieplan mit aller Schärfe ab, denn dieser Plan ist nichts anderes als ein heuchlerischer und gemeiner Trick, um die jüdische Gewaltherrschaft über das palästinensische Volk aufrechtzuerhalten.

Sie treten für eine Teilung des Landes in den Grenzen von 1967 ein?

Über die Einzelheiten kann man verhandeln; die Anerkennung des Rechtes des palästinensischen Volkes auf politische Unabhängigkeit durch Israel muß vorausgesetzt sein und darf nicht zum Verhandlungsgegenstand werden. Das bedeutet andererseits selbstverständlich, daß die Palästinenser den Staat Israel anerkennen müssen. Die Teilung des Landes zwischen den beiden Völkern wird also zu einer Existenz des Staates Israel neben einem Staat Palästina führen.

Und wenn die Palästinenser damit nicht einverstanden sind?

Dann bleibt nichts anderes übrig, als im augenblicklichen Zustand weiterzuleben. Praktisch wird dieser Zustand zu einem Krieg auf Leben und Tod zwischen Israel und der arabischen Welt führen. Aber im Augenblick besteht keinerlei Grund zu der Annahme, die Palästinenser könnten mit einem derartigen Plan nicht einverstanden sein. Tatsächlich sind wir es doch, die nicht zu Verhandlung und Teilung bereit sind! Israel wollte in der Vergangenheit keinen Frieden und will auch heute keinen Frieden, sondern ist allein an der Aufrechterhaltung der Herrschaft über die besetzten Gebiete interessiert.

Sehen Sie nicht die Gefahr, daß auch die Araber im Staat Israel zu einem palästinensischen Staat gehören wollen, wenn dieser Staat erst einmal errichtet worden ist?

Jeder Araber in Israel wird sich selbstverständlich als Bürger einem palästinensischen Staat anschließen wollen! Aber wir sprechen doch im Augenblick darüber, daß sich beide Seiten mit einer Teilung abfinden müssen. Wir müssen uns damit abfinden, daß weder Nablus, noch Hebron und Jericho zu unserem Hoheitsgebiet gehören werden, die Araber aber werden sich damit abfinden müssen, daß Galiläa nicht zu ihrem Staat gehören wird. Wenn beide Seiten einer derartigen Teilung nicht zustimmen, dann wird es keine Lösung geben – dann gehen beide Völker einer Katastrophe entgegen.

Bei allem, was Sie über Ben-Gurion gesagt haben (*Leibowitz schrieb seinerzeit den Artikel über Ben-Gurion in dem Ergänzungsband der »Hebräischen Enzyklopädie« und zog sich mit seinen kritischen Worten heftigen Zorn von vielen Seiten zu*), **dachte er doch mehr als einmal deutlich, daß er in den Grenzen von 1967 die endgültigen Grenzen des Staates Israel sehe. Auch Sie können nicht mit aller Entschiedenheit behaupten, daß in den 50 Jahren, die inzwischen vergangen sind, keinerlei Versuche von jüdischer Seite gemacht wurden, in Gespräche mit den Arabern einzutreten und mit ihnen zu einem Einverständnis zu gelangen. Es ist doch nicht richtig, daß auf unserer Seite nur die schwarzen Schafe stehen und auf der arabischen nur die weißen.**

Habe ich in dieser Hinsicht auch nur ein einziges Wort gesagt?! Sie legen mir die Worte in den Mund. Ich meine nicht, daß wir nur die schwarzen Schafe sind, die Araber

aber nur die weißen. Das haben Sie sich irgendwie ausgedacht. Alles, was ich gesagt habe, bezog sich auf die Ereignisse nach 1967. Der Sechs-Tage-Krieg war eine historische Katastrophe des Staates Israel. Bis heute weigern wir uns, mit den Palästinensern in Verhandlungen einzutreten. Wer wies den ausdrücklichen Friedensvorschlag Sadats zurück? Moshe Dayan. Dayan war damals der angesehenste repräsentative Vertreter des jüdischen Volkes im Staat Israel, das lieber Sharam-a-Sheich ohne Frieden als Frieden ohne Sharam-a-Sheich wollte! Hierin müssen wir leider den deutlichen Beweis dafür sehen, daß Israel keinen Frieden will, sondern allein an der Erhaltung der Oberherrschaft über die Palästinenser interessiert ist. Sadat bot Frieden an und verlangte noch nicht einmal unseren Rückzug vom Sinai – nur auf dem Rückzug vom Suez-Kanal bestand er. Unsere Hartnäckigkeit aber führte dann letztendlich zum Jom-Kippur-Krieg.

Wie sollten wir uns also Ihrer Meinung nach heute verhalten?

Wie beim Sinai. Wir müssen Verhandlungen vorschlagen. Das bedeutet dann: Israel will Frieden auf der Basis der Teilung des Landes zwischen beiden Völkern. Das Streben und Trachten des heutigen Israel zielt jedoch auf die Erhaltung einer jüdischen Gewaltherrschaft über ein anderes Volk. Ein Achtzehnjähriger, der heute zur Armee eingezogen wird, wird nicht zur Verteidigung des Staates Israel eingezogen – sondern er wird in die arabischen Städte und Dörfer geschickt, um dort die Bevölkerung einzuschüchtern. Die empfindsamen unter den jungen Leuten spüren das sehr wohl. Ich werde von Besuchen junger Soldaten und Offiziere überschwemmt, die ausdrücklich sagen, sie könnten nicht ertragen, was dort in den Städten und Dörfern geschieht.

Sie haben den Sechs-Tage-Krieg als eine historische Katastrophe bezeichnet. Wann sind Sie das erste Mal zu dieser Einsicht gekommen?

Am siebenten Tag. Am Tage nach dem Sechs-Tage-Krieg. Sofort. Heute erinnern mich viele daran, daß ich bereits damals gesagt habe, der Geheimdienst, der Shin-Bet *(der israelische Sicherheitsdienst)* und die Geheimpolizei werden zu den zentralen Institutionen des Staates Israel werden. Wenn man das System jüdischer Gewaltherrschaft über ein anderes Volk erhalten will, dann bleibt keine andere Wahl, als den Shin-Bet zu dem Zentrum der politischen Realität zu machen.

Wenn ich mich nicht irre, sagten Sie damals, die Eroberung – oder Befreiung – Jerusalems habe eine große Bedeutung für die Geschichte Israels.

Gewiß, in sentimentaler und emotionaler Sicht. Ich glaube jedoch nicht, daß die Eroberung Jerusalems wirklich einen echten Wert darstellt. Aber was soll man tun, der Mensch ist ein sentimentales Wesen und kein Computer.

Haben Sie Hebron, Bethlehem und Jericho besucht?

Ja, sicherlich.

Aus einem sentimentalen Gefühl heraus?

Sollte ich etwa nicht daran interessiert sein, diese Städte zu sehen?!

Was fühlten Sie?

Nichts.

Wie ein Besuch in Honolulu?

Nein. Das hier geht uns doch an. Natürlich. Wir, Sie und ich, dürfen uns nicht naiv stellen. Aber ich habe verstanden und eingesehen, daß es einfach ausgeschlossen ist, diese Städte unserer Vorväter in unseren Machtbereich zurückzubringen.

Gehen Sie manchmal zur West-Mauer *(Klagemauer)* in der Jerusalemer Altstadt?

Die West-Mauer in ihrem heutigen Zustand ist in meinen Augen abscheulich.

Sie vermeiden es also bewußt, zur West-Mauer zu gehen?

Manchmal finde ich Gelegenheit, in die Altstadt zu gehen. Dann sehe ich die West-Mauer aus der Ferne. Aber was dort geschieht, ruft in mir Ekel und Abscheu hervor.

Gingen Sie vor der Staatsgründung zur West-Mauer?

Ja. Aber damals existierte wirklich eine reine Gefühlsbeziehung zu diesem Ort, und es gab daran nichts auszusetzen.

Schon zu jener Zeit nannten Sie Ben-Gurion »Jerobeam ben Nebat« *(israelitischer König der biblischen Epoche, der heidnische Kulte in Israel eingeführt hat).*

Niemals habe ich Ben-Gurion so genannt. Aber wenn mir schon jemand diesen Namen für Ben-Gurion in den Mund legt, dann frage ich: Ist Jerobeam ben Nebat nicht ein integraler Bestandteil der Geschichte des jüdischen Volkes? Der Staat Israel verliert mehr und mehr seine Bedeutung für die existentiellen Probleme des jüdischen Volkes und des Judentums. Überhaupt hat Israel aufgehört, ein Staat für das jüdische Volk zu sein. Israel ist nunmehr zu einem Machtmittel zur Erhaltung einer Gewaltherrschaft über ein anderes Volk geworden. Die Probleme des jüdischen Volkes werden heute im Rahmen des Staates Israel nicht behandelt; derartige Probleme finden ihre Lösung eher in Brooklyn, in den »chassidischen Höfen«. Diese Verlagerung der Probleme nach Brooklyn wird auf die Dauer nicht gut sein, das weiß ich wohl, aber dort ist es vielleicht noch möglich, derartige Dinge anzusprechen und zu lösen, nicht aber in Israel. Hier muß man alle zur Verfügung stehenden Kräfte – nicht nur die materiellen, sondern auch die seelischen – für die Herrschaft über Bethlehem und Jericho einsetzen. Israel ist kein Staat, der eine Armee unterhält, es ist eine Armee, die einen Staat besitzt. Die Welt bringt heute dem Staat Israel keinerlei Achtung und Wertschätzung mehr entgegen, von aufrichtiger Sympathie erst gar nicht zu sprechen, so wie es in den ersten Jahren nach der Staatsgründung in weiten Kreisen üblich war. Aber noch viel entscheidender ist, daß der Staat Israel den meisten Juden selbst immer fremder wird – und gerade nicht den schlechtesten unter ihnen –, weil der Staat in seinem heutigen Zustand wirklich keinen Lorbeerkranz für das jüdische Volk darstellt. Das haben wir getan, als wir nach 2000 Jahren Exil unsere nationale Unabhängigkeit wiedererlangt haben.

Vor nicht allzulanger Zeit kam ein junger Offizier zu mir, ein Kind der »Hitjaschwut ha-Ovedet«, der Kibbutzbewegung, der im Rahmen der humanistischen Erziehung seines Kibbutz aufgewachsen und erzogen worden ist und Werte erhalten hat, die ihm wirklich aufrichtig in Fleisch und Blut übergangen sind. Er erzählte mir, er sei gerne zur Armee gegangen und habe auch an einem Offizierskurs teilgenommen, um dem Volk mit all seiner Kraft dienen zu können. Nun aber sei er nicht zur Landesverteidigung in den Libanon geschickt worden, sondern zusammen mit seinen Kameraden in eine der Städte auf der West-Bank. Ihre Aufgabe bestünde darin, jeden Morgen in den Straßen Ramallahs zu patrouillieren, ausgerüstet mit den besten amerikanischen Waffen – »und wir«, so erzählte er, »fühlten die Feindschaft, mit der man uns betrachtete und auch den Schrecken und die Angst der Einwohner. Ich fragte mich: Was tue ich hier? Wozu sind wir eigentlich hier?!« Dann sei es eines Tages zu einer Demonstration *(der arabischen Bevölkerung)* gekommen – selbstverständlich eine illegale, denn die israelische Demokratie verbietet den Arabern zu demonstrieren – und eben jener Offizier und seine Kameraden hätten den Auftrag erhalten, diese Demonstration zu zerstreuen. Sie hätten natürlich die Anweisung erhalten, ein Blutvergießen zu vermeiden. Aber die Demonstranten hätten sich geweigert, sich zu zerstreuen, ja einer von ihnen habe sogar eine palästinensische Flagge gehißt. Da sei der Befehl gegeben worden, Warnschüsse in die Luft abzugeben, worauf alle Demonstranten geflohen seien. Am Orte sei ein verletztes Kind zurückgeblieben. Natürlich sei das Kind sofort in ein Krankenhaus gebracht worden – aber, so erzählte mir der Offizier – dies habe ihm doch das Herz gebrochen. Plötzlich habe er verstanden, daß alles Lüge sei; die gesamte Erziehung, die er erhalten habe, und alle Slogans, die er gehört habe, – alles Lüge! Er fragte mich, ob es richtig sei, in dem Moment, in dem er die Uniform ablege, aus Israel auszuwandern. *(Alles dies hatte sich noch vor Ausbruch der Intifada abgespielt. – M.S.)* Wenn ihm die politische Unabhängigkeit des jüdischen Volkes wichtig sei – so antwortete ich ihm –, dann müsse er im Lande bleiben und versuchen, einen Aufstand gegen die gegenwärtige Regierung zu organisieren. Als einzelner könne er sicherlich nichts erreichen (aber er sagte, es gäbe viele, die wie er empfinden), doch er solle einen Aufstand organisieren! Wenn ihm die Unabhängigkeit des jüdischen Volkes nichts bedeute, oder wenn er nicht Kraft und Mut habe, in Israel etwas verändern zu wollen, dann könne ich ihm auch keinen Grund nennen, das Land nicht zu verlassen.

Und wie erging es dem jungen Mann letztendlich?
Ich weiß nicht. Ich denke, er blieb hier; denn er sagte mir dies alles in großer Aufregung und mit innerer Erschütterung. Es ist ja bekannt, daß heute viele Menschen aus den Kibbutzim und Moschavim, ja selbst aus den religiösen Kibbutzim, das Land verlassen. Ich nehme an, Sie haben über die Offiziere a.D. aller Rangstufen gelesen, die heute in der ganzen Welt umherwandern und an den schmutzigsten Geschäften beteiligt sind, die man sich denken kann; einige dieser Offiziere haben zwanzig Jahre und mehr in der israelischen Armee gedient!
Traurig.
Ja, aber verständlich. Nachdem wir nunmehr keine anderen Wertinhalte haben als die jüdische Faust!
Begehen Sie mit dieser Idealisierung nicht ein Unrecht? Auch in der Zeit des »Palmach« *(freiwillige militärische Organisation vor der Gründung des Staates Israel)* **stand nicht alles zum besten.**
Absolute Tugend gibt es grundsätzlich nicht, aber damals war die Welt trotzdem eine andere.
Tatsächlich?
Ja, ich idealisiere die ersten 19 Jahre des Staates Israel keineswegs, aber damals gab es Möglichkeiten und Chancen; es gab die Möglichkeit, ein Staat für das jüdische Volk zu sein. Damals konnte man noch hoffen, daß der Staat die Arena werden wird, in der die entscheidenden jüdischen Kämpfe ausgetragen werden können; aber seit 1967 ist entschieden, daß Israel ein Mittel der Gewaltherrschaft darstellt.
Vielleicht resultiert das aus der Zusammensetzung der Bevölkerung aus Menschen mit unterschiedlicher Herkunft – Aschkenasim und Sephardim? Heute ist die politische Teilung doch eindeutig: Im rechten Lager stehen hauptsächlich die Sephardim, die den »Likud-Block« unterstützen, und im linken Lager wird der »Maarach« hauptsächlich von den Aschkenasim unterstützt.
Da leben Sie aber in einer schönen Traumwelt. Auch die Gruppen des »Lechi« *(rechtsorientierte Widerstandsgruppe vor der Staatsgründung)* und des »Izel« *(national-militärische Organisation; Widerstandsgruppe vor der Staatsgründung)* setzten sich allein aus Aschkenasim zusammen.

Ja, aber damals war der Einfluß der radikalen Kräfte nebensächlich, weil die Mehrheit der Juden in Palästina aschkenasisch war.
Der Einfluß war keineswegs nebensächlich und gering, und nach 1967 wurde diese Ideologie praktisch von fast der gesamten Öffentlichkeit übernommen.
Und zwar nachdem diese Öffentlichkeit vom demographischen Gesichtspunkt aus heute in ihrer Mehrheit sephardisch ist.
Nein. Nein, nachdem Israel ein System der Gewaltherrschaft geworden ist! Wer hat denn den Anfang aller dieser Probleme in dem Ausspruch, es gäbe kein palästinensisches Volk, gesetzt? Golda Meir! Golda Meir war doch der aschkenasische Mensch par excellence, oder nicht? Kann es aber wirklich unsere Angelegenheit sein, ja, sind wir dazu überhaupt befugt, zu entscheiden, ob das palästinensische Volk in der Vergangenheit existierte oder ob es heute existiert? Gibt es nicht genug Historiker, Soziologen und andere Intellektuelle – in aller Welt und selbst in Israel –, die die Existenz eines jüdischen Volkes bestreiten! Auf jeden Fall wissen wir recht gut, was der Slogan »Es gibt kein palästinensisches Volk« bedeutet – das ist Völkermord! Nicht im Sinne einer physischen Vernichtung des palästinensischen Volkes, sondern im Sinne der Vernichtung einer nationalen und/oder politischen Einheit. Zu der Zeit, als diese Linie festgelegt wurde, ging die Initiative dazu nicht von den Sephardim, nicht von den jemenitischen oder den marokkanischen Juden aus, sondern von den aschkenasischen Nationalisten! Kommen Druckmann und Waldmann *(Rabbiner; Knesset-Abgeordnete der national-religiösen Parteien)* etwa aus sephardischen Gemeinden?! Sammelt »Gush-Emunim« *(außerparlamentarische religiös-zionistische Bewegung, die in der Annektion der West-Bank und des Gaza-Streifens die Erfüllung des Zionismus sieht)* seine Anhänger etwa unter den Sephardim?! Schade, daß auch Sie von dieser propagandistischen Lüge infiziert worden sind!
Die Aschkenasim bilden den Generalstab, aber wenn es die Soldaten nicht gäbe – dann würden die Generäle nicht an die Macht gelangen.
Aber die Aschkenasim haben doch dieses Volk und die Massen zum Nationalismus erzogen. Glauben Sie wirklich,

daß die Mehrheit der marokkanischen Juden, der kurdischen oder jemenitischen, sich von selbst für die Eroberung von Jenin und Ramallah begeistern, oder daß die Problematik eines »Groß-Israel« überhaupt in ihrem Bewußtsein existiert? Die Behauptung, die Idee eines »Groß-Israel« sei wesentlicher Bestandteil des Zionismus, ist eine absolute Lüge! Eine Verbindung mit Eretz Israel im historischen Sinne besteht bei den Leuten der »Neturei Karta«-Gemeinden *(kleine Gruppe von extrem antizionistischen ultra-orthodoxen Gemeinden, die den Staat Israel ablehnen)*. Sie sind die strengsten Nationalisten im traditionellen Sinne.

Es scheint mir, dies ist auch der Standpunkt der National-Religiösen.

Nein, hier handelt es sich um einen Nationalismus, der in ein religiöses Gewand gekleidet worden ist. Allein schon der Ausdruck »national-religiös« ist schlimm und abstoßend!

Welche Haltung nahmen Sie seinerzeit zu der Frage eines bi-nationalen Staates ein, wie er von Jehuda Magnes *(1877-1948, Reformrabbiner in den Vereinigten Staaten und erster Präsident der Hebräischen Universität Jerusalem)* und Martin Buber vorgeschlagen worden ist?

Ich habe diesen Vorschlag abgelehnt. Was kann ein binationaler Staat von unserem Standpunkt aus bedeuten?

Sie haben den Vorschlag aus dem gleichen Grund wie heute abgelehnt: Entstehung einer arabischen Mehrheit in Israel?

Nein. Wer hätte sich damals träumen lassen, daß wir die Herrschaft erlangen könnten. Die Macht lag in den Händen der Briten.

Aber als man über einen bi-nationalen Staat sprach, meinte man kein britisches Protektorat.

Man sprach über so etwas wie ein britisches Dominion. Wer dachte damals an eine völlige Souveränität. Wer hätte auch nur in Erwägung gezogen, daß die Briten sich von hier zurückziehen und das britische Empire zusammenstürzen könnte?

Haben Sie jemals Araber aus den besetzten Gebieten getroffen?

Nein. Einmal wurde ich allerdings von der für Erziehung zuständigen Abteilung in der in Israel gelegenen arabischen Stadt Um-El-Fachem eingeladen, über das jüdisch-arabische Problem zu sprechen. Das Gespräch wurde auf Hebräisch geführt, und ich war von den Hebräischkenntnissen meiner Gesprächspartner sehr beeindruckt.

Sicherlich waren sie weitaus besser als unsere Arabischkenntnisse.

Ja. Ich bedauere übrigens wirklich außerordentlich, daß ich kein Arabisch gelernt habe, als ich vor 50 Jahren als junger Mann ins Land gekommen bin. Ich habe mit den Leuten in Um-El-Fachem ehrlich und offen gesprochen und zu verstehen gegeben, daß ich ihre Probleme als Bürger eines Staates Israel, der das palästinensische Volk und seine Unabhängigkeit ablehnt, sehr wohl sehe. Diese Leute leben in einer schrecklichen Situation. Einerseits besitzen sie die israelische Staatsbürgerschaft, andererseits gehören sie selbstverständlich dem palästinensischen Volk an. Aber auch hier wäre eine Teilung die Lösung des Problems. Ich sagte meinen Gesprächspartnern in Um-El-Fachem, daß ich mir sogar vorstellen könnte – in der Theorie –, daß in einem palästinensischen Staat die jüdische Stadt Kiryath-Arba weiter bestehen bleibt, als eine hebräische Stadt unter palästinensischer Herrschaft, so wie Um-El-Fachem als eine arabische Stadt unter israelischer Herrschaft existiert.

Auch der ehemalige Ministerpräsident Jitzchak Rabin hat einmal in einem Moment geistiger Erleuchtung gesagt: Warum ist es eine Katastrophe, wenn wir nach Etz-Zion *(ein Block jüdischer Siedlungen in Westjordanien, zur Zeit unter israelischer Herrschaft)* mit einem jordanischen Visum fahren? Wenn wir das Land teilen, dann werden die Einwohner von Etz-Zion an ihrem Platz bleiben, mitsamt der großen Talmudschule, und es wird dort zahlreiche jüdische Siedlungen geben, so wie es arabische Dörfer in Israel gibt.

Kann man Ihren Worten entnehmen, daß Sie sich nicht grundsätzlich gegen jüdische Siedlungen in den besetzten Gebieten stellen?

Heute bin ich sicherlich gegen diese Siedlungen, denn sie verhindern die Teilung des Landes. Das ist ja auch Zweck und Absicht dieser Siedlungen. Aber wenn die Teilung durchgeführt ist, und beide Staaten in friedlicher Koexistenz leben, dann sehe ich durchaus die Möglichkeit für eine Errichtung von jüdischen Siedlungen jenseits der Grenzlinie.

Ich meine, auch Yamit auf der Sinai-Halbinsel hätte als eine jüdische Stadt unter ägyptischer Regierungsgewalt weiterbestehen können. Ich weiß nicht, wer oder was das verhindert hat. Wollte Sadat nicht, oder wollten wir nicht?

Angenommen, Sie wären Außenminister des Staates Israel, würden Sie dann für eine neutrale Außenpolitik eintreten?

Heute ist es dafür zu spät. Es war Nachum Goldmann *(1894-1982; Präsident der zionistischen Weltorganisation und Gründer des jüdischen Weltkongresses)*, der das vorgeschlagen hatte.

Haben Sie mit ihm über dieses Thema gesprochen?

Ja. Er hat mir damals in sehr dramatischer Form erklärt, daß man nach der Gründung des Staates, als die Volksvertretung zwei Gesetze verabschiedete – das Gesetz der Gründung des Staates Israel und das Gesetz des Rechtes auf Rückkehr, das jeden Juden zur Einwanderung nach Israel berechtigt – ein drittes Gesetz hätte verabschieden müssen, demzufolge der Staat Israel neutral bleiben müsse und in internationalen Konflikten keinesfalls Partei ergreifen dürfe. Das hätte den neuen Staat in Wirklichkeit als Staat des jüdischen Volkes, das über die ganze Welt zerstreut ist, charakterisiert. Jeder Jude ist an seinem Ort ein loyaler Bürger seines Landes – ein amerikanischer Jude ist Bürger der Vereinigten Staaten, ein französischer Jude ist Bürger Frankreichs – solange er nicht nach Israel einwandert. Wenn wir uns also selbst als Staat des ganzen jüdischen Volkes begreifen wollen, dann dürften wir in internationalen Konflikten keinerlei Partei ergreifen.

Ein derartiges Gesetz hätte den Charakter Israels als eines Staates für das jüdische Volk wahrhaftig geprägt. Ich bin überzeugt, daß die gesamte Welt diese Haltung, die aus der besonderen Situation des jüdischen Volkes entspringt, verstanden und akzeptiert hätte. Durch eine derartige neutrale Position wäre unser Ansehen in der Welt gehoben worden und vielleicht – aber das ist nur eine Vermutung – wäre es dadurch auch leichter geworden, zu einem Kompromiß mit der arabischen Welt zu gelangen. Wahre Neutralität, in der wir weder den westlichen Imperialismus noch den kommunistischen Imperialismus unterstützt hätten, hätte vielleicht auch die Problemlösung in diesem Bereich erleichtert. Aber das kann nicht mit Sicherheit gesagt werden. Kein Zweifel besteht jedoch daran, daß durch eine neutrale Haltung Israels unsere Position in der Welt heute eine völlig andere wäre, und das hätte dem Staat Israel durchaus zur Ehre gereicht!

Führten Sie viele Gespräche mit Goldmann?

Nur in seinen letzten Lebensjahren. Aber auch zu dieser Zeit war er noch außerordentlich wach und intellektuell rege. Er war ein kluger Kopf, hatte aber ein sehr unsympathisches Wesen. Einige Dinge aber hat er ganz richtig begriffen.

Sehen Sie, die Schweiz ist kein Mitglied der Vereinten Nationen – obwohl jeder weiß, auf welche Seite sie gehört –, denn im Sicherheitsrat muß einmal pro und ein anderes Mal contra gestimmt werden, die Schweiz stimmt nicht ab! Sie ist Mitglied der UNESCO und anderer Organisationen, aber nicht der UNO. Das hätte auch der Status Israels sein können, wenn wir uns nicht in die Abhängigkeit von den Vereinigten Staaten begeben hätten.

Es ist gut möglich, daß dann unsere Beziehungen zu der Sowjetunion völlig anders aussähen. Letztendlich verdanken wir unsere Unabhängigkeit in gewissem Maße auch der Sowjetunion! Es war Stalin, der 1947 Gromyko die Anweisung gegeben hatte, für die Gründung des Staates Israel zu votieren. In einem derartigen Falle wäre vielleicht schon damals eine Masseneinwanderung russischer Juden möglich gewesen. Aber die Fehler, die wir begangen haben, können überhaupt nicht alle aufgezählt werden. Wissen Sie, daß David Cohen, unser Botschafter in Burma, seinerzeit erzählt hat, daß die Chinesen in den fünfziger Jahren mit uns Verbindungen aufnehmen wollten, die Amerikaner damit jedoch nicht einverstanden waren und deshalb die Sache fallengelassen wurde. Stellen Sie sich vor, wir hätten heute gute Beziehungen zu China!

Wenn wir Nachum Goldmann jetzt erwähnt haben, so muß ergänzend berichtet werden, daß Goldmann noch in den siebziger Jahren bereit war, nach Kairo zu fahren und den Friedensvorschlag, den Sadat uns damals unterbreitet hatte, zu prüfen. Nur Golda Meir verweigerte ihre Zustimmung! Sie ist die eigentlich Schuldige am Jom-Kippur-Krieg.

Was meinen Sie zu Moshe Dayan, der ja auch zu den Vätern der israelischen Politik in den besetzten Gebieten gehört hatte?

Dayan ist selbstverständlich eine sehr charakteristische Persönlichkeit für unsere gesellschaftlich-historische Realität. Ein Mann, dem alle menschlichen Werte fehlten, der sich frevelhaft benahm und öffentliches Eigentum stahl, selbst über eine besondere militärische Auszeichnung dieses Mannes weiß ich nichts.

Aber gerade er zeigte mehr als einmal Bedauern über das den Arabern zugefügte Unrecht und verwarnte auch die Leute vom Sicherheitsdienst. Darüber kann ich aus erster Quelle berichten.

Dayan repräsentierte zwanzig Jahre lang das Image des sich in diesem Staat erneuernden Volkes, des jüdischen Volkes im Staate Israel! Richtig ist, daß gegen sein Lebensende hin sein Ansehen und die Wertschätzung, die man ihm gegenüber aufrechterhalten hatte, abnahm. Es ist auch möglich, daß er selbst zu guter Letzt Reue empfand und den Eindruck bekam, er müsse zugeben, sein Weg sei ein Irrweg gewesen. Kann sein. Ich weiß es nicht mit Sicherheit, denn ich habe ihn niemals getroffen; ich spreche hier jedoch von meinem Eindruck einer gesellschaftlich-historischen Erscheinung. Es ist unheimlich, daß gerade er fast eine halbe Generation lang unsere Repräsentationsfigur war. Das allein kennzeichnet doch schon unsere gesamte Situation.

Was sehen Sie für die Zukunft des Staates voraus, wenn Sie bedenken, daß ein einseitiges Aufgeben der besetzten Gebiete heute für die Regierung nicht in Frage kommt?

Wenn wir den Weg, auf dem wir uns befinden, fortsetzen – dann wird das zum Untergang des Staates Israel führen, und zwar in einem Zeitraum von einigen Jahren, dazu braucht es noch nicht einmal Generationen. Im Inneren wird Israel ein Staat mit Konzentrationslagern für Menschen wie mich werden, sobald Vertreter der rechts-nationalen Parteien, wie Kahana, Raful, Druckmann und Sharon, an die Macht kommen werden. Nach außen wird Israel sich in einen Krieg auf Leben und Tod mit der gesamten arabischen Welt von Marokko bis Kuwait verstricken. Das ist die Perspektive für die nahe Zukunft.

Die eine und einzige Alternative ist die Teilung des Landes zwischen beiden Völkern; das gewährt natürlich noch keine Garantie, daß dann alles in Ordnung sein wird, denn in der historisch-politischen Realität gibt es grundsätzlich keine Garantie; aber es bestünde dann wenigstens eine Chance für die Zukunft. Auf den Grundlagen der Vergangenheit kann man niemals eine Prognose über die Zukunft abgeben: Das ist das Wesen der Geschichte. Aber wir sprechen nicht über die Zukunft, sondern über die Gegenwart. Solange der Staat Israel in abgrundtiefer Torheit verharrt und der Meinung ist, die amerikanische Unterstützung werde bis in alle Ewigkeit fortbestehen, ist er natürlich nicht am Frieden interessiert. Deshalb wird Israel wie Süd-Vietnam enden, das auch auf eine amerikanische Hilfe für ewig vertraute.

Und dies alles auf dem Hintergrund der besetzten Gebiete und der Beziehung zu den Arabern?

Ja. Das nationale Rowdytum schafft eine Atmosphäre, die von einer nach innen gerichteten Gewalt durchtränkt ist. Ich fürchte sehr, daß in Israel Konzentrationslager für jüdische »Verräter« entstehen werden und es zu Pogromen gegen nicht »national« eingestellte religiöse Juden kommen wird.

Aber schon vor 1967 drangen Mitglieder des »Shomer ha-Zair« *(atheistische linke Jugendorganisation)* **mit Knüppeln in Mea-Shearim, das Wohnviertel der Ultra-Orthodoxen in Jerusalem, ein und verprügelten dort die Religiösen!**

Aber damals hatten Nationalismus und Staat noch nicht den Stellenwert, den sie heute einnehmen. Heute fordere ich von jedem vernünftig denkenden Menschen, er möge mit mir zusammen erklären, daß er ein Dissident und Abtrünniger gegenüber der Regierungslinie ist.

Worin?

In bezug auf die heute in diesem Lande heiligen Werte!

Es reicht also nicht aus, sich zu weigern, in den Libanon zu gehen?
Der Libanon-Krieg war ein nicht zu vermeidendes Ergebnis aller vorangehenden Ereignisse. Wir werden auch noch in einen Krieg mit Syrien eintreten.
Sie haben Enkel in der Armee, auch in wichtigen Positionen. Sprechen Sie mit ihnen über dieses Problem?
Ja.
Was erhalten Sie zur Antwort?
Meine Enkel denken da ganz ähnlich. Das ist bei ihnen ein schrittweiser Prozeß, aber gerade in den letzten Jahren identifizieren sie sich nahezu mit meiner Meinung.
Und Ihre Schwester Nechama – hatten Sie mit ihr in den letzten Jahre harte Auseinandersetzungen?
Ja. Über ganz unterschiedliche Aspekte. Sie hält den Staat Israel vom jüdischen Standpunkt aus für sehr wichtig.
Beinahe für den »Anfang der Erlösung«?
Nein. Sie ist zu klug, um die Dinge so aufzufassen. Darüber hatten wir keine harten Auseinandersetzungen – nur Meinungsverschiedenheiten.

Nationalismus

Gehen Sie am Unabhängigkeitstag in die Synagoge und nehmen am Festtagsgebet teil?
Ich gehe jeden Tag in die Synagoge und erfülle die Mitzwa *(das Gebot)* zu beten, den Begriff »Festtagsgebet« kenne und verstehe ich nicht.
Sie sind der Meinung, die Gründung des Staates Israel habe keinerlei religiöse Bedeutung; aber es gibt Gebete, die speziell für den Unabhängigkeitstag Israels geschrieben wurden. Können Sie diese Gebete nicht mitsprechen?
Die fünf Hallel-Abschnitte *(Lobgesang)* aus dem Psalter kann man jeden Tag sprechen.
Das ist nur eine formale Antwort.
Aber es erregt in mir geradezu eine Abscheu, jeden Shabbat – nicht nur am Unabhängigkeitstag – das Gebet für das Wohl des Staates zu hören. Das wird dort unter dem Namen »der Anfang unserer herannahenden Erlösung« geführt. Dieser Staat wurde nicht wegen des Judentums gegründet, nicht auf Anregung des Judentums und nicht für das Judentum. Der Staat Israel ist der Rahmen der staatlichen Unabhängigkeit des jüdischen Volkes, aber daraus den »Anfang unserer Erlösung« zu machen, daß ist eine Entweihung des Begriffes »Erlösung«.
Aber sagen Sie nicht immer, daß man dem Gebetstext nichts hinzufügen und auch kein Wort auslas-

sen darf. **Warum widersetzen Sie sich gerade diesem Gebet so entschieden?**
Das Gebet um das Staatswohl haben wir erfunden. Es gehört nicht zum Gottesdienst, sondern zur Befriedigung unserer eigenen Bedürfnisse.

Die Männer der »Großen Synagoge« im Altertum und die Rabbinen in ihrer Nachfolge, die die Formulierungen unserer Gebete festgelegt haben – haben sich doch ähnlich verhalten, oder nicht?
Wir haben den Wortlaut des Gebetes für das Wohl des Staates aufgrund unserer persönlichen Interessen an diesem Staat festgelegt. Sie können nicht sagen, wir beten um das Wohl des Staates, weil wir die Gebetsmitzwa erfüllen wollen.

Das Gebet wurde in der Annahme formuliert – der Sie wohl nicht zustimmen –, der Mensch müsse Gott stets für alles danken, mindestens sollte er sich jedoch dessen bewußt sein.

Vom psychologischen Gesichtspunkt aus war die Motivation der Verfasser der Gebete im Mittelalter und in der Epoche der Männer der »Großen Synagoge« die gleiche wie die Motivation der Verfasser des Gebetes um das Staatswohl. Warum also sollen wir die Aufrichtigkeit der Verfasser dieser neuen Gebete anzweifeln?
Es ist doch deutlich, daß unsere Väter nur Gott im Himmel mit ihren Gebeten meinten, das Gebet um das Staatswohl hat aber durchaus nicht diesen Sinn und Zweck.

Man erzählt, S. I. Agnon (*1888-1970; jüd. Schriftsteller und Nobelpreisträger*) **habe das Gebet geschrieben. Meinen Sie, er hätte irgend etwas gegen seine innere Überzeugung getan?**
Das ist durchaus möglich. Agnon war ein Zyniker. Er wäre niemals auf den Gedanken gekommen, ein Gebet für das Staatswohl zu schreiben. Wahrscheinlich hat man ihn mit der entsprechenden Bitte aufgesucht, und er hat gesagt: »Ihr wollt ein Gebet für das Wohl des Staates? Bitte schön, ich schreibe es euch.« Ich bin sicher, so hat es sich zugetragen. Auch wenn dieses Gebet wirklich aus der Feder Agnons stammt, dann heißt das noch lange nicht, daß es auch gut ist. Es wären sicherlich bessere Formulierungen zu

finden gewesen, aber das hätte ja eigentlich an der Tatsache, daß dieses Gebet nicht in den Gottesdienst gehört, nichts geändert; ich halte dieses Gebet für absolut wertlos und überflüssig.
Gibt es bei Ihnen ein Festessen am Unabhängigkeitstag?
An diesem Tag muß man die israelische Flagge hissen. Das ist das entsprechende Verhalten. Wir besitzen staatliche Unabhängigkeit und die Flagge ist das entsprechende Ausdrucksmittel dafür. Aber das steht in keiner Beziehung zum Judentum. In diesem Aspekt herrscht zwischen Shulamit Aloni *(Knesset-Abgeordnete und Vorsitzende der links-liberalen Raz-Partei)* und mir kein Unterschied.

Vor einigen Jahren führte ich ein sehr langes, interessantes Gespräch mit einem englischen Journalisten der Londoner »Times«. Unser Gespräch drehte sich zunächst natürlich um politische Probleme. Allmählich entwickelte es sich fort und schließlich sprachen wir über Ideologien. Er fragte mich, welche Bedeutung der Zionismus habe, und fügte gleich hinzu, daß er diese Frage bereits anderen Persönlichkeiten gestellt habe, darunter Ministern, Knessetabgeordneten und Zeitungsredakteuren. Er nannte mir dann die Antworten, die er im einzelnen erhalten hatte – darüber könnte man ein ganzes Buch schreiben –, und die zum größten Teil natürlich ideologischer Natur waren. Yigal Allon *(1918-1980, ehemaliger Außenminister Israels und Ideologe der Arbeiterbewegung)*, z.B., hat ihm gesagt, Bedeutung und Aufgabe des Zionismus sei es, hier eine mustergültige menschliche Gesellschaft zu errichten. Dazu hat mir der nicht-jüdische Journalist gesagt: »Warum muß man denn dazu Jude sein? Hat man dazu wirklich dieses Land erobern müssen?« Andere sprachen über Entfremdung (ein soziologischer Begriff, der heute übrigens außerordentlich modern ist) und sagten, der Mensch, der von der gesellschaftlichen Realität, in der er sich befindet, isoliert ist, sei »entfremdet«. Genau das aber sei das Schicksal des gesamten jüdischen Volkes in der Diaspora. Die Juden gehörten nicht zur Umwelt, in der sie leben, fühlten sich selbst als Fremde, und würden auch so von ihrer Umwelt betrachtet. Das sei keine normale menschliche Existenz. Zur Wiederherstellung einer gesunden Existenz der Persönlichkeit des jüdischen Menschen bedürfe es der staatlichen Unabhängigkeit. Der englische Gesprächspartner wollte das jedoch nicht so unbedingt einsehen – und er ist heute mit seinem Zweifel durchaus im Recht. Die vier jüdischen Minister im Kabinett Margret Thatchers in England fühlen sich sicherlich nicht entfremdet. Sie sind englische Politiker wie alle nicht-jüdischen Politiker. Ich denke, auch die Engländer betrachten diese Minister keineswegs als »Fremdkörper«, obwohl sie sie vielleicht in ihren Kneipengesprächen als »dirty Jews« bezeichnen mögen. Das ist eben eine konventionelle Redeweise. Auch Richard Nixon mag, nachdem er Henry Kissinger zum amerikanischen Staatssekretär und Berater für Fragen der nationalen Sicherheit ernannt hatte, zu seiner Frau Pat am Frühstückstisch gesagt haben: »Ich habe diesen schmutzigen Juden zum Außenminister ernannt.« Das stellt keinen Widerspruch dar.

Andere sagten dem englischen Journalisten, den Zionismus gebe es, weil die Juden in der ganzen Welt verfolgt werden. Aber auch da fragte der Journalist, wo heute Juden noch verfolgt werden? Beschäftigen wir uns denn hier nicht mit Geschichte? Der Zionismus entstand doch keineswegs in den Tagen der Kreuzfahrer ... Dann gab es noch Leute, die sagten, der Zionismus sei die Verwirklichung der größten Werte, die im Judentum angelegt sind. Die üblicherweise gebrauchten Phrasen dürften wohl jedem hinreichend bekannt sein: »prophetische Vision«, »messianische Erlösung« und vieles mehr – das alles sei im Zionismus verwirklicht worden. Gerade über die letzten Antworten konnte ich ihm nur ein englisches Wort sagen, das ich hier nicht gerne in der Übersetzung widergeben möchte.

Ich habe alle diese Antworten als absolute Illusion und Täuschung abgelehnt.

Nachdem der Engländer die Aufzählung der bereits erhaltenen Antworten beendet hatte, erwiderte ich ihm folgendes: »Zunächst sage ich Ihnen etwas über mich selbst. Sie sprechen mit einem Menschen, der seit seiner Jugend Zionist gewesen und deshalb vor mehr als fünfzig Jahren nach Eretz Israel gekommen ist, der mit seiner bescheidenen Kraft in verschiedener Form an gesellschaftlichen Tätigkeiten beteiligt und auch militärisch aktiv war (einer terroristischen Vereinigung habe ich allerdings niemals angehört. Ich war in der »Hagana«, der offiziellen militärischen Organisation der Juden in Eretz Israel während der Mandatszeit, wie alle meine Altersgenossen.). Alle diese Tätigkeiten haben schließlich und letztendlich zur Gründung des Staates Israel geführt. Ich definiere den Zionismus folgendermaßen: Wir Juden haben genug von der Herrschaft der Gojim über das jüdische Volk (We are fed-up with being ruled by goyim). Möglicherweise ist die Herrschaft der Nicht-Juden heute sehr gut – fragen Sie jeden amerikanischen Juden, und er wird Ihnen das bestätigen –, aber es gibt Juden, die genug davon haben, daß Nicht-Juden über sie herrschen. Das ist das ganze Wesen des Zionismus.«

Was antwortete der englische Journalist darauf?

Einige Zeit nach dem Gespräch traf ich zufällig einen meiner ältesten Freunde unter den Knessetabgeordneten, der mir erzählte, auch er sei von jenem englischen Journalisten interviewt worden. Dieser habe ihm erzählt, daß die Antwort, die Prof. Leibowitz ihm gegeben habe, die einzige von allen Antworten gewesen sei, die er völlig verstanden habe. Alle anderen Spitzfindigkeiten habe er nicht einsehen und akzeptieren können. Somit besteht also die Bedeutung des Staates Israel darin, daß wir endlich politische Unabhängigkeit besitzen, wodurch natürlich keines der Probleme des jüdischen Volkes gelöst wird! Sehen Sie, innerhalb des Rahmens unserer Unabhängigkeit befinden wir uns in einem Auflösungsprozeß unserer Gesellschaft, und wenn wir nicht auseinanderfallen wollen, dann können wir uns leider nur durch den Panzer, der in unserem gemeinsamen Besitz und Gebrauch ist, zusammenhalten.

Dann werden wir zwar ein Volk sein, aber ein Volk im Geiste Mussolinis (der ein Volk als eine Gruppe von Menschen definiert hat, die gemeinsam kämpfen). Das wäre dann das einzige, was die Anhänger des Rabbi Kook *(1866-1935, bedeutender Rabbiner und geistiger Vater der »Gush-Emunim« Bewegung in Israel)* mit Raful und Ariel Sharon verbinden würde.

Sie stehen in Opposition zu »Gush-Emunim« und geben dies auch klar zu erkennen. Aber Sie sagen

über die Anhänger von »Gush-Emunim« mehr als befremdliche Dinge, als ob alle in dem Moment, in dem der »messianische Ballon« platzt, zum Christentum übertreten werden. Warum?

Der messianische Ballon wird platzen, das ist ganz klar. Das wissen Sie so gut wie ich. Die Frage jedoch ist, worin heute die Essenz dieser Leute besteht. Sie halten mit großer Aufrichtigkeit den Nationalismus für das Wesentliche des Glaubens und betrachten die Armee als heilig. Aber wir beide, Sie und ich, wissen sehr wohl, daß jemand, der die Armee für heilig hält, kein religiöser Mensch sein kann, selbst wenn er das aufrichtig von sich behauptet. Deshalb fürchte ich, in dem Moment, in dem die messianische Seifenblase für »Gush-Emunim« platzt, werden diese Leute nichts mehr in den Händen halten; sie werden kein Judentum mehr besitzen, denn für sie ist Judentum nur ein Mittel, um »Größe, Glanz, Ehre, Sieg und Ruhm« des Staates Israel zum Ausdruck bringen zu können. Diese Attribute, die in den Gebeten König Davids Attribute Gottes sind, werden durch diese Menschen auf den Staat Israel übertragen und das ist eine ausdrücklich heidnische Manifestation. Wenn sich herausstellt, daß diesem Staat keineswegs Ehre, Sieg und Ruhm gebührt – dann wird sich alles in Luft auflösen. Genau das ist den Anhängern Shabbetai Zwis *(1626-1676; falscher Messias und Begründer der Bewegung des Shabbetanismus)* geschehen, die nach Shabbetai Zwis Übertritt zum Islam plötzlich nichts mehr in den Händen hielten. Auch die Anhänger von »Gush-Emunim« kennen kein Judentum ohne messianischen Glanz mehr. Interessant ist dabei die Tatsache, daß schon heute eine auffallende Nähe zwischen ihnen und den christlichen Fundamentalisten besteht, für die das Wohl des Staates Israel ebenfalls mit dem Kommen ihres Messias verknüpft ist.

Es wird heute allgemein behauptet, die ideologische Basis der Anhänger von »Gush-Emunim« liege im Denken Rabbi Kooks. Meinen Sie, Professor Leibowitz, daß er sich selbst der Möglichkeit einer derartig gefährlichen Interpretation seiner Lehre bewußt war?

Nein. Die Gefahr entstand erst im Augenblick der Staatsgründung. Wenn die Staatsgründung wirklich »der Beginn der Erlösung« ist, dann ist ja alles erlaubt. Sehen Sie, man schreibt bei uns über Pogrome, die sich gegen Juden gerichtet hätten – ich denke an die Brandstiftung in einer Synagoge und Entweihung von heiligen Schriften 1986 in Tel-Aviv, aber man vergißt die Pogrome, die wir gegen die Araber vorgenommen haben! Leute von »Gush-Emunim« sind in arabische Wohnviertel von Hebron und Dehariya eingedrungen und haben dort Pogrome veranstaltet. Das ist jedoch nahezu mit Schweigen übergangen worden!

Hier muß ich auf meine eigenen Worte verweisen. Schon vor Jahren habe ich gesagt, daß Pogrome gegen Juden nicht zu vermeiden sein werden, wenn man Pogrome gegen die Araber unterstützt oder stillschweigend hinnimmt. Deshalb überraschen mich die Zwischenfälle zwischen Religiösen und Säkularen absolut nicht. Heute wiederhole ich mit Nachdruck den Ausdruck »Judennazis«! Die Besetzungspolitik ist eine nazistische Politik! Vergessen wir nicht, daß sich die Nazis nicht nur an den Juden vergriffen haben, sondern auch an ihren eigenen Volksgenossen. In der ersten Zeit des Nazi-Regimes, die ich selbst miterlebt habe, waren nur wenige Juden – Kommunisten – in den Konzentrationslagern. Dagegen waren die Lager voll von rein arischen Deutschen, die sich gegen das Regime im Widerstand befanden. So etwas kann in nicht allzuferner Zukunft auch mitten unter uns geschehen.

Der Tatsache, daß der Mann, der heute Ministerpräsident des Staates Israel ist, in den vierziger Jahren – eben zu der Zeit, in der Waldheim in Saloniki tätig war – zu den Anführern der jüdisch-nationalen Untergrundorganisation »Lechi« gehörte, die Hitler ihre Dienste angeboten hatte, braucht wohl nichts hinzugefügt zu werden.

Ich habe zwar gehört, daß Shamir an dieser Aktion nicht beteiligt gewesen sein soll, und es sich hauptsächlich um eine Initiative von Yair *(1907-1942; eigentlich Abraham Stern; Gründer der »Lechi«, von den Briten hingerichtet)* selbst gehandelt hat – darüber kann ich nichts mit Sicherheit sagen. Tatsache aber ist, daß Shamir zu den Führern dieser Organisation gehörte, ob er nun von den Kontakten zu den Nazis wußte oder nicht!

Man schickte damals Gesandte nach Ankara, die mit dem deutschen Botschafter Kontakt aufnehmen sollten. Der treibende Geist dieser Gesandtschaft war eben jener nationale Held, der heilige Märtyrer, jener jüdische Nazi Yair, der Hitler seinen Dienst angeboten hat! Er trug sich mit der Absicht, Rommel im Krieg gegen Montgomery durch »Lechi«-Truppen unter der Bedingung zu unterstützen, daß Hitler nach der Eroberung des Nahen Ostens hier einen jüdischen Staat errichte! Der deutsche Diplomat, der aus Ankara darüber nach Berlin berichtete, fügte ergänzend hinzu, die jüdischen Gesandten hätten ihm ausdrücklich gesagt, sie stünden dem Nationalsozialismus nahe und sähen sich selbst in ideologischer Nähe zu Hitler. Aber Hitler wollte von ihnen nichts annehmen. Ausgerechnet Hitlers Judenhaß war ehrlich. Selbst während des Krieges wollte er keine Hilfe von jüdischer Seite gegen die Briten. Diese Sachen wurden veröffentlicht. Wir sprechen hier von Tatsachen, die niemand leugnen wird. So sieht unsere Realität aus. Und ich verstehe daher absolut nicht, wie man darüber stillschweigend hinwegsehen kann!

Wie erklären Sie sich das?

In dem Moment, in dem man Staat und Nation als oberste Werte betrachtet, ist alles erlaubt; selbst Hitlerist darf man dann sein. Dafür trägt Rabbi Kook allerdings eine große Verantwortung, weil er den jüdischen Nationalismus auf die Stufe der Heiligkeit gehoben hat. Wenn Kook von dem Volk Israel sprach, so meinte er nicht die zehn oder zwölf Millionen Juden, sondern die »Volksseele« *(Nefesch ha-Uma)*, die seiner Meinung nach real existiert. Diese Seele ist für Rabbi Kook mit dem Begriff »Knesset Israel«, der haggadischen Midraschim, einer Bezeichnung der Schechina, der göttlichen Präsenz unter den Menschen, identisch. Die Schechina aber ist nach kabbalistischer Lehre die zehnte Sefira *(Sphäre – kabbalistischer Begriff für die verschiedenen Emanationen der Gottheit)* – die Sefira des göttlichen Königtums. Das bedeutet mit anderen Worten, daß die Ereignisse im Volk Israel Prozesse innerhalb der Gottheit widerspiegeln und keine Prozesse innerhalb der menschlichen Geschichte mehr sind. Entweder wissen Kooks Anhänger das nicht, oder sie ignorieren es. Sie tun so, als ob Rabbi Kook an Sie, an mich und an weitere zwölf Millionen Juden dachte, als er über das Volk Israel sprach. Er aber meinte die Schechina, wenn er über das Volk Israel sprach!

Die Schüler seiner Jeschiwa *(Yeschiwat mercaz ha-rav in Jerusalem)* kennen die Tatsachen nicht und wollen sie auch nicht kennen, denn sie passen nicht in ihre Weltanschauung. Die zweite ideologische Katastrophe, die sich in der letzten Generation ereignete, wurde durch Jabotinsky heraufbeschworen *(1880-1940, zionistischer Politiker und Schriftsteller; Begründer des Revisionismus)*, als er den Nationalismus zu einem obersten Wert für den aufgeklärten, nicht-religiösen Menschen machte. Jabotinsky war ein militanter Atheist, fühlte sich aber mit der aufgeklärten westeuropäischen Kultur und ihren Werten verbunden. Ariel Sharon und Raful, die von Jabotinsky einen Nationalismus ohne Kultur und Werte übernommen haben, stellen heute Jabotinskys Karikaturen dar, so wie die Rabbiner Druckmann, Waldmann und die »Gush-Emunim«-Leute Karikaturen des Rabbi Kook sind. Jabotinsky war natürlich kein Faschist, aber seiner geistigen Welt mußten notwendigerweise faschistischer Nationalismus und selbst Nazismus entwachsen. Ähnlich wie Jabotinsky war auch Rabbi Kook sicherlich kein Faschist, aber auch hier konnten aus den geistigen Wurzeln, die er gelegt hat, Faschismus und religiöser Nazismus erblühen.

Im weitesten historischen Sinne kann man das auch von Ben-Gurion sagen. Aus seiner geistigen Welt, wenn auch nicht mit seiner Zustimmung oder in seiner Absicht, entstand ganz zwangsläufig Meir Kahana *(Führer der rechtsextremen Bewegung »Kach«)*. Bei Ben-Gurion spielte nicht die Nationalität die Hauptrolle, sondern die Staatlichkeit, und aufgrund der Erhebung des Staates oder der Staatlichkeit zum höchsten Wert der Nationalität entstand ein derartiges Phänomen wie Kahana.

Ben-Gurion war sehr zornig über mich, als ich ihm erklärte, seine Betonung der Staatlichkeit werde zwangsläufig zum Faschismus ausarten; aber mir scheint, er hat nicht recht verstanden, was ich meinte. Er verstand nicht, daß man auf einen Hitler, wenigstens aber auf einen Mussolini zusteuert, wenn man den Staat zum höchsten Wert erklärt. Ein Volk, das durch seinen Staat definiert wird, kann nur ein Volk im Sinne Mussolinis sein – das heißt: eine Gruppe von Menschen, die miteinander in den Krieg ziehen. Ich dagegen bestimme den Staat von dem Volk her und nicht das Volk durch den Staat. Wenn es ein Volk gibt, das durch seine eigenen nationalen Werte definiert wird, dann wird sich dieses Volk einen staatlichen Rahmen geben. Aber für Ben-Gurion war der Staat das Volk.

Wie schätzen Sie Ben-Gurion als Staatsmann ein?
Seine historische Dimension ist uns bekannt. Wenn wir uns ein wenig auf ein intellektuelles Gedankenspiel einlassen wollen, so können wir die Frage stellen, ob der Staat Israel auch ohne Ben-Gurion entstanden wäre? Meiner Ansicht nach müssen wir auf diese Frage eine positive Antwort geben, ohne Ben-Gurions bedeutenden Anteil an der Staatsgründung verringern zu wollen. Ich glaube, der Staat wäre genau zu demselben Zeitpunkt entstanden, an dem er tatsächlich gegründet worden ist, weil damals alle Kolonialreiche auseinanderfielen. Auch die Shoah übte ihren Einfluß auf die Nicht-Juden aus. Aber richtig ist schon, daß Israel aus Aktionen heraus entstanden ist, in deren Mittelpunkt Ben-Gurion stand. Daran ist nicht zu rütteln.

Betrachten Sie es als einen Zufall, daß wir gerade in der Regierungszeit Menachem Begins zu einem Friedensvertrag mit Ägypten gelangt sind?
Dieser Frieden wurde uns von den Amerikanern aufoktroyiert.

Ich meine, damit machen Sie es sich etwas zu leicht.
Ich habe von einem Mann, der in Camp David dabei war, gehört, Carter habe Begin klar zu verstehen gegeben, daß alles gut werden wird, wenn Israel dem Vertrag zustimmt – Israel werde einen Frieden mit dem größten und wichtigsten arabischen Staat erhalten, unter der Bedingung, daß es sich aus allen besetzten ägyptischen Gebieten zurückziehe. Wenn Israel dies aber nicht wolle – dann müßte es seinen Weg alleine gehen. Und Begin war vernünftig

genug, um zu verstehen, daß wir uns in eine Situation hineinmanövriert hatten, in der uns jegliche Möglichkeit zum »Alleingang« genommen war.

Sie wissen, daß die Gespräche in Camp David an dem Thema »Jerusalem« fast gescheitert wären. Ich nehme an, daß Begin in diesem Punkte nicht nachgegeben hätte.

Weil Carter ihn dazu nicht gezwungen hat. Aber er hat ihm den Rückzug vom Sinai bis zum letzten Zentimeter abgezwungen. Sie erinnern sich sicher noch, daß Begin in seiner besten Zeit stets zu sagen pflegte, wenn er das Alter von 70 Jahren erreicht hat, werde er sich aus dem politischen Leben zurückziehen und sich in der von uns gegründeten Siedlung Neot-Sinai niederlassen, um dort seine Memoiren zu schreiben. Diese Siedlung auf dem Sinai hatte für Begin die gleiche Bedeutung wie der Kibbutz Sde-Boker für Ben-Gurion.

Meinen Sie, Begin hätte urplötzlich seine Meinung geändert und wäre bereit gewesen, allein aus gutem Willen auf den Sinai zu verzichten? Die Persönlichkeit dieses Mannes ist mir völlig schleierhaft. Man muß aber wohl sagen, daß in ihm mehr Redlichkeit steckte, als in den meisten unserer Politiker.

Einschließlich Ben-Gurion?

Sicherlich. Ben-Gurion war kein aufrichtiger Mensch. Begin glaubte wohl wirklich an alles, was er sagte.

Auch wenn er auf öffentlichen Plätzen sprach?

Ja. Gerade deshalb war er so gefährlich. Wir wissen bis heute nicht, was ihm zum Schluß widerfahren ist. Es gibt einige Interpretationsversuche, aber wir kennen bis heute nicht die Wahrheit. Die Frage ist, ob er sich wirklich aufgrund eigener Entscheidung und aus voller Überzeugung zurückgezogen hat oder . . .

Wie schätzen Sie ihn ein?

Einen Menschen, der von dem Nationalismus als höchstem Wert – nach der Lehre Jabotinskys – geprägt ist, kann man schwerlich ernst nehmen, im eigentlichen Sinne des Wortes. Wenn der Nationalismus den obersten Wert darstellt, den wirklichen Inhalt des Wertesystems, dann kann ich das nicht ernst nehmen.

Sind Sie der Überzeugung, daß das »nationale Lager« in unserem Lande intellektuell dem »linken Lager« unterlegen ist?
Die meisten Schriftsteller sind wohl wirklich dem sogenannten »linken Lager« zuzuordnen.
Aber ist das nicht auch in anderen Ländern der Fall?
Ja, in einem bestimmten Maße sicherlich.
Haben Sie eine Erklärung anzubieten?
Der Gedanke liegt hier vielleicht nahe, daß Konservativismus zugleich bewußte und beabsichtigte Einschränkung der intellektuellen Kapazität und der Denkfähigkeit bedeutet; aber die Tatsache steht für sich. Bei uns merkt man das leider sehr stark. Ich weiß nicht, in welchem Umfang wir bei uns von Geistesgrößen sprechen können, aber es gibt natürlich auch einige ernsthafte Leute – in Literatur und Philosophie –, von denen man auf jeden Fall sagen muß, sie gehören ins »rechte Lager«.
Kannten Sie Abba Achimeir *(1896-1962; Journalist und Schriftsteller; Revisionist; er wurde als Agitator zusammen mit anderen im Kontext des Mordes an Arlosoroff genannt)?*
Ich habe Achimeir erst in seinen letzten Lebensjahren kennengelernt. Wir haben zusammen an der »Hebräischen Enzyklopädie« gearbeitet. In jenen Jahren befand er sich bereits in tiefer Bitterkeit und ständiger Depression; er war über den Zionismus und auch über den Staat Israel verbittert. Von seinen Freunden war er über alle Maßen enttäuscht. Begin verachtete er. Er hielt ihn für einen leeren Demagogen. Achimeir machte auf mich – ja, eigentlich auf uns alle – den Eindruck eines sehr empfindsamen Menschen, von dem man kaum glauben konnte, daß er mit dem Verfasser der brutalen Angriffsschriften vor dem Mord an Arlosoroff *(1899-1933; zionistischer Politiker aus dem Vorstand der »Mapai«, der Arbeiterpartei)* identisch sei.

Vermutlich hat die nationale Begeisterung dieser Stunde, die auch den Besten nur Unglück bereitete, ihn einfach aus der Fassung gebracht. Es ist nicht anzunehmen, daß er seine Hand bei dem Mord im Spiel gehabt hat.

Waren Sie im Lande, als sich der Mord ereignete (*Arlosoroff wurde 1933 in Tel-Aviv ermordet*)?
Nein. Ich kam zur Zeit des Prozesses nach Eretz Israel, als die Aufregung ihren Höhepunkt erreichte.
Sie glauben, Sie kennen die Fakten?
Ich weiß auch nur, was damals publiziert wurde, und ich hörte schwerwiegende Dinge von Leuten, die möglicherweise mehr wußten. Von ihnen lebt keiner mehr, und es war sinnlos, die Dinge noch einmal mit Zeugen, die ihre Informationen von den damaligen Zeugen bezogen haben, aufzurollen. Auf jeden Fall war die Erschütterung, die infolge des Mordes durch die jüdische Welt ging, der Grund dafür, daß die Revisionisten, die damals die aufsteigende Macht in der zionistischen Weltorganisation, jedenfalls in der Diaspora, waren, nicht an die Macht gelangten.

Begegnungen mit führenden Persönlichkeiten

Wie oft haben Sie Ben-Gurion getroffen?
Vier- oder fünfmal, manchmal in seinem Haus in Tel-Aviv, manchmal in seinem Amtszimmer in Jerusalem. Unser letztes Gespräch fand in Sde-Boker statt. Ich weiß nicht, ob er noch im Vollbesitz seiner geistigen Kräfte war, obwohl das Gespräch sehr anregend verlief.
Initiierte er die Zusammenkünfte und Gespräche mit Ihnen?
Nein. Manchmal bat ich darum, manchmal lud er mich ein. Als ich an der Universität in Beer-Sheva war, habe ich ihn einmal angerufen und gefragt, ob ich ihn besuchen könnte. In unseren Gesprächen zu seinen besten Zeiten redete er wie eine sprudelnde Quelle. Interessant ist, daß gerade ein Gespräch über die Trennung von Staat und Religion von ihm angeregt wurde.
Als er Ministerpräsident war?
Ja. Das Gespräch knüpfte an eine Reihe von Aufsätzen an, die ich Anfang der fünfziger Jahre in den Zeitungen »Be-Terem« und »Ha-Aretz« über dieses Thema veröffentlicht hatte. Er sagte, er würde mich sehr gut verstehen. Ich würde danach streben, die Religion Israels als selbständigen Faktor aufzustellen, mit dem jede Staatsobrigkeit in Israel sich stets auseinanderzusetzen habe, so wie es immer in der Geschichte des jüdischen Volkes gewesen sei. Zweimal habe das jüdische Volk in der Vergangenheit einen eigenen Staat

besessen – in biblischer Zeit bis zur Zerstörung des Südreiches Juda 587 v.d.Z. und zur Zeit des Zweiten Tempels bis 70 n.d.Z. –, und die gesamte Geschichte dieser Staatsgebilde sei von einem ununterbrochenen Kampf zwischen der Religion Israels und der staatlichen Macht geprägt gewesen. Es gehöre wohl zum Wesen der jüdischen Religion, sich niemals in den Staatsapparat einzufügen. Ich antwortete ihm, daß darin eben die Größe dieser Religion liege, die immer den Standpunkt vertreten habe, der Staat stelle nicht den obersten Wert dar, und die staatliche Macht bilde nicht die oberste Autorität.

Natürlich sei das Judentum nicht anarchistisch, obwohl es Leute gebe, die Judentum durchaus so interpretieren; es erkenne durchaus die Notwendigkeit von staatlicher Autorität, Herrschaft und Zwangsmitteln – also die Notwendigkeit des Staates schlechthin – an; aber nur weil der Staat zur Wirklichkeit des Menschen gehört, akzeptiere das Judentum Gesetze in bezug auf den Staat, wie es eben auch von Gesetzen über Reinheit und Unreinheit, Foetus und Placenta, Blut, Unreinheit der Frau während der Menstruation und Unreinheit der Toten spricht. Das seien integrale Bestandteile des menschlichen Lebens, auf die man nicht verzichten könne, aber das habe alles keine Bedeutung und Relevanz. Dadurch bewahre sich die jüdische Religion gegenüber dem Staat ihre permanent kritische, oppositionelle Haltung. Und deshalb müsse der Prophet in Israel zur gegebenen Stunde verkünden: »Siehe, die Augen Gottes, des Herrn, sehen auf das sündige Königreich, ich will es vom Erdboden vertilgen« *(Amos 9,8).*

Ben-Gurion hat das mehr oder weniger verstanden, obwohl ich nicht weiß, ob er wirklich meine Absicht völlig begriffen hat. Er war sich durchaus darüber klar, daß ich die jüdische Religion als selbständigen Faktor erhalten wollte, so daß auch in Zukunft ein fortwährender Kampf zwischen der religiösen Ansicht des Glaubens und dem staatlich-politischen Interesse gewährleistet ist – denn das ist in der Realität des Menschen notwendig! Wenn die Religion diese Rolle nicht spielt – dann ist sie nichts wert. Aber gerade deshalb sagte Ben-Gurion, er werde einer Trennung von Religion und Staat niemals zustimmen. »Ich will, daß der Staat die

Religion in den Händen hat.« Das waren seine Worte, und so sieht eben heute unsere Realität aus. Was offiziell heute als jüdische Religion in Israel existiert (ich meine nicht die vielen religiösen Juden, die dieses offizielle Judentum nicht anerkennen) und was nach außen als die offizielle jüdische Religion erscheint – ist eine Konkubine, die von der säkularen Regierung ausgehalten wird. Was man als »religiöses Establishment« bezeichnet – ich scheue mich nicht, dies öffentlich zu sagen – ist der Zuhälter dieser Hure! Das war es, was Ben-Gurion wollte!

Worum drehten sich die anderen Gespräche mit Ben-Gurion?

Sie waren politischer Natur. Er wollte, daß ich mich der »Mapai«, der Arbeiterpartei, anschließe, aber ich lehnte ab. Ich nannte ihm zwei Bedingungen für meinen Beitritt: Durchführung persönlicher Wahlen und Trennung von Religion und Staat. Ich erklärte ihm, wenn er sich mit aller Kraft für die Durchführung persönlicher Wahlen einsetze, mit allen damit verbundenen Unannehmlichkeiten – wie in England, wo eine Partei, die an einem bestimmten Orte nicht die Mehrheit erlangt, im Parlament nicht vertreten ist – und dies als Bedingung für seine weitere Kandidatur als Ministerpräsident aufstellt, dann wäre ich bereit, mich der »Mapai« anzuschließen. Die zweite Bedingung war – wie gesagt – die Trennung von Staat und Religion.

Wie reagierte Ben-Gurion?

In bezug auf die erste Bedingung erwiderte er, ich sei hundertprozentig im Recht, aber, obwohl er absolut mit mir übereinstimme, könne er das nicht durchführen. Es sei ein Don-Quichotte-Kampf mit Windmühlen. Er stellte sich – wie ich – in aller Schärfe gegen die bei uns existierende politische Korruption, und mit den in jeder Partei – einschließlich seiner eigenen – betriebenen Geschäften war er absolut nicht einverstanden. Aber das war die Realität, und obwohl eine Veränderung dringend erforderlich gewesen wäre, war sie wohl einfach nicht durchzusetzen.

Schätzte Ben-Gurion die Intellektuellen?

Ich weiß nicht, in welchem Maße. Ihm fehlte gedanklicher Tiefgang auf jedem Gebiet, selbst auf dem Gebiet des Nationalismus.

Mein Vater, Dr. Simon Schereschewsky, besitzt einen sehr melancholischen Brief, den Ben-Gurion ihm am 18. Juni 1963 geschrieben hatte. In diesem Brief können wir folgenden Satz lesen:»Ich hatte drei Freunde: Jizchak Ben-Zwi, Shmuel Jabnieli und Berl Kaznelson. Jetzt, da sie nicht mehr sind, bin ich alleine ...«

Sie müssen wissen, daß Berl Kaznelson *(1887-1944; Ideologe der Arbeiterbewegung in Eretz Israel; Gründer der Zeitung »Davar« und des Verlages »Am Oved«)* Ben-Gurion sehr, sehr hoch geschätzt hat. Das ist übrigens interessant.

Was schätzte er besonders an Ben-Gurion?

Seine Führungsqualität. Lange Zeit vor der Staatsgründung war Ben-Gurion Sekretär der Histadrut und Mitglied in der Leitung der »Jewish Agency«. Er war natürlich eine ausgeprägte Führungspersönlichkeit, und Berl schätzte ihn deswegen sehr. Es fand in jenen Tagen eine Gedenkfeier in der Hebräischen Universität auf dem Skopusberg statt – und zwar aus Anlaß der Überführung der Gebeine Pinskers *(1821-1891; Arzt und jüdischer Schriftsteller in Odessa; Begründer der dem Zionismus vorangehenden »Chowewe Zion Bewegung« und Verfasser der »Autoemanzipation«)* zur Bestattung in der Nikanor-Höhle auf dem Skopusberg. Ben-Gurion hielt eine Rede, aber ich erinnere mich an kein einziges seiner Worte, obwohl er sicherlich sehr schöne Dinge gesagt haben wird. Ich saß zufällig neben Berl, der mir nachher sagte:»Sehen Sie, er hat eine lyrische Seele.« Irgend so etwas.

Bei mancher Gelegenheit hörte ich von Berl derartig positive Worte über Ben-Gurion. Natürlich wußten wir damals noch nicht, daß Ben-Gurion Ministerpräsident werden wird, daß es bald darauf einen jüdischen Staat geben wird und auch die Rolle, die Ben-Gurion in der Geschichte spielte, war uns noch unbekannt. Berl sprach immer von ihm in außerordentlich positiver Weise.

Ich glaube, das war gegenseitig.

Ja. Eine sehr interessante Episode muß ich Ihnen erzählen. Als die Feierlichkeit beendet war, stiegen wir in die Höhle hinab, Berl und ich gingen nebeneinander und unterhielten uns. Als wir an den Eingang der Höhle kamen, blieb Berl stehen. Ich fragte ihn, ob er nicht mit uns hineinginge.

Und er sagte, er sei Cohen *(Priester)* und als Cohen dürfe er nach dem jüdischen Gesetz keinen Friedhof und kein Grab betreten. Dabei lebte er bekanntlich nicht nach der Tora und den Mitzwot. Remez *(David Remez, 1886-1952; erster Verkehrsminister in Israel)*, ein sehr wertvoller Mensch, der viel zu früh verstorben ist, und eine der führenden Persönlichkeiten in der »Mapai«, den ich gerade als Mensch sehr geschätzt habe – Remez also erzählte mir später, daß Berl von seinen Freunden gefordert habe, man solle nicht vergessen, auf seinen Grabstein »Berl-ha-Cohen« zu schreiben. Und so ist es ja dann auch geschehen.

Wann lernten Sie Berl kennen?

In seinen letzten Lebensjahren. Wir haben uns sehr oft unterhalten. Er wußte, daß seine Tage gezählt waren, denn er war herz- und nierenkrank. Gewöhnlich nahm er sich ein oder zwei Tage frei, um nach Jerusalem hinaufzufahren. Zu jener Zeit war die gesamte »Mapai« und die gesamte Histadrut von ihm abhängig. Selbst der Arbeiterrat, die Zeitung »Davar«, der Verlag »Am Oved« und die »Hagana«. Offiziell bestand keine Verbindung zwischen ihm und der »Hagana«, aber nichts geschah dort ohne ihn. Wenn er einige freie Tage hatte, wohnte er bei Daniel Goldschmidt *(1895-1972; Bibliothekar und Forscher der jüdischen Liturgie)* in Jerusalem. Dann rief er oft bei mir an und lud mich ein, sich mit ihm am Shabbat zu unterhalten.

Sprachen Sie über Themen des Judentums?

Sehr häufig. Er sagte, es gäbe keinerlei Zweifel, daß wir – und damit meinte er seine Umgebung in der Arbeiterbewegung – nicht den rechten Zugang zum Judentum gefunden hätten, aber dabei hatte er keinerlei Absicht, plötzlich das »Joch der Tora« übernehmen und die Mitzwot halten zu wollen.

Stand er dabei stärker in inneren Konflikten als andere Leute?

Ja. Er dachte viel darüber nach. In unseren Gesprächen drückte er seinen Schmerz darüber aus, daß die Arbeiterbewegung sich mit dem Problem ihrer Einstellung zum Judentum niemals auseinandergesetzt habe. Nicht in dem Sinne, daß sie hätte vom Judentum ergriffen werden sollen, sondern daß die Arbeiterbewegung niemals über diese Frage nachgedacht habe, obwohl es sich doch dabei um ein sehr zentrales Thema handelt: Was bedeutet uns das Judentum?

Angenommen, die Arbeiterbewegung hätte das Judentum völlig abgelehnt und den »Kanaanismus« *(kulturell-politische Bewegung, die sich von der Geschichte des jüdischen Volkes in der Diaspora lösen und eine neue Ideologie auf der Basis der kanaanitischen Kultur des Altertums gründen wollte)* zu ihrer Ideologie erhoben, dann hätte er daran wohl nichts auszusetzen gehabt, aber sie hat sich absolut nicht um dieses Problem gekümmert.

Kann man sagen, daß Berl in der Arbeiterbewegung *der* Mann war?

Wen gab es außer ihm denn noch?

Worüber sprachen sie außerdem mit ihm?

Über Gott und die Welt. Er war nicht gebildet, aber er war ein Mensch, der über die Dinge nachdachte. In seinen letzten Lebensjahren hegte er starke Zweifel am Sozialismus, gerade in Verbindung mit Hitler. Die internationale sozialistische Bewegung in der Welt, die als eine starke Bewegung eingeschätzt wurde, erwies sich zur Zeit Hitlers als völlig hilflos. Und wer stand gegen Hitler? Die englische Aristokratie! Darüber sprachen wir viel. Der Enkel des Herzogs von Marlborough war es, der die Welt tatsächlich gerettet hat, und nicht der Arbeiterstand! Die Sowjetunion hatte einen Pakt mit Hitler geschlossen. Aber Churchill, die englischen Lords und die Generäle aus der Aristokratie waren es, die Hitlers Friedensangebot zurückwiesen. Sie setzten Englands Schicksal großer Gefahr aus, denn England stand praktisch allein gegen Hitler. Doch die englische Aristokratie war sich einig, daß man mit Hitler keinen Frieden schließen könne! Das stellte für Berl eine wichtige Einsicht dar. Einmal sagte er mir, die Engländer leisteten dadurch Sühne für 300 Jahre Imperialismus, in denen sie die halbe Welt erobert und ausgebeutet hätten.

Sie lernten auch Chajim Weizmann kennen?

Auch Weizmann lernte ich erst in seinen letzten Lebensjahren kennen, als er bereits ein verbitterter, kranker und fast blinder alter Mann war. Ich war das erste Mal vor der Staatsgründung 1946 bei ihm in Rechovot zu einem Mittagessen eingeladen, an dem auch der britische »High

Commissioner« Cunningham teilnahm. Bei dieser Gelegenheit fiel mir auf, daß Weizmann und seine Frau Vera miteinander Russisch sprachen, weil sie wohl nur wenig Jiddisch oder Hebräisch konnte. Sie kam aus einer jüdisch-zaristischen Soldatenfamilie aus den Tiefen Rußlands, hunderte Kilometer vom jüdischen Ansiedlungsgebiet im zaristischen Rußland entfernt. Juden hatten zu dieser Gegend eigentlich kein Zugangsrecht. Aber es gab dort einige kleine jüdische Gemeinden, die sich aus Nachkommen von Soldaten zusammensetzten, die 25 Jahre in der Armee gedient hatten und bei ihrem Judentum geblieben waren. Vera Weizmann kam also aus Rostow, der Hauptstadt der Kosakenprovinz, und weil diese Stadt unvorstellbar weit von jeder jüdischen Siedlung in Rußland entfernt war, wußte sie wohl nicht viel über das Judentum. Das zweite Mal besuchten wir, d.h. die Redakteure der »Hebräischen Enzyklopädie«, Weizmann nach der Staatsgründung 1949, um ihm den ersten Band der »Hebräischen Enzyklopädie« zu überreichen. Später, in den Jahren 1950 und 1951, lud er mich zu verschiedenen privaten Gesprächen ein.

Bei unserem ersten Zusammentreffen sprach Weizmann Hebräisch, aber im Verlauf des Gespräches fragte er plötzlich, ob ich Jiddisch spreche. Da ich auf diese Frage positiv antworten mußte, setzten wir unser Gespräch dann in Jiddisch fort.

Können Sie ein Portrait Weizmanns skizzieren?

Auf jeden Fall entsprach mein Eindruck nicht genau der Beschreibung, die Jeshajahu Berlin in seinem Buch »Persönliche Eindrücke« *(hebr.)* von Weizmann gibt. Ich glaube, Berlin wäre sehr erstaunt, wenn ich ihm sagte, daß Weizmann Jiddisch in Gesprächen bevorzugte, obwohl ja bekannt ist, daß seine Reden auf Jiddisch wunderbar waren.

Besonders interessant war Weizmanns Verhältnis zu den Nicht-Juden. Ich kann darüber fast persönlich berichten, d.h. ich habe die folgende Geschichte den Erzählungen eines Freundes aus dem Kibbutz Kiryat Anavim entnommen. Weizmann war Hauptzeuge vor der englisch-amerikanischen Kommission, die sich 1946 mit zwölf Mitgliedern in Eretz Israel aufhielt. Diese Kommission faßte keinen Entschluß über die Teilung des Landes, sondern verlangte von der britischen Mandatsregierung, 100.000 Juden die Erlaubnis zur Einwanderung ins Land zu gewähren. Die Araber erhoben dagegen Einspruch, und auch der britische Außenminister Bevin *(1881-1951)* war nicht bereit, die Empfehlungen des Komitees zu akzeptieren. Daher wies Großbritannien jegliche sich aus dem Mandat ergebende Verantwortung zurück und übertrug den Konflikt den Vereinten Nationen zur Entscheidung. Daraufhin – 1947 – traf eine UNO-Kommission mit elf Mitgliedern in Eretz Israel ein, vor der Weizmann ebenfalls aussagen mußte. Seine Aussage führte dann tatsächlich zur Teilungsentscheidung. Weizmann war damals schon alt und schwach. Nach der Befragung, die mehrere Stunden gedauert hatte, brachte man ihn zum Ausruhen nach Kiryat Anavim. Zwischen ihm und den Mitgliedern des Kibbutz bestand eine besondere Freundschaft. – Die Mitglieder des Kibbutz gehörten zum »Poel ha-Zair« und standen Weizmann geistig näher als die Mitglieder der »Achdut ha-Avoda«, zu denen auch Ben-Gurion zählte. Zwischen ihm und Weizmann bestand bekanntlich ein scharfer persönlicher Gegensatz.

Nachdem sich Weizmann nun im Kibbutz mit Kaffee gestärkt hatte, fragte man ihn, ob die UNO-Kommission für die Juden günstiger sei als die englisch-amerikanische Kommission. Er antwortete: ›Viel günstiger.‹ Man fragte ihn: ›Warum?‹ Und er erwiderte: ›Es gab dort einen Goj weniger!‹ Das ist interessant. Ich weiß nicht, ob Berlin eine derartige Antwort in ihrer ganzen Tiefe verstanden hat, obwohl er sich seines Judentums ja auch nach außen hin sehr bewußt ist. In einem unserer Gespräche äußerte Weizmann sich über den Zionismus und gab seiner Meinung Ausdruck, daß eine Assimilation der Juden an die Nicht-Juden unmöglich sei; de facto habe die alte zionistische Ideologie – angefangen von Pinsker über Herzl bis Nordau – an der Auffassung festgehalten, hierin liege der Grund für die Errichtung eines jüdischen Staates (heute wissen wir, daß diese Annahme nicht richtig war). Ich konnte es mir nicht verkneifen, ihm zu sagen: »Ich bin erstaunt, derartige Dinge aus ihrem Munde zu hören. Wer Sie sind und was für ein Leben Sie führen – das ist doch auf der ganzen Welt bekannt! Sie sind nicht allein ein Kapitel in der Geschichte des jüdischen Volkes, sondern sogar in der Geschichte der Menschheit. Sie wissen so gut wie ich, daß Sie, wenn Sie wollten, heute im englischen Oberhaus sitzen könnten, zumindest wie Herbert Samuel (den Weizmann aufs äußerste haßte, er nannte ihn gern ›den zweiten Samuel‹ es gibt den 1.Samuel und es gibt den 2.Samuel...), der dort als ›Lord Samuel of Carmel‹ sitzt. Sie wissen, daß Sie, wenn Sie wollten, den Titel ›Lord Weizmann of Israel‹ tragen könnten, vielleicht wären Sie sogar Minister in der englischen Regierung. Es ist uns auch allen bewußt, welchen Status Sie in der akademischen Welt und in der Welt der englischen Aristokratie einnehmen – wie können Sie da sagen, die Assimilation der Juden sei unmöglich?! Sie wollten sich nicht assimilieren. Sie wollten unser Anführer sein, aber wenn Sie es gewollt hätten, dann könnten Sie ein englischer Staatsmann sein.«

Weizmann lächelte und sagte: »Glauben Sie mir, die Assimilation der Juden an die Nicht-Juden ist unmöglich. Ein Jude bleibt ein Fremder unter ihnen.«

So fühlte er, aber ich bin nicht sicher, ob das auch das Gefühl der vier jüdischen Minister von Margret Thatcher ist. Die Nicht-Juden verhielten sich Weizmann gegenüber so, als sei er einer von ihnen, er aber verhielt sich ihnen gegenüber in seinem Innersten keineswegs so, als gehöre er zu ihnen.

Das jüdische Volk

> ». . . der Staat Israel hat kein Recht und keine Autorität, die Frage ›Wer ist Jude?‹ zu entscheiden.«

Die Wissenschaft des Judentums

Gibt es ihrer Ansicht nach den vielbeschworenen »jüdischen Genius«?
Ich weiß nicht, was man sich darunter vorstellen darf.
Auf vielen Gebieten zeichnen sich die Juden weit über ihrem prozentualen Anteil an der Bevölkerung aus.
In der Gesellschaftsschicht der Gebildeten und kulturell Interessierten auf der Welt ist der prozentuale Anteil der Juden sehr hoch. An der Gesamtbevölkerung der Welt gemessen ist der Prozentsatz der Juden gering, und deshalb ist man von der großen Zahl der Juden, die sich im kulturellen Bereich auszeichnen, beeindruckt. Aber man kann 1,1 Milliarden Chinesen und 800 Millionen Inder und Pakistanis und 500 Millionen Schwarze und noch mehr von der Weltbevölkerung, die die Errungenschaften der modernen westlichen Welt bis zum zwanzigsten Jahrhundert aufgenommen hat, ausklammern. Auch in der westlichen Welt selbst können Sie etliche Zehnmillionen Menschen, die auf Dörfern leben und zu denen die moderne Kultur noch nicht durchgedrungen ist, ausklammern. Aber in der Schicht der städtischen Intelligenz, der Trägerin der modernen Bildung, ist der prozentuale Anteil der Juden hoch. Wenn diejenigen, die von einem »jüdischen Genius« sprechen, damit die kreativ-schöpferische Tätigkeit von Juden in der westlichen Kulturwelt meinen, so muß man wohl erwidern, daß diese Kreativität

nicht der Zugehörigkeit zum Judentum entspringt, sondern der Zugehörigkeit dieser Menschen zur westlichen Kulturwelt. Ihr Jude-Sein hat weder zu ihrer Persönlichkeit noch zu ihrem Werk beigetragen.

Über Einstein, der allgemein als der bedeutendste unter den modernen Wissenschaftlern angesehen wird, die die Menschheit seit Newton gesehen hat, kann man sagen, daß er ein Geschenk der Weltwissenschaft an das jüdische Volk ist. Es ist richtig, daß seine seelische Verbindung zu seinem Jude-Sein tief war, aber es gibt hierbei keinerlei Verbindung zum Judentum. Bereits sein Vater war vollständig assimiliert. Die Tatsache, daß er Jude war, hatte für ihn große Bedeutung, und dies betonte er mitunter sogar absichtlich und ausdrücklich. Hier findet sein tiefer Haß gegenüber dem deutschen Volk nach Hitler – nicht nur gegenüber den Nazis – Grund und Ursache. Es gibt einen Brief Einsteins an Max Born – einen der großen Physiker unserer Generation, auch ein Jude, aber zum Christentum übergetreten, der in der Nazi-Zeit nach Amerika emigrierte und nach dem Kriege nach Deutschland zurückkehrte und dort in großen Ehren aufgenommen wurde. Einstein macht ihm schwere Vorwürfe, weil er »in das Land der Mörder unseres Volkes zurückkehrte«. Das ist sicher interessant, aber man darf wohl kaum annehmen, daß diese Reaktion durch die jüdische Tradition verursacht worden ist, die ja doch keinerlei Einfluß auf Einstein hatte.

In der Wissenschaft – in Biologie und Physik – ist der Anteil der Juden verblüffend hoch, aber das ist eine soziologische Erscheinung, die nichts mit einem »jüdischen Genius« zu tun hat; denn man kann von keinem einzigen dieser Wissenschaftler behaupten, er hätte auch nur einen Funken Judentum in sich aufgenommen, weder in ideeller noch in historischer oder in bildungsmäßiger Hinsicht.

Sie haben gesagt, daß der Anteil der Juden in der Wissenschaft verblüffend sei. Aber es scheint, daß wir hier in Israel in dieser Hinsicht eingeschränkt worden sind.

Was wollen Sie damit sagen? Vom wissenschaftlichen Gesichtspunkt aus steht unsere akademische Forschung auf einem entsprechenden Niveau.

Sie akzeptieren nicht die Ansicht, daß gerade die Konzentration der Juden hier in Israel zu einer Schwächung des jüdischen Beitrags zur allgemeinen menschlichen Kultur führen wird?

Das ist wiederum eine ganz andere Sache. In unserem beschränkten Rahmen ist es natürlich unmöglich, solche Leistungen wie in den Vereinigten Staaten zu erreichen. Aber das muß nicht notwendigerweise die Realität prägen. In der theoretischen Forschung gibt es keinen Grund, der uns hindern könnte, entsprechende Ergebnisse zu erzielen.

Man erzählt, daß Einsteins zweite Frau einmal in Palomer, wo sich das fünf Meter große Teleskop befindet – ein selbst an amerikanischen Maßstäben gemessen unvergleichliches Objekt – eine Besichtigung durchführte. Im Verlauf der Besichtigung fragte sie, was man denn mit diesem Teleskop erforsche. Der sie begleitende Institutsleiter antwortete ihr, man erforsche dort den Aufbau der Welt. Frau Einstein erwiderte: »Mein Mann macht das daheim auf einem Briefumschlag mit einem Bleistift in der Hand...« Ein derartiges Teleskop, das wohl hunderte Millionen Dollar kostet, können nur die Amerikaner oder die Russen bauen, die ja wohl sogar ein noch größeres Teleskop von 5,5 Metern gebaut haben. Auch Testversuche neuer Medikamente an Hunderttausenden von Tieren kann man sich nur in den Vereinigten Staaten leisten. Wir in Israel können solche Versuche nur an einigen Hundert oder Tausend Tieren durchführen. Dennoch ist unser wissenschaftliches Niveau, am Weltmaßstab gemessen, hoch. Aber darin liegt nichts spezifisch Jüdisches. Das ist wirklich eher kosmopolitisch.

Nehmen wir zum Beispiel nur eine Kleinstadt in Ost-Europa – Motol, die am allgemein-menschlichen Maßstab gemessen so bedeutende Persönlichkeiten wie Chajim Weizmann und Shaul Liebermann (*1898-1983; weltberühmter Wissenschaftler und Professor für Talmud am Rabbinerseminar in New York*) **hervorgebracht hat. Ist das nicht ein Beweis für den »jüdischen Genius«?**

Weizmann und Liebermann lebten doch in der großen Welt des Judentums und kamen keineswegs vom Dorfe oder aus der Provinz. Sie absorbierten nichts von ihrer geographischen Umwelt, sondern von der erstaunlich großen Welt des Judentums. Hierin liegt aber noch lange keine Verbindung zu einem »jüdischen Genius«.

Wie aber erklärt sich trotzdem zum Beispiel der gewaltige Prozentsatz jüdischer Schachspieler. Das ist ja beinahe ein jüdisches Spiel! Man kann den Eindruck gewinnen, daß hierbei nicht von Quantität, sondern von Qualität gesprochen werden muß.

Das große historische Phänomen des Eintritts der Juden in die westliche Zivilisation – vor allem und über jegliche Proportion auf intellektuellem Gebiet – in den letzten 150 Jahren liegt darin, daß wir hier von einer Menschengruppe sprechen, die bei ihrem Eintritt in die westliche Zivilisation bereits auf einer hohen kulturellen Ebene stand. Bei den anderen westlichen Völkern verhielt sich das ganz anders, denn bei ihnen entstand die westliche Zivilisation schrittweise innerhalb der Volksmassen, die zuvor in ihrer Mehrheit aus Analphabeten bestanden.

Bei dem jüdischen Volk handelte es sich um eine Gruppe von mehreren Millionen Menschen, die vom kulturellen Aspekt auf sehr hohem intellektuellen Stand lebten. Gerade der Intellekt war bei uns niemals eine Angelegenheit von einigen wenigen, sondern ging fast alle an. Dieser Intellekt trat nun plötzlich in die moderne Zivilisation ein – die sich selbstverständlich absolut von ihm unterschied.

Im Zusammenhang mit dem Eintritt des jüdischen Volkes in die westliche Kultur verweist man gerne auf Moses Mendelssohn, ein Jude, der plötzlich zu einem deutschen Schriftsteller und Denker gemacht wird. Aber wer war Mendelssohn wirklich?

Ein armer Junge, der von Dessau nach Berlin kam, der jedoch seit seinen Kindertagen den Talmud und die »Poskim«, die Sammlungen rabbinischer Entscheidungen, studiert hatte. Der Sohn irgendeines deutschen Straßenhändlers aus Dessau dagegen, der nach Berlin ging, hätte doch höchstens Pförtner in einem der Berliner Häuser oder Straßenkehrer werden können... Der arme Judenjunge aber kommt mit gewaltigem intellektuellen Gepäck, obwohl er in seiner Jugend niemals deutsche Literatur oder Philosophie gelernt hatte. Aber er war in der Lage, auf der Stelle die deutsche Philosophie zu studieren; er konnte Leibniz lesen und ihn verstehen, denn von Kindesbeinen an war er mit dem »Führer der Verwirrten« des Maimonides vertraut. Stellen Sie sich Mendelssohn im Vergleich mit einem deutschen Trödlerjungen vor, der mit Schwierigkeit lesen und schreiben konnte.

Üblicherweise vertritt man die Meinung, Moses Mendelssohn sei der erste gewesen, der vor der Problematik des Juden in der Welt des modernen Rationalismus gestanden und versucht habe, sich diesem Problem zu stellen. So z.B. Jaacov Katz in seinem Buch »Der Auszug aus dem Ghetto«. Sehen Sie Mendelssohn aus der gleichen Perspektive oder vor der gleichen Problematik?

Mendelssohn selbst hat das Problem so nicht gesehen. Für ihn war das Judentum ein Judentum der Halacha, von dem er auch nicht um Haaresbreite abwich. Er wollte gerade die jüdische Besonderheit wahren, nur daß er die Möglichkeit, Judentum könne auch in dem Rahmen der es umgebenden nicht-jüdischen Welt existieren, nachdem diese Welt das Recht des Judentums auf eine Sonderexistenz anerkannt hatte, für eine reale hielt. Er dachte nicht an einen jüdischen Pluralismus, sondern an einen allgemein-europäischen Pluralismus der gesamten zivilisierten Welt, in dem auch das Judentum, so wie es war, hätte bestehen können.

Vor Mendelssohn stand die Problematik des modernen Rationalismus gegen ein Judentum, das nicht notwendigerweise auf dem Rationalismus basierte.

Was hat denn das mit Rationalismus zu tun?

Mendelssohn versuchte, das Judentum auf den Rationalismus zu stellen.

Aber worin unterschied er sich dann von anderen Rationalisten der jüdischen Welt? Mendelssohn erfüllte jedenfalls alle Mitzwot.

Und versuchte, ihnen eine rationalistische Erklärung zu geben.

Damit steht er in Analogie zu Maimonides. Dessen entscheidende Feststellung war zwar, daß den Mitzwot eine eigentliche Bedeutung nur als Gottesdienst zukomme. Vor dieser Feststellung finden sich aber im »Führer der Verwirrten« *(III, 51)* 25 Abschnitte voller Rationalisierungen der Mitzwot. Damit steht Maimonides 600 Jahre vor Mendelssohn, und Sie können nicht sagen, Mendelssohn sei der erste gewesen, der sich auf diesem Gebiet betätigt hat.

Kann man auf Unterschiede zwischen jüdischen Studien, wie sie bei uns betrieben werden, und der »Wissenschaft des Judentums« in Europa, hauptsächlich in Deutschland, hinweisen?

Gershom Scholem *(1897-1982; Erforscher der jüdischen Kabbala und Mystik)* hat einen wesentlichen Unterschied hervorgehoben, aber ich denke, er lag mit seinem Urteil über die Wissenschaft des Judentums nicht richtig. Scholem hob mißbilligend alle Fehler hervor, die in der Wissenschaft des Judentums gemacht wurden, und besonders die apologetische Tendenz, die in der Wissenschaft des Judentums vorherrschte, um die Wahrheit ein wenig zugunsten der Juden zu manipulieren.

Damit hatte er in gewisser Weise recht, aber trotz dieser Einschränkungen lag in der Wissenschaft des Judentums etwas Bedeutendes. Ich kann dies an einer realen Begebenheit illustrieren: Ich habe vielfältige Kontakte zu Einwanderern aus der Sowjetunion, nicht unbedingt aufgrund ideologischer Nähe, sondern einfach, weil sie mit mir Russisch sprechen können. Einst besuchte mich ein Student, der sich mit großem Eifer für das Judentum und die jüdische Geschichte interessierte. Wir sprachen über seine Biographie, und er erzählte, schon sein Vater sei völlig assimiliert gewesen und hätte dafür gesorgt, daß der Sohn nichts über das Judentum erfahre. Auch seine Mutter habe dem Judentum ferngestanden. Er selbst habe nur gewußt, daß er »Ivreij« = Jude sei und eben einer von hundert Völkerschaften in der Sowjetunion angehöre, weil das so in seinem Paß stand (bei uns sieht man darin Antisemitismus, obwohl die Namen aller Völkerschaften der Sowjetunion jeweils in den Pässen verzeichnet sind). Was also bedeutete »Ivreij« für ihn?

Irgendein Volk, das einmal in der Geschichte existiert hatte und über dessen Geschichte er so gut wie nichts wußte. Er erzählte, er hätte in seiner Kindheit niemals etwas über Vater Abraham gehört, denn er sei nur mit Russisch sprechenden Menschen auf dem Boden russischer Kultur und Geschichte aufgewachsen. Aber in der Bibliothek, die ihm sein Vater zurückgelassen hatte, sei er auf einige Bände der »Weltgeschichte des jüdischen Volkes« von Heinrich Graetz *(1817-1891; jüdischer Historiker)* in russischer Übersetzung gestoßen. Er habe begonnen, die Bände zu studieren, und sei aus dem Staunen nicht mehr herausgekommen. Er habe von Graetz erfahren, daß das jüdische Volk – dem er selbst formal angehörte – ein bedeutendes Volk war und keineswegs irgendeine veraltete religiöse Sekte, wie er es immer in der russischen Schule gehört hätte. Es wurde ihm klar, daß von einem Volk mit eigener langer Geschichte die Rede war, das für seine Nationalität kämpfte. Von Graetz erfuhr er auch, daß diese Nationalität nicht nur bei den Hasmonäern und den Zeloten zum Ausdruck gekommen sei, sondern auch in den jüdischen Gemeinden des Mittelalters, die keine Nationalhelden wie Suworow und Kutosow gekannt hätten. So sei eine Veränderung in seiner Beziehung zum Judentum eingetreten. Schließlich hat er Rußland verlassen und ist nach Israel gekommen.

Bei uns wird Graetz, der Vertreter der Wissenschaft des Judentums, als jemand verstanden, der jüdischem Nationalismus und allem, was nachher Zionismus wurde, fern stand. Wie stark aber wurde dieser junge Russe von Graetz beeindruckt.

Daran können wir doch erkennen, daß die Wissenschaft des Judentums, so wie sie von Graetz repräsentiert wurde, durchaus einen gewaltigen nationalen Impuls und Inhalt hatte. Nebenbei bemerkt, der junge Student hat vielleicht nicht bemerkt, wie sehr Graetz das Christentum verabscheut hat. Graetz war kein gläubiger Jude und hielt nicht die Mitzwot, so wie Sie und ich, aber in dem Maße, in dem er auf religiösen Glauben einging, kam ihm nur das Judentum ins Blickfeld, auch wenn er es nicht als Religion für sich akzeptierte. Das Christentum verabscheute er, auch wenn er dies nicht ausdrücklich in seinen Büchern sagen konnte. In diesem Sinne, meine ich, hat Scholem sich geirrt. Man kann nicht sagen, die Wissenschaft des Judentums sei eine apologetische Verschleierung des Wesens des historischen Judentums gewesen, oder sei von der Furcht getragen worden, das Judentum in seiner Realität darzustellen.

Natürlich war die Wissenschaft des Judentums nicht frei von Fehlern. Selbstverständlich versuchte man, »nicht angenehme« Tatsachen zu vertuschen, wie z.B. die Tatsache, daß der Sklavenhandel ein verbreitetes jüdisches Gewerbe war. Hier, in Israel, können wir aufrichtiger sein, das ist unser Vorteil. Die Historiker Itzchak Baer oder Chajim Hillel Ben-Sasson sind da gute Beispiele. Sie nehmen den Tatsachen nicht ihre Härte, sie vertuschen nichts und haben keinerlei Bedenken, die jüdische Geschichte so zu präsentieren, wie sie sie kennen und interpretieren. Das ist ein entscheidender Vorteil, den unsere Historiker in Israel vor den Historikern in der Diaspora haben. Ich denke nicht, daß man zu Recht die Ansicht vertreten darf, die gesamte Wissenschaft des Judentums sei ein Versuch gewesen, das Judentum in einem System von historischen Untersuchungen zu begraben.

Graetz und auch Zunz *(1794-1886; Begründer der Wissenschaft des Judentums in Deutschland)* besaßen durchaus ein tiefes jüdisches Gefühl. Richtig ist natürlich, daß Zunz sich nicht mit dem heroischen Element in der jüdischen Existenz beschäftigte, aber Graetz spürte etwas von der Kraft, die in der Existenz der armseligen jüdischen Gemeinden steckte. Man kann nicht sagen, die herausragenden Persönlichkeiten der Wissenschaft des Judentums hätten in ihrer Forschung und ihren Ansichten eine Vertuschung oder Verfälschung der Geschichte des jüdischen Volkes beabsichtigt.

Ich denke, der Unterschied zwischen den jüdischen Studien bei uns und der Wissenschaft des Judentums des 19. Jahrhunderts liegt nicht im Wesen, sondern in der Weite des Horizontes. Damals versuchte man, Grenzen zu setzen, wir sind weitsichtiger und freier und versuchen dabei, auch objektiver zu sein, obwohl jeder genau weiß, daß Objektivität in der Historiographie nicht möglich ist. Auf jeden Fall versuchen wir, objektiver zu sein, als man damals war. In der Wissenschaft des Judentums spielte immer auch die Frage »Was werden die Gojim sagen?« eine Rolle, während Gershom Scholem, Itzchak Baer und andere in ihren wissenschaftlichen Veröffentlichungen darauf keine Rücksicht zu nehmen hatten. Heute denkt auch Salo Baron nicht an die Frage »Was werden die Gojim sagen?«, obwohl er in Ameri-

ka arbeitet. Darin liegt ein bedeutender Fortschritt, der aber keineswegs revolutionär ist, wie Scholem behauptet hat.
Wie schätzen Sie das Werk Scholems ein?
Ich werde Ihnen eine Anekdote erzählen. Scholem sagte einmal zu mir: Sie glauben an die Tora, aber Sie glauben nicht an Gott. Ich sagte ihm: Sie glauben nicht an die Tora und sie glauben nicht an Gott, aber aus irgendeinem Grund glauben Sie an die Erwählung Israels.
Sie wollen ihn in die Kategorie von Jabotinsky einordnen, der den jüdischen Nationalismus zum obersten Wert erhoben hat?
Nein, nicht doch! Der Nationalismus von Jabotinsky hatte eine völlig andere Bedeutung als der Nationalismus Scholems. Selbst wenn man von dem Unterschied zwischen beiden Männern auf intellektueller Ebene absieht, findet sich immer noch keine ideologische Ähnlichkeit zwischen den beiden. Für Jabotinsky war der Nationalismus eben als Nationalismus der oberste Wert – der Nationalismus an sich. Er versuchte eine neue hebräische Nationalität zu bilden, indem er die heroische Romantik der Bewegungen zur politisch-nationalen Neubelebung unter den Völkern Europas im 19. Jahrhundert kopierte, besonders die italienische. Diese Bewegungen aber waren angefüllt mit historischen Kulturgütern ihrer Völker und schöpften aus den Quellen dieser Kultur, während für Jabotinsky die kulturelle Tradition des jüdischen Volkes und alle Inhalte dieser historischen Kultur völlig fremd waren. Sein hebräischer Nationalismus enthielt keinerlei Judentum. Deshalb entstand aus Jabotinskys Nationalismus in der Generation nach ihm genau das, was aus ihm hatte entstehen müssen: Jeder Nationalismus um des Nationalismus selbst willen führt am Ende zu einer mörderischen Mentalität. Hier trifft auf den weltlichen Nationalismus das zu, was auch für den in einen Mantel religiöser Heiligkeit gehüllten Nationalismus des Rabbi Kook gilt.

Der Nationalismus eines Gershom Scholems dagegen war ein mystischer Glaube an Werte, die er im jüdischen Volk versteckt und verborgen glaubte, und die sich seiner Ansicht nach immer wieder in verschiedenen Formen offenbarten. Darin stand er gerade Rabbi Kook sehr nahe, obwohl zwischen ihren Ideologien eine nicht zu überbrückende Distanz lag. Der Standpunkt Scholems gegenüber dem Zionismus und innerhalb der zionistischen Bewegung entsprang seinem Glauben, daß aus diesen im jüdischen Volk verborgenen Kräften hier, d.h. im Rahmen der wiedererlangten nationalen Unabhängigkeit, etwas Großartiges hervorgehen werde – sei es nun die Erneuerung des Alten oder eine absolut neue Schöpfung. Deshalb war der Zionismus für ihn kein gewöhnliches politisches Programm – dem gegenüber er sich in hohem Maße sehr skeptisch verhalten konnte – sondern trug in seinen Augen eine sehr tiefe Bedeutung: geistig, seelisch und vielleicht sogar religiös – Religiosität in seinem Verständnis.

In bezug auf Scholems Erforschung der Kabbala denke ich, daß er sich in seiner Auffassung der inhaltlich-ideologischen Werte der Kabbala sehr geirrt hat und ebenso in ihrer Standortbestimmung innerhalb des Judentums und der Einschätzung ihrer Bedeutung. Der Ursprung seines Irrtums lag in dem großen Interesse, das dieser extreme Rationalist gerade den irrationalen Komponenten der menschlichen Kultur und des menschlichen Bewußtseins nicht nur im Judentum allein – entgegengebracht hat. Obwohl er das irrationale und auch das magische Material, das sich im Judentum findet, einer strengen wissenschaftlichen – d.h. historisch-philologischen – Analyse unterzog, so ist doch seine Vorliebe für dieses Material als solches offensichtlich.

Dagegen stellte sich in Gesprächen, die ich mit ihm führte, heraus, daß ihm ein Verständnis für die Bedeutung der Tora völlig fehlte, ganz besonders für das Torastudium in der Welt des historischen Judentums.

Kann man vielleicht sagen, Scholem wollte die Kabbala wiederbeleben?

Ich weiß nicht. Sicher aber war er der Meinung, aus dem Staat Israel und dem Zionismus werde etwas Bedeutendes entstehen. Daran glaubte er ganz fest.

War das auch Martin Bubers Ansicht?

Wenn ich es mit scharfen Worten ausdrücken soll, so würde ich sagen, Buber war jüdischer Theologe für Nicht-Juden. Das lag natürlich nicht in seiner Absicht, aber so hat es sich tatsächlich ergeben. Nicht-Juden sehen in seiner Lehre eine jüdische Theologie. Aber Bubers Ansichten stehen in keinem Bezug zu dem historischen Judentum – das ein Judentum der Tora und der Mitzwot ist. Deshalb stellt Bubers Lehre keine jüdische Theologie dar.

Trifft das auch auf Bubers chassidische Geschichten zu?

Hier kann ich in Anlehnung an Gershom Scholem nur sagen: Wenn ein Außenstehender das, was Buber über den Chassidismus geschrieben hat, liest, dann wird er bis zum Schluß nicht den Eindruck gewinnen, daß die Chassidim die Tora und die Mitzwot gehalten haben, obwohl gerade sie die Vorschriften des Schulchan-Aruch *(mittelalterliches Halacha-Kompendium des Rabbi Josef Karo)* besonders ernst nahmen. Diese Welt der Tora und der Mitzwot aber spiegelt sich in den chassidischen Geschichten Bubers nicht wider, die eigentlich »Kitsch« und bewußte Fälschungen darstellen. Buber hat ein Judentum beschrieben, das es nicht gibt und niemals gegeben hat. Man muß jedoch zu seiner Rechtfertigung sagen, daß er wirklich geglaubt hat, einen jüdischen Standpunkt zu vertreten. Er schrieb nicht aus apologetischen Tendenzen heraus. Ebenso wollte er das Judentum keineswegs vor der nicht-jüdischen Welt rechtfertigen, letztendlich aber versuchte er ein Judentum zu bilden, das in den Augen der Nicht-Juden Wohlwollen finden konnte, bei dem es sich jedoch nicht um das historische Judentum handelte.

Ben-Gurion schrieb über Bubers philosophisches Prinzip des »Ich und Du« folgendes: »Das Ich und Du Bubers und Rosenzweigs ist in Wahrheit nichts anderes als eine Verdoppelung von Bubers Ich. Er spricht mit sich selbst – und bildet in seiner Phantasie einen Gesprächspartner heraus... Das ist wahrscheinlich äußerst angenehm – hat aber keine andere Bedeutung als die des 'Selbstbetruges'...« *(in einem Brief an den Philosophen S.H. Bergmann vom 1. Oktober 1960).* **Was halten Sie von Bubers Philosophie?**

Ich meine, Martin Buber war ein Philosoph für Damen (a ladies' philosopher). Ich sage ausdrücklich »für Damen« und nicht »für Frauen«, denn wenn eine Philosophie gute Philosophie ist, dann ist sie im gleichen Maße für Män-

ner und Frauen gut. Aber es gibt auch eine Sorte von Menschen, die man »Ladies« nennt. Wenn man in philosophischen Kategorien denkt, dann kann man Bubers Philosophie unmöglich ernst nehmen. Er war kein philosophischer Denker. Ich halte ihn in keiner Weise und keinem Aspekt für wichtig oder bedeutend.
Auch nicht für die Theologie?
Nein. Vom theologischen Standpunkt aus kann man fragen – obwohl ich die Frage nicht genau formulieren und sicherlich keine Antwort auf sie geben kann –, ob Buber ein gläubiger Mensch war. Die Frage ist schwer zu formulieren, weil es nicht deutlich ist, welche Kategorien auf einen gläubigen Menschen zutreffen. Der spätere Rosenzweig *(1886-1929; bedeutender jüdischer Philosoph, der u.a. mit Martin Buber die hebräische Bibel ins Deutsche übertrug; Verfasser des »Sterns der Erlösung«)* war wohl ein gläubiger Mensch, aber ich bin mir nicht sicher, ob man das auch von Buber sagen kann. Auch Franz Rosenzweigs Welt ist sehr weit von der Welt des historisch-normativen Judentums entfernt, aber hier handelt es sich doch irgendwie um einen jüdischen Glauben, den man nur im Rahmen des Judentums entwickeln kann; aber Buber? – Ich weiß nicht. Ich sage das mit einem Fragezeichen, ohne die Sache endgültig festlegen zu wollen. Ich habe jedoch keinen guten Eindruck von seiner gesamten Lehre. In meinen Augen handelt es sich bei seiner Theologie um nichts anderes als ein intellektuelles Spiel.
Haben Sie mit ihm persönlich gesprochen?
Sehr wenig. Vielleicht, weil ich nicht sehr viel Lust hatte, mich mit ihm zu unterhalten, obwohl wir uns in der Universität und bei anderen kulturellen Veranstaltungen getroffen haben.
Wie erklären Sie die gewaltige Resonanz, die seine Schriften gefunden haben, und den großen Einfluß, den er zumindest auf das Judentum in Deutschland hatte?
Sein Einfluß blieb auf einen sehr engen Kreis von Intellektuellen beschränkt.
Als einer, der ihn noch selbst hören konnte, scheint es mir, daß er gerade auf dem Gebiet der Bibel ein großes sprachliches Gefühl hatte.

Da muß ich Ihnen allerdings zustimmen, nur ist das gerade das Gebiet, auf dem er am wenigsten Eindruck in der Welt – auch in der jüdischen Welt – hinterlassen hat.

Aber seine Übertragung der hebräischen Bibel ins Deutsche war doch einflußreich.

Unter Juden fast nicht, aber auch kaum unter Nicht-Juden. Das ist sehr schade. Die Übertragung der hebräischen Bibel ins Deutsche ist ein großes und wichtiges Werk. Bubers Zugang zur hebräischen Bibel ist wirklich ernsthaft und natürlich ein jüdischer und kein christlicher Zugang. Mir ist jedoch nicht bekannt, wie Buber und Rosenzweig die Arbeit untereinander aufgeteilt hatten. Aber – wie gesagt – ich kann in Bubers theologischen, philosophischen und politischen Gedanken keinen Sinn entdecken. Er gewann in der Welt einen Ruf, der weit über seine wirkliche Bedeutung hinausreicht. In der nicht-jüdischen philosophischen Welt sind seine Werke weitverbreitet. Man sieht in ihm die große Persönlichkeit der jüdischen Philosophie unserer Generation. Ich denke, dazu besteht keinerlei Anlaß.

Wie sieht es in bezug auf Bubers Freund, Hugo Bergmann *(1883-1975; Professor für Philosophie an der Hebräischen Universität; enger Freund Kafkas)* aus?

Vom menschlichen Aspekt steht er weit über Buber. Bergmann stand wirklich in enger Beziehung zum Judentum und setzte dies in die Tat um, als es darauf ankam. Er trat nicht zum Christentum über, als sein philosophischer Lehrer, Franz Brentano, ihn eindringlich bat, diesen Übertritt zu vollziehen, um einen akademischen Lehrstuhl zu erhalten. Bergmann beugte sich nicht. Das war in jenen Zeiten großartig, obwohl wir heute sicher denken, daß es sich nur um eine kleine Angelegenheit gehandelt haben mag.

Aber das gilt doch auch von Buber.

Buber kam nie in diese Versuchung. Seine Stellung in der akademischen Welt hing niemals von einer derartigen Entscheidung ab. Er trat überall durchaus als Jude auf. Aber zu einer Zeit, als noch niemand an einen Zusammenbruch der österreichischen Monarchie denken konnte, hing Bergmanns gesamte Karriere an einem Übertritt zum Christentum. Bergmann aber widerstand der Versuchung und vollzog den Übertritt nicht. Meiner Ansicht nach war Bergmanns Verständnis vom Judentum viel tiefer als Bubers. Er zeigte auch den Willen, das Judentum wirklich kennenzulernen, es zu verstehen und sich in das Judentum zu vertiefen. Ich sage dies trotz unserer unterschiedlichen Auffassungen über das Judentum.

Ich habe gehört, Bergmann habe von Ernst Simon *(1899-1988; Professor für Erziehungsphilosophie an der Hebräischen Universität; aus assimilierter Berliner Familie stammend)* **das Anlegen der Tefillin** *(Gebetsriemen)* **lernen wollen.**

Das wußte ich nicht, aber es überrascht mich keineswegs. Ich denke auch, daß er ein Mensch ernsthaften philosophischen Denkens war. In seiner Philosophie lag keine Originalität. Ich weiß nicht, ob er irgend etwas Neues in die Philosophie einbrachte, aber das einzige Buch, das in Hebräisch über Kant geschrieben wurde – das hat er geschrieben. Ich weiß nicht, ob er Kant bis ins Letzte erfaßt hat, aber nur ein wirklicher Philosoph kann ein derartiges Buch schreiben.

Bergmann war ein Mensch von echter Bescheidenheit, durchaus in dem Sinne, wie unsere Ethikbücher ihn beschreiben, das ist eine bedeutende Sache. Er war ein sehr wertvoller Mensch.

Jüdische Kreativität

Ganz im Sinne Ihrer Worte über Buber hat Agnon über ihn gesagt: »Ein Bote ist unter die Völker gesandt« *(Jer.49,14)* – er wollte auf ihn wohl nicht den bekannteren Vers »und bestellte dich zum Propheten für die Völker« *(Jer.1,5)* anwenden, weil er ihn nicht auf die Stufe eines Völkerpropheten heben wollte.

Agnon war ein Mann, den man schwer erkennen konnte. Ich glaube nicht, daß ich wirklich in seine tiefe Persönlichkeit eingedrungen bin, obwohl ich ihn recht gut kannte, und er auch einige Male in unserem Hause zu Besuch war. Stets wunderte ich mich über ihn. Oft machte er den Eindruck eines Zynikers und überzeugten Nihilisten – manchmal war er das genaue Gegenteil und verhielt sich so, als ob er einen tiefen Glauben besäße. Zwischen beiden Dingen gibt es ja vielleicht keinen Widerspruch. Eines aber steht fest: Agnon dachte viel über die Probleme des Judentums nach. Einmal legte er mir die Frage vor, wodurch die Kraft der Tora im jüdischen Volke zerbrochen sei. Das war eine seiner zentralen Fragen.

Man kann sich wirklich nicht vorstellen oder beschreiben, wie Juden 70 Generationen lang ihr Leben nach der Halacha geführt haben – Essen und Trinken, Ehe- und Arbeitsleben – alles war von der Tora bestimmt – und wirklich das »Joch der Tora und der Mitzwot« getragen haben; nicht als Last, sondern als ehrenvolles göttliches Joch. Alles geschah

ohne staatlichen Zwang, nur aufgrund der Autorität der Tora. Diese Kraft zerbrach plötzlich im 19. Jahrhundert. Ich glaube, diese Frage schwirrte Agnon ständig im Kopfe herum und alle seine Werke – sowohl seine Erzählungen vom Leben der Frommen als auch seine erotischen Erzählungen sind ein Ausdruck für das Ringen um diese Frage.
Was antworteten Sie ihm auf seine Frage?

Ich antwortete ihm, daß die Zerstörung des Judentums dadurch verursacht wurde, daß die Beschäftigung mit der Tora zu einem professionellen Torastudium gemacht wurde, auch wenn das im historischen Sinne nicht ganz korrekt ist; denn der Prozeß der Auflösung begann schon vor der großen Krise im 19. Jahrhundert. Heute tritt dies ganz deutlich hervor. Wenn man heute von einem Juden sagt, er sei ein »Toramensch«, meint man, daß er sich völlig dem Studium der Tora widmet, jedoch in professioneller Beschäftigung mit den Texten und nicht als einem das Leben gestaltenden Programm. Obwohl es eine derartige Beschäftigung auch schon vor dem 19. Jahrhundert gab, zeigte sich die Tora doch immer in ihrer Realisation in der spezifischen Lebensweise. Heute gibt es das nicht mehr. Ich glaube, es war der Historiker Chajim Hillel Ben-Sasson *(1914-1977),* der darauf hingewiesen hat, daß es in der gesamten jüdischen Geschichte keine Generation gegeben hat, in der die Zahl der Jeschiwastudenten so hoch war wie in unseren Tagen. Man kann aber nicht leugnen, daß diese Jeschiwastudenten keinen Einfluß auf das Bild des jüdischen Volkes haben, auf sein Wesen und auf seinen Charakter; damals dagegen waren der Einfluß der Tora und ihre Wirkungskraft innerhalb der jüdischen Welt phantastisch, obwohl der Prozentsatz der Leute, die professionell die Tora studierten, sehr gering war; die Mehrheit der Leute, die die Tora und die Mitzwot hielten – unter ihnen auch sogenannte »Toramenschen« – waren Haus- und Ladenbesitzer, ja überhaupt Werktätige, aber eben keine professionellen Toragelehrten.

Im gleichen Zusammenhang muß ich sagen, daß diese Frage meiner Meinung nach ebenfalls Bialik *(1873-1934; der Nationaldichter Israels)* sehr gequält hat, obwohl seine Beziehung zur Tora völlig anders aussah als Agnons. Aber auch in Bialiks Werk ist diese Frage eine Art Leitfaden, der sich durch alle Gedanken hindurchzieht. Beide kannten selbstverständlich das Judentum – im Gegensatz zu vielen Menschen heute – und wußten, was Tora ist und was sie in der Welt des historischen Judentums bedeutete.

Agnon war auf jeden Fall eine außerordentlich interessante Persönlichkeit, ja er ist überhaupt ein interessanter Fall: Wo kam er denn her? Aus einem kleinen Dorf in Galizien, wo er wohl keine Allgemeinbildung erworben haben dürfte. Deutsch konnte man in den Schulen im österreichischen Galizien lernen, obwohl ich nicht weiß, ob er dort zur Schule gegangen ist. Über seine Jugend weiß ich eigentlich nichts.

Können Sie sein Werk vom literarischen Standpunkt aus beurteilen, vielleicht im Vergleich zu den großen europäischen Schriftstellern der Gegenwart?

Mit Literaturkritik tue ich mich sehr schwer. Nicht in dem Sinne, daß ich davon nichts verstehe, sondern weil ich mein literarisches Verständnis nicht in Worte fassen kann. Das gilt auch für die große Weltliteratur. Mir fehlen die Mittel, um das zum Ausdruck zu bringen.

Agnon schrieb auf sehr hohem Niveau, auch im Vergleich zu den bedeutenden Gegenwartsschriftstellern. Einige seiner Geschichten – gerade die Kurzgeschichten – sind wunderbar. Ich erinnere mich an eine Geschichte, die ein Mensch, der sich im Judentum nicht auskennt, überhaupt nicht verstehen kann. Ich meine die Geschichte »Zwei Toragelehrte in unserer Stadt«. In psychologischer Hinsicht erreicht die Geschichte die Tiefe der Geschichten Dostojewskis. Ich bin mir sicher, daß etliche seiner Geschichten nur von einem Schriftsteller mit tiefer Kenntnis der menschlichen Seele geschrieben werden konnten.

Lesen Sie jedes Buch von Agnon, das neu auf den Markt kommt?

Heute nicht mehr. Ich denke, es erscheinen heute Bücher, die man vielleicht besser nicht publizieren sollte, und an deren Publikation Agnon selbst wohl nicht sehr interessiert war.

Ihre Analyse in bezug auf das Judentum bei Agnon findet sich – wenn auch in anderer Form –

ebenfalls bei Baruch Kurzweil *(1907-1962; Literaturkritiker und Professor für Literatur an der Bar-Ilan-Universität)*, der sich mit dem Werk Agnons ausführlich beschäftigte. Kurzweil weist darauf hin, daß es sich lohnt, die Problematik des jüdischen Volkes in den letzten Generationen bei Agnon zu untersuchen. Es sei schon ausreichend, die »Versorgung der Braut« *(1919)* zu lesen – hier sei die jüdische Welt noch ungebrochen – dann zu der Geschichte »Nur wie ein Gast zur Nacht« *(1938/39)* überzugehen – wo diese Welt schon auseinanderbricht – und mit »Gestern, vorgestern« *(1945)* aufzuhören, eine Geschichte, in der der Schriftsteller alle Probleme des Lebens im neuen Eretz Israel anspricht. Darin findet sich eigentlich die gesamte Sicht der Problematik, Ihre Sicht und Kurzweils, ja, und natürlich auch Agnons.

Kurzweil war ein merkwürdiger Mensch, aber eine außerordentlich interessante Persönlichkeit. Er besaß ohne Zweifel einen Funken von Genialität, der sich leider nicht entwickeln konnte. Er war ein Mensch mit tiefgreifenden Gedanken. In seiner Kritik an Gershom Scholem tritt entscheidend Wahres hervor. Ich habe ihn sehr geschätzt. Schade, daß er so früh gestorben ist.

Kannten Sie Bialik?

Man kann nicht sagen, daß ich ihn kannte. Wir trafen einander einige Male bei öffentlichen Veranstaltungen, hatten aber kaum persönlichen Kontakt.

Ich erinnere mich an ein Wort Bialiks, das, obwohl es nicht besonders tiefsinnig ist, doch sehr interessant sein dürfte. Ich hörte, wie er sagte, er könne in jedem Stil, den es in der Geschichte der hebräischen Sprache gibt, schreiben, angefangen beim Propheten Jesaja (er sagte aus Ehrfurcht nicht Moses) bis zu Abraham Schlonsky *(1900-1973; Dichter und Übersetzer; bedeutendste Persönlichkeit der neuen hebräischen Lyrik in Eretz Israel)*, der damals den Gipfel der Moderne verkörperte. Nur einen Stil beherrsche er nicht – den Stil des Maimonides. Um im Stil eines Maimonides zu schreiben, müsse man Maimonides sein. Er sprach natürlich von der »Mishne Tora«, deren Hebräisch wirklich ausgezeichnet ist. Das wird selbst in Kleinigkeiten, wie der Aufnahme und

Übersetzung aramäischer Ausdrücke aus dem Talmud, deutlich.

Wurden Sie durch das Werk Bialiks beeinflußt?

Ich könnte kein Gedicht oder kein Prosastück nennen, das für mich besondere Bedeutung besitzt, selbst nicht Texte, die mich besonders interessierten und ansprachen; seien es nun die griechischen Tragödien, oder Shakespeare oder die Gedichte Puschkins, die wirklich das Bedeutendste darstellen, was je von menschlichem Geist geschaffen wurde. Ich verstehe, worin die Größe dieser Werke liegt, aber ich kann nicht sagen, daß sie für mich und meine Entwicklung zentral waren. Ebenso ist mir klar, daß ein Teil der Gedichte Bialiks zu den bedeutenden Gedichten der Weltlyrik gehört. Ich trage sie im Herzen, obwohl ich sie nicht auswendig hersagen kann. Auswendig weiß ich Texte, die ich in der Grundschule gelernt habe, wie zum Beispiel die Gedichte Puschkins. Interessant ist, daß auch die jungen Leute, die heute aus der Sowjetunion zu uns kommen und die fast 70 Jahre nach mir in die Schule gegangen sind, die gleichen Gedichte auswendig gelernt haben wie ich – sie in dem entsprechenden Literaturunterricht der sowjetischen Schulen, ich in dem Unterricht der zaristischen Schulen! Das erklärt sich wohl daraus, daß es in Rußland bis heute eine absolute kulturelle Kontinuität gibt, im Gegensatz zu unserem Zustand. Bei uns gibt es einen Bruch! Die gesamte jüdische Tradition bis ins 19. Jahrhundert hinein ist den Menschen fremd, die als Produkte aus unserem Erziehungssystem in Israel hervorgegangen sind. In Rußland dagegen existiert – trotz der Revolution – eine kulturelle Kontinuität, selbst in der Auffassung der Geschichte. Die Russen merken nicht, daß es irgendeinen Bruch in der Geschichte des russischen Volkes infolge der großen Oktoberrevolution gegeben hat. Es ist russische Geschichte, egal, ob sie zaristisch ist oder kommunistisch. Das russische Volk ist überhaupt eine merkwürdige Erscheinung innerhalb der menschlichen Geschichte. Fast bis in unsere Generation hinein lebte die Mehrheit des Volkes in völligem Barbarentum, und trotzdem entstanden diesem Volk bedeutende Personen und entstanden Werke in ihm, die zu dem Vollkommensten in der menschlichen Geschichte und Kultur gehören.

Wer von den jüdischen Philosophen der Gegenwart ist in ihren Augen bedeutend?
In der gegenwärtigen allgemeinen Philosophie ist Emanuel Levinas der Philosoph, dessen Denken durch sein Judentum stark gefärbt ist. Vier seiner Aufsätze über den Talmud gehören zu den besten, die in unserer Zeit geschrieben wurden. Aber ich spreche nicht nur von seinen Schriften über das Judentum, sondern auch von seiner allgemeinen Philosophie, die stark vom Judentum zehrt, auch wenn es sich keineswegs um Religionsphilosophie handelt. Man kann schwerlich auf einen anderen modernen jüdischen Philosophen verweisen, dessen Denken so stark der Welt des Judentums entspringt.

Ein wichtiger Denker, der vielleicht in den letzten Jahren in Vergessenheit geraten ist, ist Yecheskiel Kaufmann *(1889-1963; Professor für hebräische Bibel)*, der Verfasser der »Geschichte des israelitischen Glaubens« und des Werkes »Exil und Fremde«.

Ich halte Kaufmann wegen seiner kritischen Einstellung zu einigen unter der Mehrheit der modernen Bibelexegeten verbreiteten Anschauungen einerseits und zu der für seine Generation üblichen Historiographie des jüdischen Volkes andererseits für bedeutend. Kaufmann erschütterte Schlußfolgerungen der wissenschaftlichen Bibelkritik, die von einem großen Teil des aufgeklärten Publikums für wahr und unanfechtbar gehalten wurden. Dagegen ist der Wert seines positiven Beitrages zum Verständnis des Volkes Israel in biblischer Zeit problematisch. Ich kann seine Hauptlehre nicht akzeptieren – daß nämlich der Glaube an den einen Gott in der Natur des Volkes Israel verankert war und niemals von ihm wich, so daß das Volk niemals wirklich Götzendienst begangen hat, auch wenn es von den für Götzendienst typischen Ausdrucksformen ergriffen wurde. Es scheint mir doch eher, daß die Tora und Prophetenbücher den gewaltigen Kampf und das Ringen des Glaubens an Gott mit dem Götzendienst darstellen, und daß die gesamte biblische Geschichte ein Prozeß der ständigen Überwindung der natürlichen Neigung zum Götzendienst ist, die im jüdischen Volk und in der gesamten Menschheit verwurzelt war – und immer noch verwurzelt ist (und es ist wohl von mehr als symbolischer Bedeutung, daß der Schulchan-Aruch nach 2500 Jahren immer noch mit der Aufforderung beginnt, den Götzendienst »zu überwinden«). Darin liegt die Größe der Bibel; und Kaufmann merkte nicht, daß er den Wert der Bibel minderte, als er zu zeigen versuchte, daß der Monotheismus in der Natur des jüdischen Volkes »verwurzelt« ist.

Als Historiosoph kannte Kaufmann die große Wahrheit, daß nicht die historischen Bedingungen und Umstände (»das jüdische Schicksal«) das Judentum hervorgebracht haben, sondern das Judentum (die Religion Israels) es war, die das jüdische Volk geprägt und sein historisches Schicksal bestimmt hat.

Gibt es heute in der orthodoxen Welt der Tora irgendeine Persönlichkeit, die Ausstrahlung und Einfluß auf die Lebensweise der Menschen besitzt?

Ich weiß nicht. Manchmal verweist man auf den Rabbiner Soloveitchik, den geistig-religiösen Führer der Neo-Orthodoxie in den Vereinigten Staaten. Aber ich muß sagen, daß ich ihn nicht zutiefst verstanden habe. Ich habe ihn zweimal getroffen – in Boston und in New York – und konnte ihn nicht ganz begreifen, deshalb kann ich eigentlich nichts über ihn sagen. Ich hatte den Eindruck, daß er in bezug auf die Probleme des Staates Israel einen Standpunkt bezieht, der meinem sehr nahe kommt, ich meine seine theoretisch-ideologischen Auffassungen – sein Glaubensverständnis habe ich nicht in ganzer Tiefe erfaßt. Leider ist er keine kämpferische Persönlichkeit. Schade.

Judentum und Christentum

Manchmal sagt man über den Rabbiner Soloveitchik, er setze die ursprünglich aus Frankfurt stammende Tradition eines nach der Tora ausgerichteten Lebens in Verbindung mit den Werten und der Kultur West-Europas fort. Können Sie etwas zu dem Phänomen des Frankfurter orthodoxen Judentums sagen?

Frankfurt und seine Gemeinden habe ich kaum gekannt. Von den orthodoxen Gemeinden in Deutschland kannte ich Berlin und Köln, aber ich weiß von dem Phänomen des alten Salomon Breuer *(1850-1926; Rabbiner in Frankfurt)* und von dem Phänomen Isaak Breuer *(1883-1946; Gründer der anti-zionistischen orthodoxen Partei »Agudat Israel«)*, der wohl eine der interessantesten Persönlichkeiten der letzten Generation war. Schade, daß auch er vorzeitig gestorben ist. Ich denke, er hätte bei uns in Israel eine wichtige Funktion erfüllen können.

Worin liegt die Bedeutung der deutschen Orthodoxie für gegenwärtiges jüdisches Leben?

Die deutsche Orthodoxie war ein einzigartiges Phänomen in der Geschichte des jüdischen Volkes. Es scheint mir, Gershom Scholem hat das völlig ignoriert.

Weil diese Orthodoxie so weit von jeglicher Mystik und Kabbala entfernt war?

Nicht nur deswegen. In der Erörterung dessen, was man als »jüdisch-deutsche Kultursymbiose« bezeichnet, darf man die Existenz dieser hervorragenden jüdischen Gruppe ab der Mitte des 19. Jahrhunderts bis zur Zerstörung des deutschen Judentums durch Hitler einfach nicht ignorieren: Einige tausend Familien, organisiert in Gemeinden (die von den Behörden als öffentliche Körperschaften anerkannt sind), Menschen, die ihr Leben allgemein und spezifisch auf der Basis einer strengen Beachtung der Gebote und in absoluter Übereinstimmung mit der Halacha führen: Einhaltung des Schabbat in Beruf und privatem Leben, Kaschrut, Beachtung der rituellen Ehevorschriften in der Familie, etwas Talmudstudium usw.; das bedeutet: ein von der Umgebung völlig abgesetztes Leben. Zu den Mitgliedern dieser Gemeinden gehörten Akademiker, Rechtsanwälte, Ärzte, Geschäftsleute, Groß- und Einzelhändler, Staatsbeamte und Angestellte in privaten Unternehmen, einige Rabbiner und Talmudgelehrte, die nach außen völlig in das Leben der deutschen Umwelt und Kultur eingebunden waren, einer Kultur, die sie – zusammen mit einem aufrichtigen deutschen Patriotismus – durch ihre Erziehung aufgenommen hatten, ohne den Widerspruch zwischen den beiden Welten zu spüren. Man muß betonen, daß die jungen Leute aus diesen Gemeinden, die fast alle an den Universitäten studierten, der Tradition und der Lebensweise ihrer Väter treu blieben.

Mordechai Breuer *(Professor für Geschichte an der Bar-Ilan-Universität in Ramat-Gan)* erzählte mir, auf dem Schreibtisch seines Vaters Isaak Breuer hätten zwei Fotografien gestanden: eine Fotografie Samuel Rafael Hirschs *(1808-1888; Rabbiner in Frankfurt; Gründer der Neo-Orthodoxie in Deutschland)* – dem Schwiegervater seines Vaters, und eine Fotografie Kants, des Atheisten mit stark antisemitischem Einschlag! Die Bilder dieser beiden bedeutenden Persönlichkeiten standen zusammen auf dem Schreibtisch eines orthodoxen jüdischen Intellektuellen in Deutschland! Hier wird deutlich, daß in dieser Gruppe – klein, aber bedeutend wie sie war –, wirklich aufrichtiges Judentum mit Deutschtum zusammenwohnten. Diese jüdische Orthodoxie hat Gershom Scholem nicht wirklich gekannt.

Aber zu einer bestimmten Zeit seines Lebens stand Scholem dieser Orthodoxie doch nahe!

Scholem, der aus einer jüdischen Welt kam, die fast völlig an die nicht-jüdische Umwelt assimiliert war, und der in seiner Jugend vom Judentum nichts wußte, fand zu Beginn seines Weges der Entdeckung des jüdischen Volkes und seiner geistig-historischen Welt in dem Rabbiner Bleichröde der orthodoxen Gemeinde in Berlin, der in seinen letzten Lebensjahren nach Eretz Israel kam und in Jerusalem verstarb, einen Lehrer. Scholem verehrte seinen alten Lehrer sehr, konnte in ihm jedoch keine Unterstützung für ein wirkliches Studium und Kennenlernen des Judentums finden. So blieb die orthodoxe jüdische Gesellschaft mit ihren geistigen und seelischen Inhalten vor Scholem fremd und verschlossen.

Es wird die Meinung vertreten, daß diese deutsch-jüdische Symbiose, auch wenn es sie gegeben haben sollte, unnatürlich war, und alle Bemühungen, eine Verbindung zwischen der jüdischen und der deutschen Kultur herzustellen, von Anfang an zum Scheitern verurteilt waren.

Die Symbiose war sicherlich nicht natürlich. Vor einigen Jahren führte ich ein Gespräch mit einem deutschen Philosophen, der in Israel zu Besuch war. Er hatte sich viel mit Hermann Cohen *(1842-1918)* beschäftigt, nicht als jüdischem Philosophen, sondern als einem der Väter des Neu-Kantianismus. Dieser Philosoph fragte mich, wie es möglich sei, daß Cohen mit ganzem Herzen, mit ganzer Seele und mit all seiner Kraft von Kant ergriffen war, so daß er sogar Judentum mit Kant identifizierte. Dabei sei Kant doch nicht nur, wie gesagt, Atheist, sondern auch erklärter Antisemit gewesen; Antisemit nicht im Sinne des üblichen Judenhasses – Kant hatte ausgezeichnete Beziehungen zu vielen Juden –, sondern im Sinne einer Mißachtung des Judentums, das ihm sehr zuwider war. Ich sagte meinem deutschen Gesprächspartner, ich würde dieses Phänomen wohl verstehen, und ich denke, die Erklärung, die ich ihm gab, ist auch richtig: Einerseits war Hermann Cohen bis in die tiefsten Tiefen seiner Seele Jude, wobei nicht wichtig ist, daß er die meiste Zeit seines Lebens nicht gläubig war – in seinen letzten Lebensjahren tritt eine eindeutige Annäherung an den jüdischen Glauben hervor, und in seinem bedeutenden

Buch »Die Religion der Vernunft aus den Quellen des Judentums«, das erst nach seinem Tode Beachtung und Einfluß erlangte, gibt es Abschnitte, die ein gläubiger Jude geschrieben haben könnte – ja, Cohens Anhänglichkeit an das Judentum war unbegrenzt und maßlos. Andererseits gab es auch keine Grenze und kein Maß für seine Verbindung und Sympathie mit der deutschen Kultur. Hier entstand der große Konflikt, denn die deutsche Kultur ist ohne Christentum nicht zu verstehen. Das deutsche Volk – wie alle europäischen Völker – wurde durch das Christentum geprägt, wobei nicht wichtig ist, daß viele deutsche Denker, selbst Goethe und Kant, den christlichen Glauben ablehnten. Deshalb gab es wohl keinen Menschen, der als Jude das Christentum so scharf abgelehnt hat wie Hermann Cohen (und darin, nebenbei bemerkt, fühle ich mich ihm sehr verwandt). Warum ist Cohen nun aber so stark von Kant fasziniert? Weil Kant kein Christ war! In Kants Gedanken gibt es nichts Christliches. Hier zeigt sich, daß man Deutscher sein kann – und zwar nicht irgendein Deutscher, sondern die Verwirklichung des deutschen Geistes schlechthin – ohne Christentum.

Gibt es eine Verbindung zwischen der Mussar-Bewegung eines R. Israel Salanter *(1810-1883; Gründer der Mussar-Bewegung in Litauen)* und der Ethik Kants?

Die Mussar-Bewegung forderte die Ausrichtung des menschlichen Bewußtseins auf die Ausführung der Mitzwot. Hier ist von einer Verinnerlichung der Mitzwot die Rede. Das ist eine Analogie zum Versuch des Verfassers des Buches »Chovot Ha-Levavot« *(»Herzenspflichten«)* 900 Jahre zuvor. Aber ich weiß nicht, ob man diese Versuche der Verinnerlichung unter dem Begriff »Ethik« zusammenfassen kann, weil es hier um eine Versenkung in die Erfüllung der Mitzwot geht, und das ist kein ethischer Begriff.

Dann gibt es also keinerlei Verbindung zwischen der Moral der Mussar-Bewegung und der humanistischen Ethik?

Meiner Ansicht nach nicht, weil die Bedeutung jeweils eine andere ist. Entscheidend ist nicht die Tatsache, daß beide dasselbe über das Verhalten in einer bestimmten Situation sagen, entscheidend ist die Bedeutung des Verhaltens, und die ist in beiden Fällen unterschiedlich.

Obwohl vielleicht vom psychologischen Aspekt eine Nähe zwischen ihnen besteht?

Das ist eine interessante Frage, aber mir nicht ganz verständlich. Ich weiß nicht, ob man die Lehre R. Israel Salanters wirklich als »Ethik« in dem Sinne, in dem wir über die Morallehre Kants sprechen, bezeichnen kann.

Es ist Ihnen sicher bekannt, daß man von Ihnen sagt, sie seien von Karl Barth *(1886-1968; bedeutendster protestantischer Dogmatiker des 20. Jahrhunderts)* beeinflußt.

Das ist Unsinn.

Aber warum sagt man es dann?

Bin ich für die Dummheit anderer Menschen verantwortlich? Die Schreiberlinge bei uns haben lediglich gehört, daß Barth ein gläubiger Christ war, der sich gegen die im modernen Protestantismus herrschende liberale Theologie aufgelehnt hat. Da ich nun auch für gläubig gehalten werde, wandte man flugs die Gleichsetzung »religiös = religiös« an, und vermutete, zwischen mir und Barth bestünde eine Analogie. Barth betonte den extremen Gegensatz zwischen Judentum und Christentum. Außerdem gab es in der letzten Generation keinen christlichen Theologen, der derartig unhaltbare Dinge über das Judentum geschrieben hat wie Barth, und dies gerade aus einem tiefen christlichen Bewußtsein heraus, und nicht etwa aufgrund einer antisemitischen Haltung den Juden gegenüber. Ich habe versucht, diese Dinge in einem Aufsatz, den ich über Karl Barth geschrieben habe *(Das gemeinsame jüdisch-christliche Vermächtnis, [hebr.], in: Yahadut, Am Israel we-Medinat Israel, S. 327ff.)* darzustellen und zu erklären.

Möchten Sie ein Beispiel geben?

Barth schreibt, die Fortexistenz des Judentums sei eine Wunde im Körper Jesu. Es ist für ihn unmöglich, daß es nach Jesus weiterhin eine legitime Existenz eines Judentums gibt, das nicht christlich ist. Derartiges ist nach christlichem Verständnis unzulässig. Die Synagoge sei die Synagoge des Satans. Gleichzeitig jedoch gab es niemanden, der dem Nationalsozialismus schärfer widersprochen hat als Barth. Er ging darin so weit, daß er nach dem Kriege Ost-Deutschland dem Westen vorzog, weil im West-Deutschland Adenauers eine Art Versöhnung mit den Nazis stattfand. Darin hatte Barth allerdings recht. In bezug auf die Juden sagt er, daß wir alle – Juden und Nicht-Juden – Menschen sind. Aber das Judentum verwarf er völlig. Schon die Existenz des Judentums ist nach Barths Ansicht eine »Gotteslästerung«. Man weiß bei uns nicht, wie der wichtigste christliche Theologe des 20. Jahrhunderts das Judentum sah, im Unterschied zu seiner Einstellung zu den Juden. Das sind bei ihm zwei zu unterscheidende Aspekte. Bei uns kennt man das Christentum überhaupt nicht. Man weiß nicht, wie sich einer der großen modernen Denker des Christentums, von dem man auf keinen Fall und unter keinen Umständen sagen kann, er sei Antisemit gewesen – wie sich dieser Mensch dem Judentum gegenüber verhält. Ich aber verstehe sehr wohl, daß das Judentum als lebendige Religion der Beweis dafür ist, daß das Christentum Lug und Trug ist, und daher kann das Christentum nicht zulassen, daß das Judentum noch als eine lebende Religion existiert. Judentum ist in den Augen des Christentums schlicht ein Monster.

Ist das letztendlich auch der Grund dafür, daß der Vatikan den Staat Israel nicht anerkennt?

Das ist gut möglich. Ich habe natürlich nicht alle Schriften Karl Barths gelesen – ich meine die 14 gewaltigen Bände der Kirchlichen Dogmatik aber ich habe mir einige Abschnitte, die das Judentum behandeln, herausgeschrieben. So zum Beispiel: »Die Existenz der Synagoge neben der Kirche [ist] . . . so etwas wie eine ontologische Unmöglichkeit, eine Wunde, ja eine Lücke im Leib Christi selber, die schlechterdings unerträglich ist« *(KD IV/1, S.749)*. Das heißt, daß beide – Judentum und Christentum – nicht nebeneinander bestehen können. Hierin widerspricht Karl Barth Buber und Rosenzweig, die der Meinung waren, daß es zwei Wege gebe und zwei Glaubensweisen, die zur Erkenntnis Gottes führen. Der Christ – nach Barths Meinung – kann die Existenz des Judentums nicht ertragen, und ich denke, damit ist Barth durchaus im Recht. Auch aus jüdischer Sicht kann es unmöglich zwei Wege zur Wahrheit geben; auch wir können nicht zwei Wege zu Gott akzeptieren. Die Beziehung des Christentums zum Judentum behandelt der zeitgenössische protestantische Theologe Friedrich-Wilhelm Marquardt in seinem Buch »Die Entdeckung des Judentums für die christliche Theologie. Israel im Denken Karl Barths« *(1967)*. Über Barths Satz »Sünder sind alle, aber wirklich Sünder – mit allen sich daraus ergebenden Konsequenzen – sind nur diejenigen, denen der Wille Gottes deutlich und klar war« schreibt Marquardt: »Hier spürt man eine verborgene Verbindung zwischen dem Paulinismus und Auschwitz!« Diese Feststellung kommt aus dem Munde eines deutschen protestantischen Theologen unserer Tage.

Schon die Existenz des Judentums ist also für das Christentum ein schreckliches Problem; uns dagegen – geht das Christentum überhaupt nichts an. Nach Barth gibt es für das Judentum keine Rettung, denn das Evangelium ist ihm gegeben worden und es ist von ihm zurückgewiesen worden. Ist das nicht eine Angelegenheit, die wir ständig vergessen? – Jesus war ein Jude, der sich an Juden wandte, und nachdem sie ihn abgewiesen hatten, gibt es für Juden keine Rettung mehr.

Ein interessanter Mensch hat das sehr gut verstanden, ein französischer Hugenotte namens Aimé Payllee. Während seines ganzen Lebens näherte er sich immer mehr dem Judentum an. Schließlich stellte er sich die Frage, ob er zum Judentum übertreten solle, und wandte sich mit dieser Frage an den Rabbiner Ben-Amosag. Der Rabbi sagte ihm, es sei nicht notwendig, überzutreten; er könne sich dem Judentum durch eine Institution anschließen, die es einst gegeben habe, und die man »Ger Toschav« *(Beisasse: Einwohner ohne Bürgerrecht)* nannte. Als solcher kann er bestimmte Gebote des Judentums übernehmen und am jüdischen Glauben festhalten, ohne zum Judentum überzutreten. Payllee, der kein großer Denker war, verfaßte eine Autobiographie, in der er beschrieb, wie er sich schrittweise vom Christentum entfernt und immer mehr dem Judentum angenähert habe, bis er fast bereit gewesen wäre, zum Judentum überzutreten. Er erzählt in seiner Autobiographie, daß auch ein Besuch in einer Synagoge am Jom-Kippur dazu beigetragen habe. Er habe bereits Hebräisch beherrscht und sich in der Synagoge vom Mincha-Gebet am Vorabend des Jom-Kippur bis zum Abschluß des Versöhnungstages aufgehalten. Und da – so erzählt er – fuhr ihm plötzlich wie ein Blitz die Idee durch seinen Kopf, daß sich am Versöhnungstag der Juden durch das Erscheinen Jesu nichts geändert hat. Das ist richtig! Einerseits ist das Erscheinen Jesu das größte Ereignis in der Geschichte der Menschheit – die Inkarnation Gottes in einem Menschen, im jüdischen Volk und unter ausdrücklicher Beziehung auf das Judentum, die Tora und die Propheten. Andererseits zeigt sich, daß für das reale Judentum – das heißt für jene Juden, die am Versöhnungstag in ihrer Synagoge beten – dieses Ereignis gewissermaßen nicht stattgefunden hat. Es gibt noch nicht einmal eine Verneinung des Christentums innerhalb des Judentums. Das Christentum existiert einfach nicht. Das ist selbstverständlich richtig und wundervoll. Der Ritus des Jom-Kippur bleibt genau der gleiche Ritus, ohne Änderung eines Buchstabens, mit oder ohne Jesu Erscheinen. Das Schicksal des jüdischen Volkes wäre anders verlaufen, wenn die Welt nicht christlich geworden wäre, aber nicht das Schicksal des Judentums, für das das Christentum eigentlich nicht existiert!

Es ist interessant, daß Jesus fast nicht in unseren Quellen erwähnt wird.

In der Welt der Rabbinen der Zeit von Mischna und Talmud gibt es eine sehr starke Assoziation zwischen Bileam *(heidnischer Prophet in Num. 22-24)* und Jesus, eine Assoziation, die sich sowohl im Talmud als auch im Midrasch findet. Manchmal steht der Name »Bileam« wirklich für Jesus, manchmal bleibt die Sache in der Schwebe. So heißt es zum Beispiel in den Sprüchen der Väter »Was unterscheidet die Schüler unseres Vaters Abraham von den Schülern des bösen Bileam?« *(Avot 5,24)*, so als ob auch Bileam wie Abraham am Anfang einer sich weiterentwickelnden Bewegung gestanden habe, nur daß es dafür keinerlei Hinweis in der Tora gibt. Um wen handelt es sich also bei den Schülern und Anhängern Bileams? Abraham Geiger *(1810-1887; Gründer der »Wissenschaft des Judentums« und der Reformbewegung in Deutschland)* und andere vermuteten zum Beispiel, daß hier von Jesus die Rede sei. Aber das scheint nicht richtig zu sein, denn im Kontext ist von »Blutgierigen und Falschen« die Rede. Diese Bezeichnung paßt nicht zu Jesus und den ersten Christen, sondern gehört in eine spätere Epoche nach Kaiser Konstantin. Aber doch ist hier meiner Meinung nach etwas verdächtig. Über die Anhänger des Übeltäters Bileam wird an der Stelle in der Mischna gesagt, sie würden die Hölle erben, wie es in den Psalmen heißt: »Du, Gott, wirst sie hinunterstoßen in die tiefe Grube, die Blutgierigen und Falschen werden ihr Leben nicht bis zur Hälfte bringen, ich aber hoffe auf Dich« *(Ps.55,24)*. Wenn es hier zunächst heißt: »Ich hoffe auf Dich«, so ist damit »auf Gott« gemeint, und nicht auf einen anderen, vielleicht auf Jesus. Aber viel entscheidender ist der Vers »sie werden ihr Leben nicht bis zur Hälfte bringen« – denn Jesus erreichte nicht die Hälfte seines Lebens, sondern starb im Alter von 33 Jahren. Die Hälfte des Lebens wäre das Alter von 35 Jahren.

Im Abschnitt »Chelek« des Talmudtraktats Sanhedrin ist die Sache absolut eindeutig. Dort heißt es *(San.106b)*: »Ein Abtrünniger sagte zu Rabbi Chanina: Weißt Du, wie alt Bileam war, als er starb? Er antwortete: In der Schrift steht es nicht, doch weil es heißt ›Die Blutgierigen und Falschen werden ihr Leben nicht bis zur Hälfte bringen‹, so denkt man, er sei 33 oder 34 Jahre gewesen. Sicherlich hat er nicht die übliche Hälfte eines Menschenlebens erreicht; denn das sind siebzig Jahre. – Er sagte ihm: Gut hast Du geantwortet. Ich selbst habe das Buch Bileams gesehen, und es heißt dort: 33 Jahre war Bileam, als ihn Pinchas Listaa (der Räuber) erschlug.« Die Worte »Pinchas Listaa« sind merkwürdig, und was bedeuten die aramäischen Worte »Pinskeja de-Bileam« *(»das Buch Bileams«)*? Geiger sagt darüber – und das ist sehr extrem, aber sehr überzeugend –, hinter Pinchas Listaa verberge sich Pontius Pilatus und »das Buch Bileams« sei das Evangelium. Dann wird alles klar! Und jetzt erhebt sich wirklich die Frage, auf die ich keine Antwort weiß: Begriffen die Talmudgelehrten der ersten Jahrhunderte Jesus als einen Propheten für die Heidenwelt?

So wie Bileam ein heidnischer Prophet war?

Ja. Über Bileam wird im Midrasch gesagt: »In der Schrift heißt es ›kein Prophet stand auf in Israel wie Moses‹ *(Dtn.34,10)* – stand auf in Israel, wohl aber unter den Völkern. Wer ist es? Bileam!« *(Sifre Devarim)*. Meinen diese Worte, daß Bileam, hinter dem sich hier Jesus verbirgt, auch in der Auffassung der Rabbinen der frühen Zeit ein Prophet für die Heiden gewesen ist? Später heißt es im Midrasch Rabba: »R. Chanin sagte: Israel braucht nicht die Lehre von einem Messiaskönig [der in der Zukunft erscheinen wird], denn es heißt ›die Heiden werden ihn erbeten‹ und nicht Israel.« Hieraus könnte man folgern, daß die Heiden sehr wohl eine Lehre oder Tora von dem Messias erhalten werden. Ich denke, auch hier ist Jesus gemeint. Auf der anderen Seite gibt es auch die umgekehrte Meinung unter den frühen Rabbinen, nach der Bileam der Heidenprophet ist, der vor Jesus warnt. So wird zum Beispiel über die Worte der Schrift »Gott ist kein Mensch, daß er lüge« *(Num.23,19)* im Midrasch gesagt: »Als Bileam, der Übeltäter, sah, daß in der Zukunft ein Mann, der Sohn eines Weibes, auftreten und die Völker mit den Worten ›Ich bin Gott‹ zur Sünde verführen wird, da begann er zu schreien und rief: ›Ein Mensch kann nicht Gott sein, und wenn er es behauptet, so lügt er.‹« Hier ist eindeutig, daß mit diesem »Menschensohn« Jesus gemeint ist, und der Midrasch legt Bileam diese warnenden Worte in den Mund. Bileam warnt vor Jesus, und muß in diesem Sinne als ein Prophet für die Völker verstanden werden. Das heißt, er wollte gerade verhindern, daß die Heiden an Jesus glaubten.

So findet auch der schwerverständliche Satz »Ach, wer wird am Leben bleiben, wenn Gott das tun wird« *(Num.24,23)* – wir verstehen die eigentliche Bedeutung nicht – in der Gemara die Interpretation »Wehe dem, der sich durch den Namen Gottes selbst zum Leben ruft« *(San.106a)*. Hier ist eindeutig Jesus gemeint, und Bileam warnt wieder vor Jesus. In den Quellen dient Bileam also manchmal als Bezeichnung für Jesus, manchmal warnt Bileam vor Jesus, aber immer besteht zwischen ihnen ein Zusammenhang.

Aus dem Klang Ihrer Worte hört man eine tiefe Verachtung des Christentums heraus.

Ja, sehr, sehr tief.

Warum? Weil die Christen sich an den Juden vergangen haben?

Nein. Was die Menschen einander Böses antun, kann keine Grundlage für ein Urteil sein. Aber das Christentum ist eine Mißhandlung des Judentums durch die heidnische Welt, ohne jeden Bezug auf die Taten der Christen gegen die Juden; eine Vergewaltigung in terminologischer und ideologischer Hinsicht.
Sie meinen den Glauben an die Trinität?
Nein, ich meine die Aufhebung der Tora und der Mitzwot im Namen des Judentums. Das hat der Islam nicht gemacht. Der Islam akzeptiert sicherlich nicht unsere Tora und die Mitzwot, aber er verlangt auch nicht, daß Tora und Mitzwot im Judentum aufgehoben werden müssen, so wie es vom Christentum postuliert wird. Warum verachte ich das Christentum? Weil das Christentum es wagt, zu behaupten, der Tanach, die hebräische Bibel, sei ein christliches Buch.

Maimonides' Meinung in dieser Angelegenheit ist interessant und sehr ambivalent. Ich denke, man muß ihn eher aus psychologischer als aus ideologischer Sicht verstehen. Zum einen erhob Maimonides zur halachischen Entscheidung, daß das Christentum wirklicher Götzendienst ist. (Er ist fast der Einzige, der die rabbinischen Entscheidungen so eindeutig versteht. Die meisten Kommentatoren sehen in dem Christentum keinen wirklichen Götzendienst. Man muß tatsächlich sagen, daß einige von ihnen, die verstanden hatten, daß die christliche Trinitätslehre keinen Glauben an drei Götter darstellt, überzeugt waren, die Christen glaubten an die Einheit Gottes; aber bei Maimonides ist die Sache absolut eindeutig – das Christentum ist für ihn Götzendienst.) Der Islam dagegen ist für Maimonides reiner monotheistischer Glaube. Gleichzeitig jedoch haßte Maimonides die Moslems viel stärker als die Christen, denn er kannte die christliche Welt nicht persönlich. Es scheint mir, Maimonides lebte in der Vorstellung, den Juden ginge es in der christlichen Welt besser als in der moslemischen Welt. Das wird aus seinen Briefen in die Provence und andere Gegenden deutlich. Er hatte natürlich von Verfolgungen in der christlichen Welt gehört, sie aber nicht am eigenen Leibe gespürt. Die Verfolgungen durch die Moslems bekam er dagegen selbst hautnah zu fühlen, ganz besonders in seiner Jugend bei der Judenverfolgung unter den moslemischen Almohaden – von der auch seine Familie betroffen war –, als die Juden zur Flucht aus Spanien gezwungen wurden. Das gleiche gilt auch für sein Sendschreiben an die Gemeinden im Jemen. Nachher, in Ägypten, war seine Lage dann allerdings ausgezeichnet. Er haßte die Moslems trotz der Erkenntnis, daß der Islam eine rein monotheistische Religion ist, außerordentlich stark. Den Christen rechnete er zum Guten an, daß sie – trotz ihres Götzendienstes – den Tanach als heilige Schrift hielten, während die Moslems behaupteten, die jüdische Tora wäre eine Fälschung.

Es gibt ein merkwürdiges Problem, für das mir keiner unserer Islamwissenschaftler eine ausreichende Erklärung geben konnte. Ich selbst bin auf diesem Gebiet nicht sehr belesen. Also, in seinem Sendschreiben an die jemenitischen Gemeinden schreibt Maimonides, Jesus habe niemals beabsichtigt, eine neue Religion zu gründen. Er spricht ihn von dieser Schuld völlig frei, und hält ihn für einen Irrlehrer und Lügenpropheten, der deshalb von den jüdischen Rabbinen zum Tode verurteilt worden ist. (Er verbindet diese Angelegenheit nicht mit den Römern! – so wie es gewisse Juden heute tun, die glauben, sich mit den Worten »Nicht wir haben Jesus gekreuzigt, sondern die Römer« entschuldigen zu müssen...) Maimonides' Aussagen sind eindeutig: Juden haben diesen Menschen Jesus hingerichtet, und damit ist die Sache für uns abgeschlossen. Doch nach vielen Generationen entstand nach Maimonides' Darstellung plötzlich unter den Römern eine neue Religion, die sich nach diesem Jesus benannte! Ich frage nun: Wie sah die historische Konzeption des Maimonides aus?

Ich habe den Eindruck, er vertrat die Ansicht, daß das Christentum erst unter Kaiser Konstantin entstanden sei. Von den 300 Jahren, die zwischen Jesus und Konstantin lagen, wollte Maimonides entweder nichts wissen oder er wußte tatsächlich nichts von ihnen. Das ist sehr merkwürdig. Ich habe Experten danach gefragt, ob man im Islam eine derartige Meinung finden kann, denn Maimonides kannte das Christentum nicht – er konnte kein Latein oder

Griechisch –, aber niemand konnte mir darüber eine klare Auskunft geben. Das ist eine seltsame Geschichtsauffassung, auch wenn sie eigentlich nicht die Meinung des Maimonides über das Christentum beeinflußt hat.
Und wie verhält es sich mit dem Islam?
Maimonides kannte den Islam selbstverständlich und gestand ihm zu, eine monotheistische Religion zu sein. In diesem Aspekt besteht für ihn kein Unterschied zwischen Juden und Moslems, in diesem Punkt der Lehre stimmen sie überein. Aber gerade deshalb ist Mohammed für Maimonides ein Lügenprophet.
Wenn es sich so verhält, dann gibt es Ihrer Meinung nach keine tiefere religiöse Dimension des israelisch-arabischen Konfliktes?
Die Moslems betrachteten die Juden immer als Ungläubige, und es gab stets schwere Judenverfolgungen in den arabischen Ländern. Es ist jedoch richtig, daß in den islamischen Ländern die Verfolgungen – auch wenn sie in voller Absicht direkt gegen Juden und Judentum gerichtet waren – eher kleinere Episoden waren als in der christlichen Welt. Das ist eigentlich auch selbstverständlich. Das Christentum konnte sich mit der Tatsache der Existenz des Judentums nicht abfinden, während die Existenz des Judentums für den Islam kein theologisches Problem darstellt. Im Islam ist bekannt, daß er nicht die ganze Welt erobern kann, so daß ein großer Teil der Welt immer den verachteten Ungläubigen gehören muß. In diese Kategorie gehören nun auch die Juden. Ein Christ aber muß, solange das Judentum noch existiert, merken, daß das Christentum Lüge ist. Damit aber darf er sich nicht abfinden.
Interessieren Sie sich für die Religionen des Fernen Ostens?
In dem geringen Maße, in dem ich sie kenne – eigentlich nur als Kuriosum.
Nicht so, wie Ben-Gurion an ihnen interessiert war?
Auch Ben-Gurion war nicht an ihnen »interessiert«. Ben-Gurions Abstraktionsfähigkeit war erstaunlich gering. Auch wenn seine Einstellung zu den Dingen ehrlich gemeint war, so war es doch eher ein oberflächliches Interesse.

Glauben Sie, die These, Nietzsche habe in einer gewissen Nähe zum Judentum gestanden, ist richtig?
Nietzsche hatte eine sehr komplizierte Persönlichkeit. Was die Nazis aus seiner Philosophie gemacht haben, ist eine totale Entstellung. Auf keinen Fall darf man in Nietzsche einen Vorläufer der Nazis sehen. Das ist absolut falsch. Seine Einstellung zum Judentum ist kompliziert und leidet an mancherlei Komplexen. Darüber hinaus muß man berücksichtigen, daß er letztendlich wahnsinnig geworden ist, und in den letzten Jahren seiner philosophischen Tätigkeit schon Spuren des Wahnsinns wahrzunehmen sind. Ein sehr attraktiver Zug bei Nietzsche ist, daß er in dem Nationalismus die niedrigste und verachtenswerteste menschliche Antriebskraft gesehen hat. Ich habe einige Male zu dem extrem rechtsnational orientierten Schriftsteller und Publizisten Dr. Eldad gesagt: »Zehn Jahre haben Sie sich mit Nietzsche beschäftigt und in dieses Studium Ihre besten Kräfte und Fähigkeiten investiert, um einen wichtigen Beitrag zu der hebräischen Kultur zu leisten – Nietzsche ist ein Teil der europäischen Kultur, und es ist durchaus richtig, daß man ihn auch in einer hebräischen Übersetzung lesen kann – und dennoch haben Sie das nicht von ihm gelernt?«
Was antwortete er Ihnen?
»Auch sehr bedeutende Menschen begehen manchmal Irrtümer...«
Wie stehen Sie zu Sören Kierkegaard (1813 - 1855; dänischer Existentialtheologe und Religionsphilosoph)?
Ich kenne ihn fast gar nicht. Ich habe angefangen, seine Schriften zu lesen, jedoch recht bald wieder aufgehört. Seine christlichen Bauchschmerzen interessieren mich nicht. Ich finde daran keinen Geschmack.
Man sagt, daß Sie und Kierkegaard in gewissen Punkten zum Thema Religion übereinstimmen.
Dann mag es Menschen geben, die das sagen. Ich persönlich merke von dieser Übereinstimmung nichts.
Glauben Sie, irgendein christlicher oder islamischer Theologe könnte in seinen Ansichten ihren Anschauungen entsprechen?

aus dieser Gestaltung resultiert; dieser Charakter entspringt aber nicht einer genetischen Veranlagung. Letztendlich sind wir alle Kinder Noahs, dessen charakteristischer Zug es war – betrunken zu sein.

Charisma

Hätte es den Nationalsozialismus auch ohne Hitler gegeben?

Eine derartige Frage gehört zu den schwierigsten Fragen der Historiker überhaupt: Wenn es diesen und jenen Menschen nicht gegeben hätte, wäre dann die Geschichte so oder so verlaufen? Man fragt zum Beispiel, ob England Hitler im zweiten Weltkrieg nach seiner Eroberung des europäischen Kontinents weiterhin bekämpft hätte, wenn Churchill nicht Premierminister gewesen wäre. Ich nehme an, die Engländer hätten Hitler auch ohne Churchill bekämpft. Dagegen kann man mit ziemlicher Sicherheit sagen und sich an allen Finger abzählen, daß ohne Hitler das Dritte Reich nicht entstanden wäre. Deshalb ist Adolf Hitler die größte Persönlichkeit in der Menschheitsgeschichte. Joachim Fest hält das in seiner Hitler-Biographie für absolut gesichert. Hier haben wir einen Fall vor uns, bei dem wir mit völliger Gewißheit sagen können, daß ein Mann Weltgeschichte gemacht hat. Unsere Welt, in der wir heute leben, ist ein Ergebnis des Dritten Reiches und des Zweiten Weltkrieges. Diesen Krieg hätte es nicht gegeben, wenn Hitler bei einem Verkehrsunfall am 29. Januar 1933 auf seinem Wege ins Reichspräsidentenpalais ums Leben gekommen wäre – 24 Stunden vor dem 30. Januar. Wenn dies geschehen wäre, wäre die Geschichte der Menschheit anders verlaufen. Ich brauche wohl nicht zu sagen, daß auch das

Schicksal des jüdischen Volkes ein anderes geworden wäre. Ich könnte von keinem anderen Menschen das gleiche behaupten. Vielleicht Lenin; man kann vermuten, daß die Sowjetunion ohne ihn nicht entstanden wäre, denn aus der gesamten russischen Geschichte resultiert keineswegs notwendigerweise die sowjetische Revolution. Niemand aus dem Umkreis Lenins – weder Trotzki, Sinowjew, Kamenjew oder Stalin – hätten die Führung der Revolution übernehmen können. Dagegen hätte das Deutsche Reich von 1871 auch ohne Bismarck entstehen können, denn es stellt das Ergebnis einer konsequenten Entwicklung aus der deutschen Geschichte im 19. Jahrhundert dar. Natürlich entstand das Deutsche Reich mit einer bestimmten Struktur und unter bestimmten Bedingungen – die Bismarck zu verdanken sind; aber es wäre auch ohne Bismarck entstanden. Ich denke, selbst das Europa des 19. Jahrhunderts wäre ohne Napoleon geworden, was es war. Nach der Französischen Revolution wären derartige Veränderungen in Europa auch ohne Napoleon eingetreten. Die Einheit Deutschlands und ebenso die Einheit Italiens wären verwirklicht worden. Der Feudalismus wäre so oder so untergegangen, und der Liberalismus hätte in dieser oder jener Form die Herrschaft über Europa gewonnen. Natürlich prägte die Persönlichkeit Napoleon Bonapartes die Entwicklung entscheidend. Ohne ihn wären französische Soldaten nicht von Madrid bis nach Moskau marschiert, das aber hätte die Situation nicht wesentlich verändert.

Wenn wir einen Blick auf die Geschichte der Antike werfen, so kann ich auch dort nur an eine einzige Persönlichkeit denken, ohne die die Geschichte anders verlaufen wäre. Ich meine Alexander den Großen. Keinem anderen Griechen wäre es eingefallen, den Nahen Osten erobern zu wollen, um ihn hellenistisch zu prägen, und bis nach Indien zu marschieren. Dafür gab es keinerlei objektive Gründe. Trotzdem gelang es diesem Mann, der im Alter von 33 Jahren verstarb, nicht nur Makedonien seinen Willen aufzuzwingen, nicht nur dem Persischen Reich, sondern der gesamten damals bekannten Welt und somit der Geschichte der Menschheit. Man muß nicht betonen, daß die gesamte Geschichte der Menschheit anders verlaufen wäre, wenn Alexander weitere fünfzig Jahre gelebt hätte. Er hätte vielleicht Italien erobert – was bereits zu seinen Plänen gehörte –, so daß das Römische Reich nicht entstanden wäre. Dieses Reich gehört natürlich auch zu den unvergleichbaren historischen Phänomenen. Dennoch wäre das Römische Reich auch ohne Julius Cäsar entstanden. Wenn er es nicht aufgebaut hätte, dann wäre es durch Pompeius oder einen anderen errichtet worden. Aber es gibt weiterhin Menschen, die die Ansicht vertreten, es gebe eine der Geschichte immanente Gesetzmäßigkeit ...

Im Zusammenhang und Gespräch über Hitler weist man oft auf das Phänomen des sogenannten Charismas hin.

Ja. Die charismatischste Persönlichkeit, die wir in der Geschichte der Menschheit kennen, ist wohl Adolf Hitler gewesen. Daran besteht kein Zweifel. Moses hatte kein Charisma. Die Israeliten erhoben sich gegen ihn und führten ständig Beschwerde gegen ihn und wollten nicht auf ihn hören.

Vielleicht weist der Satz »Die Haut seines Angesichtes glänzte« (Ex.34,30) doch auf ein Charisma des Mose?

Dieses Charisma hatte aber keinen Erfolg. Das Volk akzeptierte es nicht.

Charisma bedeutet nicht, daß es notwendigerweise auch immer akzeptiert wird.

Charisma drückt sich in der Haltung der Menschen zum Charismatiker aus. In diesem Sinne sage ich, Adolf Hitler habe außerordentliches Charisma gehabt, während allen Propheten Israels dieses Charisma gefehlt habe. Oder verstehen Sie den Begriff anders?

Ich glaube, Ben-Gurion hat wahrhaftig dieses Charisma besessen. Ich selbst kann aufgrund meiner Arbeit in der Knesset sagen, daß, sobald Ben-Gurion die Versammlung der Knesset betrat, irgendein Funken übersprang, als ob plötzlich das elektrische Licht eingeschaltet worden wäre. Ähnliches gilt auch von Moshe Dayan. Seine Gegenwart elektrisierte, es glich fast einem physischen Phänomen.

Ich habe Ben-Gurion sicherlich sehr hoch geschätzt (damit habe ich noch nichts Positives über ihn gesagt), aber gerade das, was Sie beschreiben, diesen Kontakt haben ich niemals gespürt. Charisma, so wie Sie es beschreiben, hat jeder leere und unnütze Mensch, wenn er populär gemacht worden ist. Heute ist der bekannteste Mann der Welt ein argentinischer Fußballspieler.

Natürlich bedeutet das noch lange nicht, daß Maradona Charisma hat. Ich denke auch nicht, daß Begin Charisma hatte. Wenn die Griechen von Charisma sprachen, dachten sie nicht unbedingt an Berühmtheit.

Die Griechen glaubten tatsächlich, es gebe Menschen, in denen etwas Göttliches am Wirken sei. Aristoteles dachte sicherlich nicht so, aber andere. Man muß berücksichtigen, daß das Wort »Gott« für die Griechen eine völlig andere Bedeutung hatte. Allein die Tatsache, daß es zu dem griechischen Wort »Theós« (Gott) einen Plural gibt, weist darauf hin, daß es eine vom jüdischen Gottesbegriff absolut zu unterscheidende Bedeutung trägt – die sich auch vom christlichen oder islamischen Gottesbegriff unterscheidet. Hier kann von Gott im Sinne einer Kategorie nicht im Plural gesprochen werden, während die Griechen dies durchaus vermochten. »Theós« meint nicht »Gott« in unserem Verständnis. Die Griechen glaubten tatsächlich, daß in manchen Menschen etwas Göttliches liege.

Wenn wir heute von Charisma reden, so entsteht das Gefühl, man meine, daß ein Mensch allein durch seine Anwesenheit bezaubert.

Dieses Gefühl kenne ich nicht. Ich sage von jemandem, er habe Charisma, wenn ich sehe, daß er Einfluß ausübt, den ich nicht rational erklären kann. In diesem Sinne sage ich, Adolf Hitler sei ein Mensch von höchstem Charisma gewesen, weil es für seinen Einfluß und seine Wirkung auf die Menschen keine rationale Erklärung gibt. Er begann als absolute Null und hat schließlich die gesamte Welt auf den Kopf gestellt, und für viele Millionen Menschen war er gewissermaßen eine Inkarnation des Göttlichen.

Kann man aus der Vermutung, ohne Hitler wäre es nicht zum Nationalsozialismus gekommen, einen Beweis für oder gegen den Determinismus konstruieren?

Das zeigt auf jeden Fall, daß es in der Geschichte der Menschheit keinen Determinismus gibt, denn wenn Hitler bei einem Autounfall ums Leben gekommen wäre, bevor man ihm die Macht übertragen hätte, dann wäre die Menschheitsgeschichte anders verlaufen. Daran kann kein Zweifel bestehen.

Demokratie

Sind Sie in Ihrer Weltanschauung Demokrat?
Das ist keine Frage der Weltanschauung. Ich bin Demokrat, weil ich die Demokratie will.
Würden Sie ein anderes Regierungssystem vorziehen?
Nein.
Und dies, obwohl Sie keine besondere Hochschätzung für die breite Volksmasse an den Tag legen, die doch eigentlich die Demokratie ausmacht.
Ich habe nicht allzuviel Vertrauen – weder in die Intelligenz der Menge noch in das Gute im Menschen, aber ich will Demokratie.
Sie sind pessimistisch in bezug auf die menschliche Gesellschaft und die westliche Zivilisation?
Es kann keinerlei Zweifel geben, daß wir einen Niedergang des geistigen Niveaus der Gesellschaft zu verzeichnen haben. Sie wissen, daß früher die sogenannte Gesellschaft eigentlich nur eine sehr kleine Schicht einschloß, und nicht die Masse; sie kam überhaupt nicht in Betracht, wenn von Gesellschaft die Rede war, existierte aber wirklich. Heute tritt die Masse mehr und mehr in unser Blickfeld. Das ist auch eine Leistung der Demokratie, derentwegen uns das allgemeine Niveau der Gesellschaft wohl niedriger erscheint.

Lassen Sie es uns ganz einfach formulieren. Menschen aus einem Elternhaus wie Ihrem oder meinem – mit wem trafen sie zusammen? Nur mit gebildeten Leuten. Heute treffen wir uns mit der gesamten Menschheit. Dazu reichen der Fernseher, die tägliche Zeitung und die Abendzeitung aus. Ein Zusammentreffen von Menschen muß nicht physischer Natur sein. Wir können beobachten, daß die menschliche Gesellschaft allgemein intellektuell und emotional heruntergekommen ist. Kennen Sie den Abschluß des Films nach der »Drei-Groschen-Oper« von Brecht, die – in meinen Augen – eines der größten Literaturwerke der Zeit nach dem Ersten Weltkrieg: »Und die einen sind im Dunkeln, und die anderen sind im Licht. Und man siehet die im Lichte. Die im Dunkeln sieht man nicht.«

Heute sehen wir aber auch die im Finstern und müssen erkennen, daß unsere Gesellschaft viel stärker heruntergekommen ist, als wir von der menschlichen Gesellschaft angenommen hatten, als wir an Menschen wie uns dachten. Ich sage dies ohne jegliche Überheblichkeit.

Ihren Worten muß man entnehmen, daß die Masse keine Chance hat aufzusteigen.

Ich weiß nicht. Ich spreche über die intellektuelle und emotionale Seite, nicht über die soziale oder wirtschaftliche. In diesen Bereichen ist deutlicher Anstieg und Verbesserung zu verzeichnen. Heute gibt es kein hungriges Proletariat mehr. Heute haben die Worte der ›Internationale‹: »Wacht auf, Verdammte dieser Erde, die man euch noch zum Hungern zwingt«, keine Bedeutung mehr. Man darf diese Entwicklung nicht verspotten. Aber vom intellektuellen und emotionalen Aspekt aus – was wirkt auf die Masse ein? Fernsehen, Kino und Fußball, dies sind die geistigen Inhalte der breiten Masse.

Sie sprechen als Aristokrat und nicht als Demokrat!

Warum? Die Menge hat alle Rechte. Die Rechte eines Menschen in der Gesellschaft sind nicht von seinem geistigen Niveau abhängig, das ist die Demokratie. Demokratie besagt doch nicht, daß alle Menschen gleich sind, sondern, daß alle Menschen die gleichen Rechte haben. Behauptet die Demokratie, daß einem Menschen von geringerem intellektuellen Vermögen weniger zusteht, als einem Menschen auf hohem intellektuellen Niveau? Demokratie behauptet nicht, daß ich alle Menschen mit dem gleichen Maß zu messen habe. Allen ist gleiches Wahlrecht zu geben; deshalb wird das Ergebnis dann auch stets katastrophal ausfallen. Das hat schon Sokrates gesagt, und deshalb hat ihn die Demokratie der Athener hingerichtet. Weil die Mehrheit der Menschen dumm und böswillig ist, ist auch die Regierung der Mehrheit dumm und böswillig, das können wir doch überall auf der Welt sehen.

Warum sind Sie dann Demokrat? Warum suchen Sie nicht nach einer besseren und klügeren Regierungsform?

Worin soll sie besser sein?! Ich verstehe nicht, was Sie meinen. Gibt es dafür ein objektives Kriterium? Was versteht man unter einem guten System oder einem schlechten System?!

Es gibt ein politisches System, das ich will, und ein politisches System, das ich verschmähe, aber was bedeutet »gut« – in welcher Hinsicht kann ein System gut oder »besser« sein?

Ich entscheide mich für die Demokratie als Regierungsform, weil bei wirklich demokratischer Herrschaftsform die Möglichkeit gegeben ist, die Regierung auszutauschen. Es besteht zwar keine Gewähr dafür, daß der nachfolgende Herrscher besser sein wird, aber auch ihn kann man ja austauschen.

Aber das hängt nicht an der Demokratie! Auch in einer Monarchie kann man den Herrscher austauschen, wobei die Wahrscheinlichkeit, daß er ebenso weise oder dumm ist wie der vorangehende Herrscher, fünfzig zu fünfzig ist. Vielleicht gibt das sogar den Ausschlag zur monarchischen Regierungsform!

Natürlich kann man auch einen Monarchen absetzen, aber in einer Demokratie liegt die Angelegenheit in unseren Händen. Wir, die Bürger des Staates, können die Regierung auswechseln. Das ist das Wesen der Demokratie, selbst in formaler Hinsicht. In der Demokratie ist es möglich – innerhalb des Systems und ohne Revolution – die Herrschenden auszuwechseln. Das macht die Demokratie per Definition aus. Darin liegt jedoch noch keine Garantie dafür, daß die Verhältnisse sich bessern werden. Ich weiß nicht, welche Regierungsform objektiv und an sich besser ist. Auch Sie können das nicht wissen. Deshalb wähle ich eine Form, in der es möglich ist, die Regierung auszuwechseln. Das ist ein Umstand von äußerster Bedeutung in der politischen Realität, denn das gesamte Wesen des politischen Systems und des Staates – der Politeía – liegt in der Regierung. Deshalb ist für mich die Tatsache ausschlaggebend, daß die Regierenden in einer Demokratie ausgewechselt werden können.

Es wird die Zeit kommen, in der das amerikanische Volk diesen Hanswurst Reagan gegen einen anderen Mann austauschen wird – der vielleicht auch ein Clown sein wird – aber das amerikanische Volk kann diesen Filmschauspieler gegen einen anderen Mann auswechseln – im Rahmen der Demokratie und nicht durch eine Revolution oder einen Verfassungsbruch.

Deshalb kann ich die Begründung, man habe sich für die Demokratie entschieden, weil sie die Herrschaft der Mehrheit bedeute, nicht akzeptieren. Gibt es denn eine Garantie dafür, daß die Mehrheit gescheiter oder klüger und besonnener als der Einzelne ist? Diese Garantie gibt es nicht. Allein die Tatsache, daß es sich um die Mehrheit handelt, ist noch keinerlei Garantie an sich. Man könnte fast das Gegenteil behaupten. Daher – d.h. wegen der Möglichkeit, die Regierenden auszutauschen – und nicht weil es um die Herrschaft des Volkes geht, habe ich mich für die Demokratie entschieden.

Wäre es nicht besser, wenn hundert weise Männer über uns herrschten?

In welcher Hinsicht »besser«? Und wer sollen diese »Weisen« sein?

Ich kann Ihnen ein Beispiel geben: Sie haben die Meinung vertreten, daß unser Staat innerhalb weniger Jahre am Ende sein wird, wenn die gegenwärtige Situation weiter andauert. Vielleicht könnten hundert Weise der Akademie dies verhindern, wenn sie an der Regierung wären?

Politik ist keine Frage von Weisheit, sondern von Willensentscheidungen. Das Problem liegt darin, was Menschen wollen. Nur Physik und Chemie sind Bereiche der Intelligenz, aber nicht die Politik. Der eine will Herrschaft, der andere möchte ein hohes Einkommen, und keiner von ihnen kann begründen, warum. Der eine will Herrschaft mit Gewalt und Macht, der zweite möchte die Herrschaft, um den Lebensstandard zu heben, aber ohne Gewalt und Macht. Weder dieser noch jener hat dafür eine Begründung. Das gleiche gilt in der Demokratie. Ich möchte einen demokratischen Staat Israel, aber ich kann dafür keine Begründung geben.

Kann man sagen, daß ein demokratisches Israel die Garantie für unsere Fortexistenz wäre?

Das stellt keinerlei Garantie dar.

Vielleicht sichert der politisch-demokratische Rahmen in Israel eine bessere Existenz des Judentums?

Warum sollte ich die Existenz des Judentums wollen? Gibt es dafür eine objektive Begründung?

Keine objektive Begründung, aber doch eine subjektive.

Genau das habe ich gesagt. Es gibt dafür keinerlei Begründung, außer der Tatsache, daß ich es will. Denken Sie an das Beispiel, das ich bereits erwähnt habe. Warum ist ein Mensch ein redlicher Mensch und kein Schurke? Warum nutzt er nicht jede mögliche Situation durch List und Betrug zu seinen Gunsten aus, sondern verhält sich redlich? Weil er kein Schurke und Gauner sein will.

Sozialismus

Wie sieht Ihre gesellschaftliche Weltanschauung aus? Können Sie sich selbst in den geläufigen Begriffen als Sozialist oder Kapitalist begreifen? Gibt es einen Zusammenhang zwischen Ihrer Unterstützung des demokratischen Systems und Ihrer gesellschaftlichen Weltanschauung?

Ich denke, daß Freiheit wichtiger ist als Gleichheit. Hierin folge ich Popper.

Aber die Freiheit ist heute in beiden Welten selbstverständlich, in der sozialistischen wie in der kapitalistischen.

Ich weiß eigentlich nicht, was Sozialismus heute ist. Auf der ganzen Welt sind heute die sozialistischen Parteien mit dem Kapitalismus verflochten. Es gibt hier eine Analogie in der Frage von Religion und Staat: Eine sozialistische Bewegung, die nicht in prinzipieller Opposition zur kapitalistischen Gesellschaftsordnung steht, ist nicht sozialistisch – genau wie eine religiöse Partei, die sich an einem säkularen Regime beteiligt, nicht religiös ist.

Ihr Ideal ist also nicht die gesellschaftliche Gleichheit?

Wie darf ich das verstehen?

Nehmen wir ein konkretes Beispiel: Ein nicht zu vertretender Lohnunterschied.

Es war George Bernhard Shaw, der in seinem Buch über den Sozialismus gesagt hat, daß Sozialismus nichts anderes bedeutet als gleiches Gehalt für alle.

Sie wehren sich dagegen?
Ja. Denn ich denke, das ist völlig irreal und außerdem ungerecht.
In der Sowjetunion scheint das Gefälle zwischen den Gehältern noch größer zu sein als in der kapitalistischen Welt.
Ich weiß nicht. Auch in Israel dürfte der Unterschied zwischen einem Herrn Rekanati, dem Direktor der Israel Discount Bank, und einem Arbeiter in einer der nach der Staatsgründung neu angelegten Städte nicht gerade gering sein...
Das ist die Situation! Aber wollen Sie darüber zur Tagesordnung übergehen?
Sicherlich nicht. Aber mir ist nicht klar, ob hier eine Veränderung der Gesellschaftsordnung zur Abhilfe notwendig ist, weil ich nicht weiß, was Sozialismus heute bedeutet. Was hat sich durch fünf Jahre Herrschaft der Sozialisten in Frankreich verändert? Die Sozialisten besaßen dort sogar eine absolute Mehrheit und waren nicht auf eine Koalition angewiesen. Das Präsidentenamt und das Parlament waren in ihren Händen. Natürlich haben die Sozialisten einige ausgezeichnete Dinge erreicht, u.a. haben sie die Todesstrafe in Frankreich abgeschafft. Aber dazu muß man doch kein Sozialist sein. Sie haben die Guillotine abgeschafft, und dafür sollte man ihnen dankbar sein. Aber es ist wohl kaum anzunehmen, daß irgendeine konservative Regierung heute zu der Guillotine zurückkehren wird. Die Abschaffung der Todesstrafe ist eine großartige Leistung, aber sie verlangt nicht unbedingt den Sozialismus. Ich glaube, die sozialistische Regierung hat auch einige wichtige Reformen im Erziehungswesen eingeleitet, aber auch dazu muß man nicht notwendigerweise Sozialist sein.
Wie beurteilen sie die Zukunft im Kampf der kommunistischen Welt mit der freien Welt – wer wird den Sieg davontragen?
Ich glaube, daß der Kommunismus bereits verloren hat. Die Macht, die die Sowjetunion hat, hängt in keiner Weise an dem dort herrschenden Kommunismus. Hier sehen wir eines der Paradoxa in der Geschichte: Wer hat den Sozialismus als treibende Kraft, als Hebel einer Bewegung und als Impuls in der gesellschaftlichen Realität vernichtet?

– Lenin! Und zwar durch sein eigenes Werk. Im 19. Jahrhundert, bis zu Beginn des 20. Jahrhunderts, besaß der Sozialismus eine außerordentliche Kraft in der Kultur der westlichen Gesellschaft. Heute existiert diese Kraft nicht mehr.

Der Kampf zwischen den Blöcken ist heute also ein Machtkampf an sich, ohne einen ideologischen Hintergrund?

So sieht es aus. Macht und Herrschaft sind absolut Wichtiges. Menschen sind bereit zu töten und zu sterben für die Macht. Das gehört auch zu den Dingen, die man nicht begründen kann.

Wie stehen Sie zum Problem der Kernwaffen?

Schwer zu sagen, in welcher Hinsicht?

Liegt darin ein moralisches Problem?

Jeder Krieg ist ein moralisches Problem.

Aber hier ist von Dimensionen die Rede, die in der Geschichte keine Vorläufer haben.

Das ist bereits keine moralische Argumentation mehr. Wenn man sagt, die Einstellung zu einem Krieg, in dem Gefahr für 10 Millionen Menschen besteht, unterscheidet sich von der Einstellung zu einem Krieg, in dem 500 Millionen Menschen in Gefahr sind, so ist das keine moralische Argumentation. Aber in der Sache selbst weiß ich nicht, was die kommenden Generationen sagen werden (wenn es überhaupt zu nachfolgenden Generationen kommen wird). Wahrscheinlich werden sie sagen, es ist wohl nicht zu einem Atomkrieg gekommen, der die Welt hätte zerstören können – wegen der Kernwaffen!

So sieht es möglicherweise in der historischen Perspektive aus. Im ersten Augenblick erscheint die Sache paradox, aber das ist unter Umständen nicht so. Vielleicht wird man später sagen, daß dank der Kernwaffen ein Atomkrieg verhindert worden ist.

Seinerzeit saßen Sie im Komitee zur Freihaltung des Nahen Ostens von Atomwaffen.

Ja. Dabei handelte es sich nicht um einen weltweiten Kontext, sondern um einen lokalen. Wir dachten, es müßte verboten werden, Atomwaffen in unseren Lebensbereich einzuführen. Wenn die Israelis Atomwaffen besitzen, dann werden letztendlich auch die Araber derartige Waffen besitzen. Man wollte versuchen, die Aufstellung von Atomwaffen in unserem Gebiet zu verhindern. Diese Ansicht fand breite Unterstützung.

Wenn Sie an Trumans Stelle gestanden hätten, hätten Sie sich auch zum Atombombenabwurf über Hiroshima entschlossen?

Um auf Ihre Frage eine Antwort geben zu können, hätte ich wirklich an Trumans Stelle stehen müssen, dem ja sämtliche Informationen zugänglich waren. Heute wissen wir, daß er aus sicheren Quellen darüber informiert war, daß Japan zu dem damaligen Zeitpunkt bereits besiegt war und für den Einsatz der Atombombe keinerlei Notwendigkeit bestanden hat. Truman behauptete, daß er den Einsatz aufgrund seiner Vermutung befahl, die Atombombe könnte den Krieg verkürzen und Opfer ersparen. Da ich grundsätzlich kein Pazifist bin – das heißt, da ich kein Mensch bin, der meint, es gebe nichts, für das es erlaubt ist, Menschenleben zu opfern und dahinzugeben (auch wenn dieses nur für sehr wenige und scharf eingeschränkte Dinge gilt) –, so muß ich sagen, daß es damals vielleicht gerechtfertigt erschien, den Einsatz der Atombombe anzuordnen, obwohl wir heute wissen, daß es eigentlich ein verbrecherischer Akt war, ein Ausdruck des Hasses und der Rache an Japan, das eh schon am Rand der Kapitulation stand.

Können Sie sich vorstellen, daß die Welt vernichtet werden wird?

Jeder Mensch kann sich das vorstellen. Vielleicht zerstören wir die Welt, vielleicht auch nicht – vielleicht zerstören wir aus Angst vor der Vernichtung die Welt nicht. Es ist doch denkbar, daß die Herren Reagan und Gorbatschow einander noch nicht einmal mit dem kleinen Finger antasten werden, gerade weil jeder von ihnen hundert Millionen Menschen vernichten könnte.

Angesichts des Krieges zwischen dem Iran und dem Irak, in dem unzählige Hunderttausende hingemordet werden, muß man die Theorie einer Störung des Öko-Systems wohl neu überdenken, nach der es mit natürlicher Notwendigkeit zu einem Krieg kommen muß, sobald an einem bestimmten Ort zu viele Menschen leben. Was meinen Sie zu dieser Theorie?

Gab es etwa keine Kriege, als die Erdkugel fast leer war? Nach gewissen Schätzungen zählte die Bevölkerung des Römischen Imperiums in seiner Blütezeit 70 Millionen Menschen und noch viel weniger in den angrenzenden Gebieten. Weshalb gab es dann trotzdem so viele Kriege?

Jedenfalls hört man viel über die Gefahr einer Bevölkerungsexplosion auf der Erde; ist hierbei von einer akuten Gefahr die Rede?

Im Augenblick steigt die Produktionskraft auf allen Gebieten, einschließlich der Produktion von Nahrungsmitteln, viel schneller an als die natürliche Vermehrung der Bevölkerung. Eigentlich wächst die Produktionsrate seit den Zeiten von Malthus, vor 180 Jahren, in größerem Maße als die Bevölkerung. Natürlich sagt der Verstand, daß es irgendeine Grenze geben muß – »geben muß«, aber sie ist noch nicht erreicht. Wenn heute Hunderte Millionen Menschen auf der Welt hungern, dann liegt das nicht an fehlenden Nahrungsmitteln, sondern an dem Charakter der Regime und der Verteilung der Mittel.

Kann man erwarten, daß man einen Nahrungsersatz zur Lösung des Hungerproblems erfinden wird?

Wie kann man das voraussehen? Auf jeden Fall besteht im Augenblick das Problem der Bevölkerungsexplosion nicht, sondern das Problem der Regime.

China schränkt die Geburtenzahl ein. Man darf vermuten, daß einer der Gründe dafür das Nahrungsproblem ist.

Ich glaube, nicht nur das. Hier besteht sicher auch ein Interesse der Regierung. Es gibt 1,1 Milliarden Chinesen, und es ist gut möglich, daß die Regierung an einer Verringerung der Bevölkerungszahl interessiert ist.

Folgende Anekdote kann hier die Dimensionen illustrieren: Ein chinesischer und ein israelischer Diplomat treffen sich im UNO-Gebäude in New York und beginnen ein Gespräch. Der Chinese sagt zu dem Israeli: Sie vertreten Israel. Ich habe gehört, daß es einen solchen Staat in West-Asien gibt. Wie viele Menschen gibt es in Ihrem Staat? Der Israeli antwortet: Drei Millionen. Der Chinese erwidert: Das entspricht ja einem kleinen Fehler bei einer statistischen Erhebung der Bevölkerung in einer der zwanzig Provinzen

Richtig. Aber auf allen Massenaufmärschen in Nürnberg und wo auch immer vergriff man sich nicht an den Juden!

Grete Leibowitz: Das ist nicht richtig. In Heidelberg wohnten wir gegenüber dem Braunen Haus, dem SS-Quartier, und jeden Morgen erwachten wir um fünf durch die Marschmusik und die anti-jüdischen Lieder.

Trotzdem griff man keinen Juden an. Ich spreche nicht über die allgemeine Stimmung, sondern über die Wirklichkeit. Ich erinnere mich noch an die Stimmung im Januar 1933, als Hitler an die Macht kam. Wir wußten, wer Hitler war, aber niemand dachte daran, was Hitler bedeutete, und es könnte sein, daß selbst die Nazis sich damals nicht träumen ließen, was nachher in Auschwitz geschehen ist. Jedenfalls nicht in den ersten Jahren.

Natürlich hatte man Furcht vor den nationalsozialistischen Banden, die sich in den Straßen herumtrieben, und mit der Parole »Juden raus« und den Liedern vom »jüdischen Blut« und ähnlichem drohten. Aber gleichzeitig zerbrach am Tage des Boykotts 1933 keine einzige Fensterscheibe eines jüdischen Geschäftes. Die Männer der SA und SS warnten die Leute davor, bei Juden zu kaufen, rührten aber kein Geschäft an. Solange noch nicht der ausdrückliche Befehl der Obrigkeit vorlag, das auszuführen, was man die »Kristallnacht« (1938) nannte, kam es aus der deutschen Bevölkerung fast nicht zu Gewalttätigkeiten gegen Juden. Deshalb sind vom geschichtsphilosophischen Aspekt alle Theorien, die behaupten, der Nazismus sei eine konsequente Fortentwicklung der deutschen Geschichte, einfach falsch.

Nazismus

Wir haben den Film »Shoah« von Claude Lanzmann gesehen. Widerspricht er nicht Ihren eben geäußerten Ansichten?

»Shoah« ist ein gewaltiges Dokument in menschlicher Hinsicht, aber uns als Juden sagt der Film nichts. Der Film zeigt, was man uns angetan hat. Wir haben nichts gemacht. Der große Fehler heute besteht darin, daß die Shoah zu einem zentralen Thema jeder Beschäftigung mit Problemen des jüdischen Volkes gemacht wird. Der einzige jüdische Inhalt, den viele jüdische Intellektuelle in ihrem Judentum finden, ist die Beschäftigung mit der Shoah: »Wir sind das Volk, dem man das angetan hat!« Diese Juden ersetzen das Judentum durch die Shoah.

Vom allgemein-menschlichen Aspekt aus legt der Film Zeugnis ab über das Bild des europäisch-amerikanischen Menschen in der zivilisierten Welt des 20. Jahrhunderts, insbesondere über seine seelische Einstellung zu dem jüdischen Volk und den Juden, wie sie sich im Laufe von einigen hundert Jahren in einer Welt, die durch die christliche Kultur geformt wurde, herausgebildet hat, und die zurückblieb, selbst als diese Kultur ihre beherrschende Stellung bereits verloren hatte. Einen durch die westliche Kultur geprägten Menschen interessierte die Vernichtung der Juden persönlich nicht, auch wenn er vom Aspekt der ihm bewußten Erkenntnis her den Schrecken realisierte. Für mich waren in dem Film die Worte jenes polnischen Professors das erschreckendste, der erzählte, wie es ihm nicht gelang, eine Reaktion in der westlichen Welt auszulösen, als er, der Augenzeuge, die volle Information über die Ereignisse in den Ghettos des Ostens brachte.

Was wußte man hier in Eretz Israel in jener Zeit über die Ereignisse in Europa während der Shoah?

Man wußte, daß Hunderttausende von Juden vertrieben wurden, und Hunderttausende in den Ghettos lebten.

Und über die Vernichtungslager?

Darüber wußte man bis 1942 nichts.

Akzeptieren Sie die heute weitverbreitete Behauptung, der Jischuw, die jüdische Bevölkerung in Eretz Israel, hätte nicht genügend getan, um die Juden in Europa während der Shoah zu retten?

Ja, man unternahm hier nichts, das ist richtig, aber das kann man auch vom amerikanischen Judentum sagen. Das ist von zwei Gesichtspunkten aus verständlich: Erstens fielen die Tatsachen so absolut aus dem üblichen Rahmen. Judenfeindliche Gesetzgebungen, Vertreibungen, Pogrome – das kannten wir, aber hier lag plötzlich ein Phänomen vor, dem man sich unmöglich in rationaler Weise stellen konnte. Und zweitens betraf uns die Sache nicht direkt, denn unsere Situation unter der britischen Mandatsverwaltung war gut. Damit ist eine allgemein menschliche Erscheinung angesprochen: Solange ein Problem einen Menschen nicht am eigenen Leibe berührt, unternimmt er nichts. Schon La Rochefoucault hat gesagt: »Jeder Mensch hat die Kraft, die Leiden seines Mitmenschen zu ertragen.«

Sie haben mir erzählt, auf einer Tagung der Histadrut zur Zeit des Krieges habe eine der Partisaninnen, die aus Europa gekommen waren – ich glaube Rozka Kortschak – einen Bericht auf Jiddisch über die Erlebnisse dieser Partisaninnen gegeben. Ben-Gurion soll gesagt haben, daß »der Bericht uns alle schwer erschüttert hat, obwohl er in einer fremden, unsere Ohren kränkenden Sprache gehalten worden ist«. Dieser Ausspruch bezeugt doch eine bestimmte Einstellung zu den Juden in der Diaspora?

Ja, das habe ich mit eigenen Ohren aus seinem Munde gehört. Man muß Ben-Gurion verstehen. Er war ein

Mensch, dem das reale jüdische Volk tief antipathisch war; nicht die Idee und Konzeption des jüdischen Volkes, aber die Welt der Millionen Juden, aus deren Mitte er hervorging – diese Welt war ihm unsympathisch.

Und deshalb interessierte ihn das Schicksal dieser Menschen wenig?

Nein. Das kann man so nicht behaupten. Seine Einstellung zur Shoah kann daraus nicht abgeleitet werden. Ben-Gurion verachtete das Judentum wie es sich im alltäglichen Leben der Juden darstellte so sehr – aber das ist jetzt schon meine Interpretation –, daß sogar seine Begeisterung für das Hebräische seinem Haß auf die jiddische Sprache entsprang.

Aber in bezug auf die Shoah muß man sagen, daß auch die Regierungen Englands und der Vereinigten Staaten – die bestimmt nicht bewußt antisemitisch gewesen sind – wohl von der Vernichtung der Juden wußten, aber nichts wissen wollten.

In diesem Zusammenhang, denke ich, muß man einfach darauf hinweisen, daß die Barbarisierung des Bewußtseins Zeichen der allgemeinen Mentalität ist, die unsere Welt beherrscht, und von der auch wir nicht ganz frei sind. Das sieht man leider hervorragend an der mangelnden öffentlichen Reaktion bei uns in Israel auf die Morde an arabischen Kindern durch regulär oder irregulär bewaffnete Kräfte – durch Juden. Wir haben keine Vernichtungslager errichtet – und werden wohl auch keine errichten –, aber die Mentalität, die die Vernichtungslager ermöglichte, gibt es auch bei uns.

Aber übertreiben Sie nicht, wenn Sie von »Juden-Nazis« sprechen? Meinen Sie wirklich, wir könnten bis auf das Niveau der Nazis herabsinken?

Wenn die Nation (in der Sprache der Nazis – »die Rasse«) und die nationale Staatsgewalt zu obersten Werten erhoben werden, dann gibt es kein Halten mehr für die Taten der Menschen. Und genau diese Mentalität gibt es auch mitten unter uns. Wir verhalten uns schon so in den von uns besetzten Gebieten, der West-Bank, dem Gazastreifen und im Libanon, wie sich die Nazis in den von ihnen besetzten Gebieten in der Tschechoslowakei und im Westen verhalten haben.

Wir haben keine Vernichtungslager wie die Nazis im Osten errichtet, aber das schreckliche an der Sache ist, daß wir auf diese Tatsache hinweisen müssen, um zwischen uns und den Nazis zu unterscheiden.

Betreffen Ihre Worte uns allein oder auch andere Gesellschaften?

Ich meine, das betrifft jede menschliche Gesellschaft, die den Nationalismus und den Staat vergöttlicht. Was die Nazis auch immer gemacht haben, sie waren Menschen, und auch die Juden sind Menschen.

Ich erinnere mich an ein Wort Adolf Eichmanns während seines Prozesses: »Ich war nur eine kleine Schraube im Getriebe.«

Der gesamte Eichmann-Prozeß war eine Fehlhandlung. Eichmann war nur eine kleine Schraube und ihm fehlte jegliche Bedeutung im großen System. Ich denke, es war ein Übereinkommen zwischen Adenauer und Ben-Gurion, um das deutsche Volk dadurch von Schuld zu befreien, daß man die Aufmerksamkeit auf die eine völlig bedeutungslose Person Eichmanns lenkte. Als Gegenleistung zahlten die Deutschen uns Milliarden! Als wir Eichmann gefaßt und hierher gebracht hatten, hätten wir ihn meiner Meinung nach vor Gericht stellen und ihm unseren besten Verteidiger an die Seite geben müssen, damit er erkläre, dieser Mensch sei nicht schuldig und für nichts verantwortlich.

Nicht schuldig, weil er nur Befehle ausführte?

Das ist der Schlußpunkt. Aber zunächst ist Eichmann das Produkt einer zweitausendjährigen Geschichte des Christentums gewesen, deren gesamtes Streben auf die Vernichtung des Judentums abzielte.

Sie betrachten das Christentum als die für den Nazismus verantwortliche Komponente?

Nicht allein für den Nazismus, sondern im ganz umfassenden Sinne – das Christentum ist für die gesamte Einstellung der Welt zum jüdischen Volk verantwortlich; alles, was die Welt dem jüdischen Volk angetan hat, und alles, was das deutsche Volk dem jüdischen Volk angetan hat, resultiert aus dem Christentum. Aber man kann nicht die gesamte Menschheit vor Gericht stellen, auch ein Volk kann man nicht richten. Hier geht es nach dem im Talmud in manchen Fällen angewandten Prinzip: »Frei vor dem menschlichen, schuldig vor dem göttlichen Gericht.« Vor dem göttlichen Gericht gibt es keine Grenze für diese Schuld, aber vor ein Gericht der Menschen kann man ein Volk nicht stellen. Deshalb ist Eichmann kein Sühneopfer für die Schuld der Welt und die Schuld des deutschen Volkes gegenüber dem jüdischen Volk.

Hätten Sie keine Anstrengung unternommen, Eichmann zu verhaften?

Doch, um die Gelegenheit zu einem Prozeß in der richtigen Form zu haben.

Also nicht in der Form, in der er verlaufen ist?

Der Prozeß hätte genau umgekehrt verlaufen müssen! Statt einen Rechtsanwalt aus Köln zu seiner Verteidigung herbeizuholen und die Anklageschrift so abzufassen, wie sie der Ankläger Gideon Hausner verlesen hat, hätte man ihm einen Staatsanwalt an die Seite stellen müssen, um die Menschheit anzuklagen, die Menschheitsgeschichte, im Namen des jüdischen Volkes. Diese armselige Kreatur Eichmann war nichts anderes als ein Produkt dieser Geschichte. Hat er wirklich nur Befehle ausgeführt? – Das ist bei uns immer eine sehr wichtige Frage – aber im historischen Rahmen ist sie völlig unbedeutend. Entscheidend ist, daß er den Willen der Menschheit gegenüber dem jüdischen Volk in die Tat umgesetzt hat!

Ich verstehe in diesem Zusammenhang die Verbindung zum Christentum nicht. Der Nazismus hat sich doch auch vom Christentum losgesagt.

Das ändert nichts. Die Einstellung der Welt gegenüber dem jüdischen Volk entspringt dem Christentum, wobei es nicht wichtig ist, daß die Welt der Nazis schon nicht mehr christlich war. Das andere bleibt. In Form eines Witzes formuliert man das so: »Der aufgeklärte Goj sagt dir: ›Jesus ist eine Märchenfigur, es gab ihn überhaupt nicht, aber die Juden haben ihn gekreuzigt, das ist sicher.‹...«

Angenommen Hitler hätte überlebt, und wir hätten ihn fassen können. Hätten Sie auch in diesem Fall die Meinung vertreten, man hätte ihn nicht hinrichten dürfen?

Ich denke ja. Und eben auch aus den Gründen, daß man vor einem menschlichen Gericht diesen Menschen

nicht richten kann. Totschlagen ja, aber nicht vor Gericht stellen.
Aber was hätte man mit ihm tun sollen?
Ihn totschlagen. In diesem Sinne bin ich kein Pazifist. Der Talmud läßt in gewissen Fällen zu, daß ein Verbrecher einfach totgeschlagen wird, aber wenn man ein Rechtssystem aufbaut – dann darf man nicht die Todesstrafe in dieses System aufnehmen.
Bestanden darin damals die Gründe, die Martin Buber dazu veranlaßt hatten, an Ben-Gurion zu schreiben, Eichmann nicht hinrichten zu lassen?
Nein. Aber er hatte zu Recht das Gefühl, daß hier irgendeine schreckliche Unverhältnismäßigkeit besteht. Diesen Wurm zu nehmen und ihn aufzuhängen, gegenüber allem, was in den Vernichtungslagern geschehen ist! Es ist doch lächerlich – entschuldigen Sie den Ausdruck –, daß wir den Tod von sechs Millionen Menschen dadurch vergelten wollen, daß wir Adolf Eichmann aufhängen.
Sind Sie nach dem Krieg in Deutschland gewesen?
Ja. Ein ganz kurzer Besuch. Auf Einladung.
Haben Sie darüber nachgegrübelt?
Nein.
Meinen Sie, ein Jude muß deutschen Boden meiden, solange die Mörder noch leben?
Dreiviertel der deutschen Bevölkerung besteht heute aus Menschen, die nach Hitler geboren wurden. Für sie ist der gesamte Fall Hitler ein Schrecken, aber ein Schrecken, der zur Geschichte gehört, so wie der Dreißigjährige Krieg. Die Sache berührt niemanden persönlich. Ich wurde davon in meinen Gesprächen mit anständigen Deutschen überzeugt, denen gegenüber keinerlei Verdacht besteht, daß auch nur ein Funken der nazistischen Ideologie an ihnen haften geblieben ist, oder daß sie einen versteckten Antisemitismus in ihrer Brust hegen. Das ist eben für diese Menschen eine schreckliche Sache, die in der Geschichte des deutschen Volkes geschehen ist, aber es stellt für die Deutschen kein reales Erlebnis dar, so wie für uns. Die jungen Deutschen haben zu Hitler ein ähnliches Verhältnis, wie wir zu den Verfolgungen der Jahre 1648/49, bei denen 750 jüdische Gemeinde in der Ukraine zerstört und 100.000 Juden von Kosaken ermordet wurden. Bei

uns ist man darüber erbittert, daß sich die Deutschen indifferent verhalten, aber das ist eigentlich ein Pauschalurteil. Es gibt unter den Deutschen durchaus solche, denen sehr wohl bewußt ist, daß hier von einem Schandfleck die Rede ist, den man nicht aus der Geschichte ihres Volkes tilgen kann. Aber letztendlich handelt es sich für die Mehrheit der Deutschen um ein Ereignis in der Geschichte des deutschen Volkes, das keine aktuelle Bedeutung besitzt. Das muß man verstehen.

Das ist eine kalte, rationale Analyse.

Nein. Gerade vom emotionalen Gesichtspunkt her ist das richtig. Hitler gehört zum aktuellen jüdischen Erleben für uns heute, während er für die Deutschen in die Geschichte gehört, auch wenn klar sein dürfte, daß dies seine Schreckenstaten nicht verringert; aber wenn etwas empirisch zur Geschichte gehört und nicht zum Erleben, dann verliert es die emotionale Dimension.

War der Nazismus nun eine neue Erscheinung, die keine Vorläufer in der Vergangenheit hatte, oder vielleicht lediglich doch eine Variante des Judenhasses?

Der Nazismus ist eine vollständig neue Erscheinung in der Welt gewesen, die sich aus der Entwicklung der politisch-kulturell-gesellschaftlichen Wirklichkeit Europas im 19. und beginnenden 20. Jahrhundert keinesfalls erklären läßt. Vor dem Hintergrund des Eindrucks, den ich – in meiner Jugend – erhalten habe, sehe ich den Hitlerismus nicht als organisch aus der deutschen Geschichte und Kultur gewachsen. Er ist wirklich ein völlig fremdes Produkt, das schon aus einer allgemeinen historischen Perspektive ganz unverständlich ist. Seine grundsätzliche Verkörperung stellte Auschwitz dar, aber auch wenn wir davon absehen, so ist die gesamte Struktur des Dritten Reiches etwas ganz und gar Unverständliches. Man kann mit Sicherheit nicht behaupten, daß dieses Phänomen Nazismus in organischer Weise aus der Geschichte des deutschen Volkes gewachsen sei. Das erklärt auch, warum die ganze Welt einige Jahre lang dem Phänomen völlig tatenlos gegenüberstand. Der Nazismus war einfach nicht zu verstehen, fiel aus den üblichen Kategorien heraus, und man wußte nicht, was man gegen ihn unternehmen sollte.

Judentum

> »*Die jüdische Religion befindet sich in einer Krise, die – Gott möge es verhüten – vielleicht ihre letzte Krise ist.*«

Religion und Staat

Verpflichtet das Judentum zu einer bestimmten politischen Weltanschauung?
Nein.
Ist das Judentum in dieser Hinsicht völlig indifferent?
Jede Regierungsform entsteht aus den Bedürfnissen der Menschen.
Haben die Aussagen über das Königtum in der rabbinischen Literatur keinerlei halachische Bedeutung? Oder handelt es sich dabei nur um Aussagen über die ferne Vergangenheit oder die Endzeit?
Die Eschatologie interessiert mich nicht. Die Institution des Königtums bleibt jedoch im Judentum umstritten.
Nicht unbedingt – nehmen Sie zum Beispiel Maimonides!
Das war seine persönliche Meinung. Aber Abrabanel *(1437-1508; jüdischer Philosoph in Spanien)*, der auch ein glaubender Jude und Toragelehrter war, sagt ausdrücklich, daß die Institution des Königtums für das jüdische Volk eine Katastrophe darstellte, dessen Auswirkungen man bis in seine Zeit spüre: Wegen des Königtums, so meinte er, lebe das Volk doch letztendlich im Exil! Dabei war Abrabanel ein sehr orthodoxer Jude.
Wenn Maimonides heute leben würde, wie sähe wohl seine Haltung zum Staat aus?

Wenn Maimonides heute leben würde, dann wäre er nicht Maimonides. Es ist doch unmöglich, über jemanden zu fragen, wer er wäre, wenn er zu einem anderen Zeitpunkt oder an einem anderen Orte geboren wäre. Wenn ich in China geboren wäre, dann wäre ich nicht ich, sondern ein anderer Mensch. Es reicht doch allein schon aus, von anderen Eltern geboren zu werden, um ein anderer Mensch zu sein!

Dann muß ich die Frage anders stellen: Ist es nicht möglich, aus den Schriften des Maimonides irgendwelche Schlußfolgerungen über unsere Wirklichkeit zu ziehen?

Natürlich kann man heute aus seinen Schriften Schlußfolgerungen über den Glauben ziehen, der über die historische Realität hinausreicht. Aber alle Äußerungen, die sich bei Maimonides auf das Problem des Staates beziehen, haben utopischen Charakter. In der historischen Wirklichkeit stand die Welt der Tora immer der Staatsgewalt gegenüber.

Wenn das zutrifft, dann wäre für die Gründung des Staates Israel wirklich kein Platz innerhalb des Judentums; denn durch die Staatsgründung verstärkte sich doch die Gefahr, den Nationalismus zum obersten Wert zu erheben.

Ich war und bin einer von den Juden, die stets und heute für die staatlich-nationale Unabhängigkeit des jüdischen Volkes eintreten.

Aber vielleicht verstärkt die Staatsgründung, vom Aspekt des Judentums aus, die Gefahr, einen Ersatz für die Religion zu schaffen?

Die jüdische Religion befindet sich in einer Krise, die – Gott möge es verhüten – vielleicht ihre letzte Krise ist. Diese Krise hat hundert Jahre vor der Gründung des Staates Israel begonnen. Warum soll dieses Problem also mit der Staatsgründung Israels zusammenhängen?

Die Staatsgründung spielte dabei weder positiv noch negativ eine Rolle?

Nein. Der Staat ist ein Ausdruck dafür, daß Juden – und ich bin einer von ihnen – die staatlich-nationale Unabhängigkeit des jüdischen Volkes begehren. Wie das Bild des jüdischen Volkes im Rahmen staatlich-nationaler Unabhängigkeit aussieht, oder was das Volk tut, das sind ganz andere Fragen.

Tora und Halacha auf der einen, die Demokratie auf der anderen Seite – existiert eine Beziehung?

Diese Frage berührt das Gebiet, das ich mit »Meta-Halacha« bezeichne. Halacha, so wie wir sie kennen, akzeptiert keine Realität eines jüdischen Volkes, das nicht das Volk der Tora ist. Aber genau das ist die Wirklichkeit unseres Volkes seit Beginn des 19. Jahrhunderts. Deshalb ist es nicht möglich, irgendein allgemeines, den Staat betreffendes Problem im Lichte der Halacha zu besprechen oder, und das brauche ich wohl nicht zu betonen, zu entscheiden. Kein politisches Problem, kein Problem des Wirtschaftssystems und kein Problem von Krieg und Frieden kann aufgrund der Halacha diskutiert oder entschieden werden, denn der Ausgangspunkt der Halacha ist das jüdische Volk als das Volk der Tora, über dessen staatliche und soziale Verhaltensformen die Halacha Anleitungen gibt. Demgegenüber stellt ein jüdisches Volk, das nicht Volk der Tora ist, in der halachischen Gedankenwelt die Quadratur des Kreises dar. Die Frage, wie der Staat Israel in Übereinstimmung mit einer Tora, deren Autorität er nicht anerkennt, zum Beispiel in der Frage der besetzten Gebiete handeln soll, ist unverständlich und unsinnig. Womit kann man diese Situation vergleichen? – Mit einem nicht-koscheren Schlachter, der zum Rabbi kommt, um ihn über ein koscheres Messer zum Schweineschlachten zu befragen ... In dem Teil »Yoreh De'ah« des Schulchan-Aruch gibt es einige Paragraphen, die sich mit koscheren Schlachtmessern beschäftigen; es ist doch aber selbstverständlich, daß diese Halachot für das Schlachten eines Schweines keinerlei Bedeutung besitzen. Da der Staat Israel ein Staat ist, in dem die Entweihung des Schabbat verbreitet und legal ist – so braucht man doch gar nicht mehr zu fragen, wie sich dieser Staat in Fragen der Politik und des Krieges nach der Tora verhalten soll.

Ihre Schwester Nechama sagte, daß Sie in dieser Angelegenheit über die Trennung von Staat und Religion leicht reden hätten, denn während Ihrer Kindheit in Riga konnte Ihr Vater, einer der reichen Bürger der Stadt, es sich leisten, für seine Kinder Privat-

lehrer zu halten; das einfache Volk aber war gezwungen, die Kinder in den »Cheder« zu schicken, in dem das Niveau unter aller Kritik war. Ähnliches wird auch hier passieren, wenn es zur Trennung von Staat und Religion kommt. Wer wird für die religiöse Erziehung der Kinder der untersten Schichten sorgen?

Wenn die orthodoxe Judenheit, in der es eine große Schicht Wohlhabender und Reicher gibt, nicht in der Lage ist, für eine religiöse Erziehung der Kinder zu sorgen – dann hat sie kein Recht zu existieren. Das Judentum kann das aber ganz sicher leisten. Das ist eine klare Antwort von meiner Seite, und das ist ebenso eine Antwort auf die Frage nach dem Schabbatjahr *(Schmita – Brache des Ackerbodens in jedem siebenten Jahr),* die für das Judentum eigentlich kein Problem darstellen sollte.

Das heißt?

Wenn man jedes Jahr 15 Prozent des Einkommens spart, kann das Schabbatjahr durchaus eingehalten werden.

Sie sind also für die Einhaltung eines Schabbatjahres in der Landwirtschaft?

Wenn das Volk ein Schabbatjahr einhalten will – dann ja. Aber das Volk will nicht.

Nehmen wir an, die Entscheidung läge in Ihren Händen.

Die Entscheidung liegt aber nicht in meinen Händen. Als ob Fragen der Erfüllung von Tora und Mitzwot eine individuelle Angelegenheit sein können. Die großen Fragen sind Fragen der Gemeinschaft.

Wenn es eine Gesellschaft gibt, die das Schabbatjahr einhalten will, d.h. die bereit ist, ihren Lebensstandard zu reduzieren, dann kann das Schabbatjahr eingehalten werden. Wenn in jedem der sechs Jahre, die zwischen den Schabbatjahren liegen, 15 Prozent der Ausgaben gespart werden, reicht das Geld aus, um die Mitzwa des Schabbatjahres einzuhalten. Aber wenn man das für unmöglich hält, dann geht es eben nicht. Sehr einfach. Aber den jüdischen Boden an Nicht-Juden in einem juristisch fiktiven Akt zu »verkaufen«, um das Schabbatjahr nicht einhalten zu müssen – merken Sie das verachtenswerte und abscheuliche, das darin liegt?!

Das ist das allgemeine Problem der Tricks, mit der die Gebote der Tora umgangen werden, ganz so wie mit dem Gesäuerten zu Pessach *(nach der Tora ist es verboten, während der Pessachwoche Gesäuertes zu besitzen; da es oft unmöglich ist, alles Gesäuerte zu vernichten, wird es in einem fiktiven Akt an Nicht-Juden »verkauft«).*
Nein. Das ist nicht zu vergleichen. Hier ist vom Verkauf jüdischen Bodens an Nicht-Juden die Rede, das gleicht aber nicht den Tricks, die auch ich mir erlaube, um am Schabbat Elektrizität benutzen zu können.
Und wie sieht es mit dem Gesäuerten aus?
Selbst wenn ich Gesäuertes an Pessach verkaufe, verkaufe ich dabei nicht jüdischen Boden an Nicht-Juden. Sie ignorieren die Tatsache, daß alle vom Boden Israels sprechen, von Nationalität und Staat, von unserem Land und dem Erbbesitz unser Väter und so weiter und so weiter, und daß dann alle diejenigen, die große Reden halten, das Erbe unser Väter an Nicht-Juden verkaufen, um das Schabbatjahr nicht einhalten zu müssen! Ich pfeife natürlich auf alle diese Begriffe, aber andere sehen darin ein Argument auf Leben und Tod, ein Grund, um in den Krieg zu ziehen, zu töten und getötet zu werden – auf dem Erbbesitz unserer Väter.

Das große meta-halachische Problem

Lassen Sie uns jetzt ein wenig die Gesetze, die nach Maimonides »die Könige und ihre Kriege« betreffen, sowie die Beziehung, die zwischen diesen Gesetzen und unserem Staate Israel bestehen, studieren. Nach der (utopischen!) Halacha und ihrer Rechtssatzung ist der König – dessen Regierungsgewalt in der Ernennung durch die Tora begründet ist – derjenige, der das Volk in einen Krieg führt, nachdem er das Losorakel Urim und Tummim befragt und die Zustimmung des rabbinischen Obergerichts mit 71 Mitgliedern erhalten hat.

Die Frage vom Standpunkt der Halacha lautet: Wer autorisiert (im religiösen Sinn) unsere Regierung in Israel – die Herren Begin und Sharon, oder Shamir und Rabin – dazu, entsprechend der jeweiligen Bedürfnisse der von der Regierung festgelegten Linie Juden in einen Krieg zu schicken, um zu töten und getötet zu werden? Wenn das »religiöse Establishment« und die Parteien, die es vertreten – Parteien, deren Programme ja ausdrücklich einen Staat nach der Tora (oder nach der Halacha) verlangen –, dieses Machtbefugnis der Regierung anerkennen und die Regierungsentscheidungen meist akzeptieren, dann bedeutet das doch im Klartext, daß die Anweisungen der Halacha nicht gegenüber unserem Staate zur Anwendung gelangen. Deshalb ist die Berufung auf halachische Entscheidungen bei »religiösen Forderungen« an die Obrigkeit – Regierung oder Knesset – Heuchelei und Lüge.

Greifen wir doch einmal das Konzept eines Staates gemäß der Halacha auf. Können demokratische Prozesse für einen derartigen Staat von Bedeutung sein?

Ein Konzept dieser Art existiert heute nicht. Die Halacha bezieht sich nicht auf unsere Realität.

Angenommen, die gesamte Bevölkerung wäre bereit, das »Joch der Halacha« zu übernehmen. Wie sähe dann die Lage aus?

Sie möchten sich etwas vorstellen, was nicht existiert. Die Situation sieht doch so aus, daß die Bevölkerung dazu nicht bereit ist, und ein derartiges Konzept nicht existiert. Sie verlangen eine Lösung für das Problem der Quadratur des Kreises.

Aber man spricht ständig darüber, und deshalb muß man sich doch auch ein Programm vorstellen können, einfach aus der Annahme heraus, eine derartige Möglichkeit bestehe real.

Die Möglichkeit hängt zunächst einmal davon ab, ob der Wille dazu vorhanden ist. Ich sehe einfach nicht, daß es diesen Willen in der Welt des religiösen Judentums heute gibt.

Wenn das Judentum diese Möglichkeit verwirklichen könnte, strebte es sie vielleicht auch an, aber möglicherweise ist es dazu nicht in der Lage?

Nein. Es kann diese Möglichkeit nicht verwirklichen, weil es sie nicht will.

Da tun Sie dem Judentum, glaube ich, Unrecht. Es gibt sicherlich Leute, die das sehr gerne hätten.

Wir sprechen nicht von einzelnen, auch wenn ihre Zahl eventuell bedeutend ist. Ich kann auf keine religiöse Gemeinschaft verweisen, die die Absicht dazu hegt. Das meta-halachische Problem besteht darin, wie man sich von der Halacha her einem jüdischen Volk gegenüber zu verhalten hat, das nicht das jüdische Volk ist, mit dem sich die Halacha beschäftigt.

In früheren Zeiten waren alle hundertprozentig fromm?

Nein. Aber schauen Sie sich jeden zivilisierten Staat an, von dem man annehmen darf, daß seine Gesellschaftsform auf

Recht gegründet ist, also einen Rechtsstaat. Auch in einem derartigen Staat gibt es viele Gesetzesübertreter und es existiert eine Unterwelt oder ähnliches. So ist es doch nur logisch, daß es in jeder Generation im jüdischen Volk Leute gab, die das »Joch der Tora und der Mitzwot« ablegten, aber der Begriff des jüdischen Volkes als Volk der Tora hatte Bestand. Heute ist das nicht mehr so. Das jüdische Volk wird heute nicht durch Judentum und Tora definiert.

Dann ist eben heute dieses Volk das jüdische Volk nach der Halacha.

Aber auch dann weiß ich nicht, wie ich mich diesem Volk gegenüber von der Halacha aus verhalten soll.

Ist das nicht ein gutes Beispiel dafür, daß gegen Sie manchmal vorgebracht wird, Sie würden die Probleme in aller Schärfe darstellen, hätten aber keine Lösung anzubieten?

Was würden Sie von einem Arzt sagen, der dem Kranken eine außerordentlich schlechte Diagnose stellen muß? Ist die Diagnose deshalb weniger richtig, weil sie schlecht ist?

Der Arzt unternimmt alle möglichen Anstrengungen, um eine Therapie zu finden. Vielleicht weiß er, es gibt keine Therapie. In einem Krebsfall, bei dem ich weiß, man kann nichts mehr ausrichten, zum Beispiel.

Vergleichen Sie unser Thema mit einem unheilbaren Krebsfall?

Ich sagte bereits, ich wüßte es nicht. Auf jeden Fall ist die Behauptung, ich würde keine Lösung anbieten, nur Unsinn.

Warum? – Die Erwartungen, die man mit Ihnen verknüpft, sind groß.

Heute bin ich nicht in der Lage, ein Programm vorzustellen.

Weil Sie denken, es gebe keine Lösung, oder weil Sie fürchten, eine revolutionäre Lösung vorzuschlagen?

Ich gehöre nicht zu den Menschen, die fürchten, aus ihren Überlegungen die nötigen Konsequenzen zu ziehen.

Ich weiß; aber müßten Sie dennoch nicht über die Diagnose hinaus versuchen, einen Schritt in Richtung auf eine Therapie zu gehen?

Nein. Es ist unmöglich, einen Lösungsvorschlag für das Problem der aktuellen Beziehung der jüdischen Religion zum Staat Israel vorzuschlagen, ohne vorher den ersten Schritt unternommen zu haben, der selbst noch nichts ändert, der aber die Bedingung für die Möglichkeit darstellt, über dieses Problem überhaupt ernsthaft nachzudenken: die radikale Trennung von Staat und Religion! Solange dies nicht geschehen ist, sehe ich keinen Grund, sich mit der Frage »Was können wir tun?« zu beschäftigen.

Aber gerade im Licht dessen, was Sie sagen, werden wir vermutlich letzten Endes zu einer Lösung in der Form »Neturei-Karta« gelangen.

Man kann nicht von Anfang an sagen, wie die Konsequenzen der erwähnten Trennung aussehen werden, d.h. – die Konsequenzen aus der Entdeckung der Religion als selbständigen Faktor in der gesellschaftlichen Wirklichkeit, und nicht als einer der Bestandteile des staatlichen Verwaltungsapparates. Sie fürchten eine Lösung nach dem Muster »Neturei-Karta«, ein anderer fürchtet einen Bürgerkrieg in Israel – und ein Dritter . . . die totale Spaltung des jüdischen Volkes. Auf jeden Fall können wir erst nach einer Trennung von Religion und Staat mit den entsprechenden Diskussionen anfangen. Es hat symbolische Bedeutung, daß gerade Ben-Gurion – ein Mensch, der im Judentum die Katastrophe des jüdischen Volkes gesehen hat – die Trennung der Religion vom Staat nicht wollte. Er fürchtete das Auftreten der Religion als selbständiger Faktor in Staat und Gesellschaft.

Die halachische Einstellung zum säkularen Staat des jüdischen Volkes (oder vielleicht sollten wir sagen – zum Staat des säkularen jüdischen Volkes) ist kein halachisches Problem in dem Sinne einer Anpassung bestimmter Einzelheiten der rechtskräftigen Halacha an Zwecke und Interessen des Lebens im gegenwärtigen Staat, sondern es geht hier um das große meta-halachische Problem, das von dem offiziellen religiösen Judentum ignoriert wird, obwohl es sich um ein existentielles Problem des religiösen Judentums in diesem Staate handelt.

Dann war Rabbi Kook also im Recht, wenn er alles, was geschieht – selbst wenn es fern vom religiösen Judentum ist – in den Rahmen der Halacha einbezog?

Das gehört zu den irrigen Elementen in der Lehre des Rabbi Kook, in der es weniger um die Einführung göttlicher Inhalte in die reale und historische Wirklichkeit, als um die Einkleidung der menschlichen Inhalte, Interessen und Werte in das Gewand der göttlichen Heiligkeit geht. Diese monströse Entwicklung seiner Lehre stellt die geistige Welt seiner Schüler der ersten und zweiten Generation dar.

Sie stellen Korach, Rabbi Jehuda Halevi *(1080- 1140; hebräischer Dichter und jüdischer Philosoph)* und Rabbi Kook in eine Linie und lehnen deren Anschauungen ab. Aber ist es nicht richtig, in Anbetracht dieser Lehren festzustellen, im Judentum gab – und gibt es vielleicht auch heute – eine Strömung, die, zumindest in bestimmtem Maße, rassistisch ist?

Ohne Zweifel.

Wenn man den »Kusari« zu diesem Thema liest, dann erkennt man in den Worten Rabbi Jehuda Halevis eine tiefe innere Logik, und es erhebt sich die Frage: Geht es hier um etwas dem Judentum Immanentes, das notwendigerweise aus seiner ideologischen Welt entspringen mußte?

Im Judentum gibt es eben auch das. Aber auf der anderen Seite stehen Maimonides und sein Brief an Obadja, den Proselyten, in dem es heißt – im extremen Gegensatz zur Meinung des Jehuda Halevi – daß es keinen Unterschied zwischen Juden und Proselyten gibt, und wenn wir uns auf Abraham, Isaak und Jakob beziehen, so bezieht sich der Proselyt direkt auf den Schöpfer der Welt.

So könnte man also sagen, daß im Judentum alle Richtungen angelegt sind, und auch Meir Kahana im Judentum eine Begründung für seine Anschauungen finden kann?

Sicherlich. Gründet das Christentum seine Lehre nicht auch auf jüdische Quellen?! Jeder Christ wird Ihnen bestätigen, daß das Buch der Psalmen ein ausgesprochen christliches Buch ist. Da kommt es manchmal zu unbeabsichtigten Witzen. Ich erinnere mich an ein Gespräch mit zwei calvinistischen Pfarrern aus den Niederlanden. Wir sprachen in Deutsch über die Psalmen. Durch Zufall öffnete ich den Tanach im 53. Kapitel der Psalmen und stieß auf den Abschnitt »Ach, daß die Hilfe aus Zion über Israel käme«. Ich fragte die Pastoren: »Was geht das die Christen an?« Sie schauten mich an, als ob ich vom Mond käme. Das sei doch ein eindeutig christlicher Vers! – sagten sie. »Zion« sei die Kirche, und die »Hilfe Israels« sei Jesus. Sie sehen also, wie man selbst Jesus im Buch der Psalmen finden kann, so kann man alles – auch Kahanas Rassismus – in den Quellen des Judentums begründen.

Manchmal könnte man meinen, in Ihren Worten liege ein Widerspruch: Einerseits möchten Sie das Judentum zu etwas Totalem, All-Umfassendem machen, andererseits – in praktischen Fragen, z.B. in Fragen von Staat und Gesellschaft – möchten Sie es eigentlich in den entlegensten Winkel stellen.

Was meinen Sie mit den Worten »das Judentum umfaßt alles«? – Als ob ich nach dem jüdischen Gesetz entscheiden würde, ob über einen Fluß eine Brücke zu bauen ist oder nicht.

So weit natürlich nicht.

Das ist aber eine sehr lebensnotwendige Sache!

Ich denke eher an die Regierungsform. Es wird sicherlich Leute geben, die sagen, das Judentum sage zu diesem Thema sehr deutliche Worte in eine bestimmte Richtung!

Das Judentum sagt nichts »in eine bestimmte Richtung«, sondern es werden im Judentum Dinge der verschiedensten Richtungen zu diesem Thema gesagt. In bezug auf das »Königtum«, z.B., gibt es zwei einander widersprechende Ansätze im Judentum. In der Tora gibt es keine verpflichtende Institution des Königtums, aber die Möglichkeit seiner Einrichtung wird nicht abgelehnt. In der mündlichen Tora und in der Zeit der späten Religionsphilosophen herrscht eine schwere Auseinandersetzung darüber, ob das Königtum Pflicht, erlaubt, oder sogar verboten ist (Abrabanel).

Dann ist es richtig, wenn ich sage, daß Ihre gesellschaftliche Weltanschauung nicht unbedingt eine Verbindung zu Ihrer jüdischen Weltanschauung besitzt?

In der heutigen Realität existiert sicherlich keine Verbindung, weil das jüdische Volk heute nicht auf der Basis der Tora organisiert ist und ich einen staatlichen Rahmen für das reale jüdische Volk anstrebe.

Aber gibt es nicht auch auf der Ebene des Dogmas – des Ideals, nach dem ein Mensch strebt – irgendeine Verbindung?

Ein Programm für eine »ideale« Realität ist nicht ernst zu nehmen. Ich verstehe, daß ein Mensch sich mit Ernsthaftigkeit den Gegenwartsproblemen zuwendet. Ich verstehe aber absolut nicht, wie ein Mensch eine Vision wirklich ernst nehmen kann. Man kann sich an einer Vision erfreuen, aber man kann sie nicht ernst nehmen!

Man könnte Ihnen erwidern, das jüdische Volk lebe dank einer Vision, und nicht nur aufgrund der Erfüllung der Mitzwot.

Wer das sagt, verdreht die Tatsachen – oder hat absolut nichts begriffen. Tatsache ist, daß Visionen und Ideen nur intellektuelles Spiel waren und sind. Das jüdische Volk lebte in Wirklichkeit dadurch, daß es die von der Tora und den Mitzwot geforderte Lebensweise in die Realität seiner Existenz übernommen hatte. Das ist ein einzigartiges historisches Phänomen.

So einfach kann man sich das nicht machen. Der einfache Jude glaubt auf jeden Fall an den Messias und personifiziert ihn sogar!

Das hat aber keinerlei Einfluß auf seine Lebensweise. Das ist der ausschlaggebende Punkt! Ich bin in der Hinsicht ein hartnäckiger Materialist; ich stelle nämlich die Frage: Worin – oder wie – wird eine Idee oder Vision konkret? Die Antwort in bezug auf die messianische Vision ist – in nichts! Aber in den Fällen, in denen die messianische Idee begann, konkrete Früchte zu tragen, ist das jüdische Volk daran beinahe untergegangen. Da wurden das Christentum geboren und der Schabbetianismus und heutzutage »Gush-Emunim«.

Mythologie

Haben Sie den Rabbiner Kook, den geistigen Vater der »Gush-Emunim«-Bewegung jemals getroffen?
Ja. Das erste Mal an Sukkot im Jahre 1929. Wir führten in seiner Laubhütte ein sehr langes Gespräch, das sicher mehrere Stunden dauerte. Ich sah sofort, daß ich einen bedeutenden Mann vor mir hatte, dessen Welt und Lehre mir jedoch sehr, sehr fremd und in der Perspektive des Glaubens auch nicht richtig erschienen.
Können Sie das Gespräch mit ihm rekonstruieren?
Ja. Wir sprachen hauptsächlich über das, was er in seinen Schriften die »wahre Lehre« (*Torat ha-Emet*) nennt; das Wort »Kabbala« taucht in seinen Schriften nur selten auf, was von vielen nicht beachtet wird. Ich fragte, wie sich die »wahre Lehre« seiner Ansicht nach mit Maimonides vertrüge. Rabbi Kook unterschied sich darin von anderen, daß er selbstverständlich wußte, daß sich diese beiden Dinge (die »wahre Lehre« und Maimonides) nicht vertragen können. Es wäre der Mehrheit der Juden aus den Lehrhäusern, selbst den gelehrtesten, absolut nicht in den Sinn gekommen, daß es einen Widerspruch zwischen zwei Ebenen in der Glaubenswelt des Judentums geben könnte. Maimonides ist natürlich heilig, und auch die Kabbala ist heilig – ein Gegensatz oder Widerspruch zwischen ihnen ist jedoch unmöglich. Diese Juden begreifen entweder nicht, daß hier ein Widerspruch vorliegt, weil sie nicht zu denken gewohnt sind

(das muß einmal ausdrücklich gesagt werden, daß viele von ihnen – selbst wenn sie in der Tora viel bewanderter sind als ich und enormes Wissen angehäuft haben – nicht denken!), oder, wenn sie denken, dann sagen sie, dies sei ein Geheimnis, oder wir verstünden Maimonides nicht richtig oder etwas Derartiges.

Rabbi Kook gehörte weder zu den einen noch zu den anderen. Er gehörte nicht zu den Naiven noch zu denen, die sich naiv stellen, die nicht denken, sondern dachte viel über die Probleme des Glaubens nach und über die Beziehungen zwischen Glauben und Philosophie, und deshalb auch über die problematische Beziehung des maimonidischen Glaubens zu der Kabbala. Darin unterschied er sich allerdings in der Welt der Tora von den meisten seiner Zeitgenossen. Deshalb will ich auch auf keinen Fall abstreiten, daß Rabbi Kook ein großer und bedeutender Denker war. (Was ich von denjenigen, die zu Recht für große Toragelehrte unserer Zeit gehalten werden, und die, meinem Eindruck nach, nicht nachdenken oder philosophieren, dann doch nicht behaupten kann. Was nützt ihnen da ihr umfangreiches Wissen?) Aber sein Standpunkt war nicht einfach. Sehr im Gegenteil. Seine Meinung war nicht naiv im üblichen Sinne des Wortes, sondern enthielt sehr viel Problematik und Reflexion. In diesem Sinne gehört Rabbi Kook tatsächlich in den Kreis der Denker, doch meiner Ansicht nach ist seine Lehre abwegig.

Nach Rabbi Kook kommt die Kabbala, die für ihn die »wahre Lehre« (meiner Meinung nach jedoch Mythologie) ist, in der Einkleidung der Gottheit in die Gewänder der Sefirot zum Ausdruck. Aber gerade weil sie die »wahre Lehre« und der Glaube ist, durch den der Mensch in Wahrheit der Gotteserkenntnis so nahe, wie es überhaupt für einen Menschen möglich ist, komme, sei sie auch außerordentlich gefährlich. Denn es ist leicht, von diesem Glauben, in seinem tiefsten Verständnis, in den Götzendienst abzufallen.

Es handelt sich hierbei nicht um einen völlig originalen Gedanken Rabbi Kooks. Er gab diesem Gedanken nur eine deutliche Form. Mit anderen Worten: Jeder Götzendienst entsteht eigentlich aus der Intensität des menschlichen Willens, sich Gott zu nähern und ihn zu erkennen (diese Idee könnte auch von Maimonides stammen, aber in unserem Gespräch erinnerte sie mich nicht an Maimonides). Dies sei der Grund dafür, daß gerade in jenen Zeiten, in denen der religiöse Impuls außerordentlich stark war, auch der Götzendienst in Israel angewachsen sei. Keine Generation sei der Gotteserkenntnis näher gewesen als die Generation der Wüstenwanderung, die der Offenbarung der Schechina gewürdigt wurde, und trotzdem – oder vielleicht auch gerade deswegen – das goldene Kalb mit den an Aharon gerichteten Worten »Mache uns einen Gott!« gefordert habe. Diese Tatsache habe die nachfolgenden Generationen bestürzt, und so findet sich schon im Midrasch der Erklärungsversuch, daß nur der Pöbel, der sich dem jüdischen Volk beigemischt hatte, das Kalb aufgestellt habe. Rabbi Kook aber sagt, daß gerade wegen der Intensität des religiösen Eifers alle Israeliten das Kalb gefordert hätten, das auf alle Zeit zum Sinnbild jedes Götzendienstes geworden ist. Tatsächlich sei die gesamte biblische Epoche eine Epoche des Götzendienstes. Gerade in den 20 Generationen der biblischen Zeit, als es in Israel Propheten gab, durch deren Mund die Schechina sprach, und der Tempel, in dem die Schechina weilte, existierte, sei der Götzendienst nicht von Israel gewichen. Denjenigen aber, die sagen, wir hätten einen Vorteil vor unseren Vätern, weil wir auf keinen Fall Götzendiener seien (dieser Meinung begegnet man zuweilen in rabbinischer Literatur), sagt Rabbi Kook, dies sei gerade ein Zeichen für eine schwache Glaubensintensität und Gottessehnsucht bei uns. Uns fehlt selbst der zum Götzendienst notwendige böse Trieb.

Bei seinen Worten stützte sich Rabbi Kook auf die Gemara im Talmudtraktat Sanhedrin 102b, die mir bekannt war, und die ich in meinem Gespräch mit Rabbi Kook auch erwähnte. Er stimmte mir sofort zu. Dort gibt es eine wunderbare Geschichte über Rav Aschi, den Redakteur des babylonischen Talmuds, der den sündigen König Manasse »unseren Kollegen« nannte (in Anlehnung an den Ausspruch »Wer sind Könige? – die Toragelehrten«): Manasse, der König von Juda, erscheint Rav Aschi im Traum und sagt ihm: ›Wie kannst du dich selbst zu meinem Kollegen erheben?‹ Er stellte ihm eine nebensächliche halachische Frage. Rav Aschi antwortete ihm, er wüßte auf diese Frage keine Antwort. Manasse aber sagte ihm: Und du wagst es, dich meinen Kollegen zu nennen?! Rav Aschi fragte ihn nun: Wie also lautet die Antwort? Und als Manasse die Antwort gab, erwiderte Rav Aschi: Wenn ihr in der Tora so gelehrt wart, wie war es möglich, daß ihr den Götzen gedient habt? Manasse aber sagte: Wenn du zu jenen Zeiten gelebt hättest, hättest du deinen Mantelsaum gehoben und wärest mir flugs zum Götzendienst gefolgt. Denn damals war das eine starke Leidenschaft und ein üblicher Glaube. – Rabbi Kook interpretiert die Stelle auf interessante Weise: Der Antrieb zum Götzendienst sei in den Zeiten Manasses so groß gewesen, daß gerade die bedeutenden Menschen von ihm ergriffen wurden. Rabbi Kook wußte genau, wie groß die Gefahr des Götzendienstes ist, und daß im kabbalistischen Schrifttum heidnische Elemente gefunden werden können. Er hat es mir natürlich nicht gesagt, aber es war klar, daß er sich der darin liegenden Gefahr bewußt war.

Ich gehe noch weiter als Rabbi Kook und bin der Überzeugung, daß das kabbalistische Schrifttum insgesamt heidnisch ist. Es gibt in der Kabbala Momente, die sich überhaupt nicht mit dem Glauben an die göttliche Einheit vertragen. Nach der Meinung Rabbi Kooks war es eine der Gnadengaben göttlicher Vorsehung, die dem jüdischen Volk einen Denker wie Maimonides schenkte, der die »wahre Lehre« nicht kannte (diese Tatsache wurde von Rabbi Kook nicht ignoriert) und der, wenn er etwas von der Geheimlehre gesehen, gelesen oder gehört hatte – und Maimonides weist manchmal auf etwas Ähnliches hin –, es gänzlich ablehnt und für Götzendienst hält.

Rabbi Kook wußte, daß Maimonides den Glauben an die Einheit Gottes – der keine unterschiedlichen Aspekte in der Gottheit akzeptierte – als einen Eckpfeiler des Glaubens aufgestellt hatte, an dem man nicht rütteln durfte. Und auch wenn die maimonidische Philosophie »die wahre Lehre«, in der Rabbi Kook keinen Widerspruch zu dem Glauben an die göttliche Einheit sah, nicht kannte, so schützte sie doch davor, daß aus der »wahren Lehre« Götzendienst entstand, so Rabbi Kook. Hier konnte ich mich nicht zurückhalten, Rabbi Kook zu sagen, daß er hier im Irrtum sei, denn auch Maimonides hatte trotz der hohen Autorität, die er im Judentum genoß, die Konsequenzen, die sich aus dieser »wahren Lehre« ergaben, nicht verhindern können. Der Fall eines Schabbetai Zwi ist der beste Beweis dafür. Darauf konnte Rabbi Kook keine Antwort geben, und ich merkte, wie sehr ihn die Sache in Verlegenheit brachte. Die Schabbatianer waren alle Juden, die Maimonides gelesen hatten, und dennoch ging die mit der Kabbala verbundene Gefahr nicht an ihnen vorüber! Sie versagten nicht, weil sie einem falschen Messias aufgesessen sind – das ist auch Rabbi Akiba passiert –, sondern dadurch, daß sie am Ende vom Judentum abgefallen sind. Das ist das Entscheidende! Das hatte Rabbi Kook sehr gut verstanden, im Gegensatz zu sehr vielen anderen Religiösen, die denken, die große Katastrophe im Falle Schabbetai Zwis sei darin zu sehen, daß seine Nachfolger einem falschen Messias zum Opfer gefallen sind. Nicht wenige falsche Messiasprätendenten haben sich in Israel erhoben, aber nur die Anhänger von Schabbetai haben sich nachher vom Judentum getrennt.

Ihre negative Einstellung zur Kabbala ist bekannt, und dennoch wird die Aufmerksamkeit auf die Fülle der Bücher zu diesem Thema in Ihrer Bibliothek gelenkt.

Selbstverständlich, denn es handelt sich doch um ein bedeutendes Kapitel in der Geschichte des jüdischen Volkes und des Judentums. Die Kabbala nimmt den gewaltigen Zeitraum von 400 bis 500 Jahren in der jüdischen Geschichte ein – bis sie sogar den Schabbatianismus zur Welt brachte.

Es scheint mir, daß der Punkt, der die meisten Menschen, die Sie verstehen, stört – und das wird auch in dem Ausspruch Gershom Scholems deutlich, Sie würden trotz Ihres Festhaltens an der Tora nicht an Gott glauben –, am besten in Ihren Äußerungen zur Prophetie in den »Gesprächen über acht Kapitel« zum Ausdruck kommt. Sie schreiben dort, daß nach der Meinung des Maimonides die Prophetie als eine menschliche Möglichkeit der Gotteserkenntnis aufzufassen ist, daß die Gotteserkenntnis gewissermaßen den Weg von unten nach oben geht, weshalb jeder Mensch den Status eines Propheten erlangen oder we-

nigstens danach streben kann, während Rabbi Jehuda Halevi angenommen habe, die Prophetie werde durch einen »Ausstrom der transzendenten Welt mitten in unsere menschliche Welt hinein« hervorgerufen. Ist das auch Ihre Interpretation Gottes und des Glaubens an Gott, nicht nur in bezug auf die Propheten?

Selbstverständlich. Ein Beweis dafür ist, daß, gerade nach unserer Glaubenstradition, die Intervention Gottes nicht zum Glauben führt.

Aber vom psychologischen Gesichtspunkt aus ist es für den Menschen doch bequemer, die Einstellung Rabbi Jehuda Halevis zu übernehmen, obwohl er vielleicht vom philosophischen Standpunkt aus schwerer zu erklären ist.

Darauf kann ich zwei Antworten geben: Zunächst, vom empirischen Standpunkt aus ist Rabbi Jehuda Halevis Ansatz nicht richtig. Der Glaube kommt nicht von oben, sondern von unten, und gerade das basiert auf der historischen Glaubenstradition. Zweitens war die Offenbarung der Schechina ein absoluter Fehlschlag. Die Prophetie war ein absoluter Fehlschlag. Allen Propheten in Israel gelang es nicht, auch nur eine einzige Seele zum Guten zurückzubringen. Dagegen wissen wir über einige Dutzend Generationen von Juden, die ihr Leben für den Glauben gegeben haben. Das waren gerade die Generationen, die niemals eine Offenbarung gesehen und keine Wunder und Zeichen erfahren haben, denen keine Propheten gepredigt haben und denen nichts in ihrer Wirklichkeit die göttliche Vorsehung bezeugt hat. Auch in unseren Tagen – wie in der ganzen Menschheitsgeschichte – verweist nichts auf die göttliche Vorsehung.

Was bedeutet dann aber die Offenbarung oder das Ereignis am Berge Sinai?

Muß ich Sie über das 33. Kapitel im zweiten Abschnitt des »Führers der Verwirrten« belehren? Dort wird die Frage behandelt, ob es sich bei der Vision während des Aufenthalts am Sinai um eine optische Vision oder eine Vision der Erkenntnis gehandelt hat. Maimonides läßt die Frage offen; ein jeder kann das nach seiner eigenen Fähigkeit und seinem

eigenen Glauben auslegen. Die andere Frage ist, ob wir die
Tora als für uns verpflichtend betrachten. Ich mache eine typologische Unterscheidung zwischen den zwei Einstellungen zum Glauben: Kommt der Glaube dadurch zum Ausdruck, daß der Mensch darüber nachdenkt, wie Gott sich zu
ihm verhält – oder dadurch, daß der Mensch darüber nachdenkt, wie er (der Mensch) sich zu Gott verhält.

Sie meinen sicher, die zweite Einstellung ist die korrekte.

Ich denke, man kann nur mit ihr das Judentum als die
Welt der Halacha verstehen, weil die gesamte Halacha ein
Ausdruck für die Frage nach der Beziehung des Menschen
zu Gott ist. Ich frage immer Leute, die mir erzählen, sie
glaubten an Gott oder an eine Gottheit, aber nicht bereit
sind, das »Joch der Gebote« auf sich zu nehmen: Worin besteht Ihr Glaube? An einen Alten, der im Himmel sitzt und
von dort an den Drähten der Welt zieht? Angenommen diese Menschen haben sogar die Gewißheit, daß es so ist – was
geht es sie an?

Das bedeutet also, daß der Satz »Ich glaube an Gott« eigentlich keine Bedeutung hat?

Ich verstehe die Bedeutung dieser Worte nicht, wenn
sie nicht im Zusammenhang mit der aus ihnen entstehenden
Verpflichtung stehen. Es gibt keine »Annahme des Joches
der Herrschaft der Himmel« ohne die »Annahme des Joches
der Tora und der Mitzwot«. Darüber hinaus muß man sagen, daß in der Welt, so wie sie ist, ein »Drahtziehen« von
göttlicher Hand ganz und gar unbekannt ist.

Würden Sie auch den Ausdruck »göttliche Vorsehung« nicht benutzen wollen?

Wollen wir zusammen das 52. Kapitel im dritten Abschnitt des »Führers der Verwirrten« lesen? Dort wird die individuelle Vorsehung als die Erkenntnis dargestellt, die der
Mensch von Gott erlangt. Das ist die individuelle Vorsehung bei Maimonides. Ich weiß, daß Millionen Juden das
anders verstanden haben.

Nahezu alle.

Sagen Sie das nicht, aber viele haben es so verstanden, und
viele verstehen das auch heute noch so, doch man konnte es
auch anders verstehen. Ich will eigentlich jetzt nur sagen: Die

Hauptsache des Glaubens ist, daß es nicht wichtig ist, wie Gott den Menschen vorhersieht; entscheidend ist, wie der Mensch sich zu Gott verhält, wenn man das unter dem Begriff der »Vorhersehung« verstehen darf. Vor einiger Zeit hatte ich ein Gespräch mit einer Gruppe deutscher Theologen, die große Schwierigkeiten hatten zu verstehen, daß es keinen Zusammenhang zwischen dem Glauben an Gott und dem, was der Mensch von ihm erwartet, gibt. Es ist doch nicht ein Amt Gottes, die Angelegenheiten der Welt und des Menschen zu ordnen. Der Ministerpräsident hat eine Aufgabe gegenüber dem Staat, Gott hat aber keine Aufgabe gegenüber der Welt.

Bei anderer Gelegenheit haben Sie gesagt, daß, wenn Ihnen jemand erzählt, sein Sohn wäre mit Hilfe Gottes gesund geworden, Sie ihm antworten würden, der Sohn von Herrn Soundso ist mit Hilfe Gottes gestorben.

Wenn Sie den Begriff »Vorsehung« in seinem eigentlichen Sinne verstehen, dann sind auch sechs Millionen Juden in den Gaskammern mit Hilfe Gottes ermordet worden!

Wie sieht dann also der Glaube an Gott letztendlich in Ihrer Anschauung aus?

Es steht geschrieben »Ich bin Gott«, und der Mensch muß ihn erkennen. Das ist alles. Der Glaube besteht nicht darin, was ich von Gott weiß, sondern darin, was ich über meine Pflichten gegenüber Gott weiß. Der Glaube, der darauf gegründet ist, daß ich über Gott Bescheid wüßte, ist Götzendienst. Deshalb sage ich, daß bei allen, die an die Hilfe Gottes glauben, anzuzweifeln ist, ob sie überhaupt an Gott glauben.

Aber diese Einstellung, nach der auch der Glaube von unten nach oben wächst, paßt zu den Worten des Volkes an Aharon: »Mache uns einen Gott«; das ist auch Götzendienst!

Gott ohne Tora ist immer ein Götze.

Aber worin liegt die Quelle der Tora? Ist Ihrer Meinung nach auch die Entscheidung über die heiligen Schriften eine Tat der Menschen?

Die Glaubensbasis ist unsere mündliche Tora – von Menschen geschaffen; sie ist zugleich die uns verpflichtende göttliche Tora. Das ist das Dogma des Judentums.

Autorität und Verantwortung

Und welche Aufgabe hat dann die schriftliche Tora?
Die mündliche Tora entscheidet, daß die schriftliche Tora die heilige Schrift ist.
Ist das eine menschliche Entscheidung?
Ja. Wir glauben, daß die menschlichen Entscheidungen identisch mit den Entscheidungen von Glauben und Religion sind. Ich denke, daß ich mich sehr klar ausdrücke. Diese Meinung herrscht in der Welt der mündlichen Tora, unter allen, die wirklich denken. Das kann ich Ihnen hier auf der Stelle an diesem Tisch zeigen, wenn ich einige Abschnitte aus Raschi *(1040-1105; R. Schlomo Izchaki; wichtigster Kommentator der hebräischen Bibel und des Talmuds im Mittelalter)* über den Verfasser des »Kzot ha-Choschen« bis hin zu Rabbi Meir Simcha Ha-Cohen *(1843- 1926; bedeutendste halachische Autorität seiner Generation)* aufschlage.
Und Sie bemerken hierbei keine Spannung oder sogar einen Widerspruch?
Ein Dogma akzeptiere ich, oder ich akzeptiere es nicht. Das ist eine Entscheidung des Glaubens. Ich sage damit nichts Neues, und ich kann Ihnen diesen Sachverhalt in den vorzüglichsten rabbinischen Quellen belegen. Die mündliche Tora ist einerseits ohne Zweifel ein menschliches Produkt, andererseits akzeptieren wir sie als die göttliche Tora; die Tora, die wir selbst geschrieben haben, ist die göttliche Tora! Zur Illustration meiner Worte habe ich drei Textstel-

len ausgewählt, die nicht zu dem kritischen Material gehören, sondern aus dem sogenannten »rabbinischen Judentum« kommen, dem Judentum des Lehrhauses. Sie werden sehen, wie alle diejenigen, die sich mit ganzem Herzen und ganzer Seele in die Welt der Halacha versenken – diesen Sachverhalt, daß die mündliche Tora nicht eine Auslegung der am Sinai gegebenen Tora, sondern ein menschliches Produkt ist, in simpler Weise auffassen. Schauen Sie sich zum Beispiel den Gaon von Wilna an, der wirklich über jeder Kritik steht, das Buch »Kzot ha-Choschen« und den »Sefer ha-Nizachon«, Raschi, Maimonides und schließlich den »Maschach Chochma« des Rabbi Meir Simcha Ha-Cohen aus Dvinsk und Rabbi Israel Salanter, der Gründer der Mussar-Bewegung, der am Ende des 19. Jahrhunderts verstarb. Sie wissen, daß er zu den Mitgliedern der Talmudschulen in Litauen gehörte und daß seine Bewegung einen großen Teil dieser Jeschiwot eroberte. Er schreibt: »Gott hat dem Menschen die Tora gegeben, damit er sie mit menschlicher Vernunft beurteile; einst war sie bei ihm als Spielgefährtin, doch sie ist nicht im Himmel geblieben, um Geheimnisse zu enthüllen. Wenn der Mensch aber vordringt, um nach seiner Sichtweise zu erkennen, so ist sie die Tora Gottes, sein Name sei gelobt.«

Aber vergessen Sie nicht den Beginn des Satzes – »Gott hat die Tora den Menschen gegeben«!

Aber er hat den Menschen befohlen, »sie mit menschlicher Vernunft zu beurteilen«; sicher hat er ihnen nicht gesagt, daß alles, was ein Student einst an neuer Interpretation hinzufügen wird, schon zu Moses am Sinai gesagt worden ist! Das ist wirklich das wahre Dogma des Judentums!

Gehen wir zum »Kzot ha-Choschen« über, ein Werk, das ebenfalls ins rabbinische Judentum gehört. In dem Vorwort stellt der Rabbi, der das Buch verfaßt hat, die sehr interessante Frage: »Wie können wir es überhaupt wagen, eine Halacha festzusetzen?«

In allen Fällen, in denen die Entscheidung nicht im Schulchan-Aruch steht – und in den meisten Fällen ist eine zutreffende Entscheidung dort wirklich nicht verzeichnet –, muß der die Anweisung gebende Rabbiner nach seiner Vernunft die Halacha festlegen. Wenn er sich irrt, ist das eine schreckliche Sache, denn in einem solchen Fall entscheidet er gegen die göttliche Tora. Wie also kann der Mensch es überhaupt wagen, eine Halacha festzulegen?! Darauf wird nun die Antwort gegeben: »Gott hat uns erwählt und uns die Tora gegeben, zur Entscheidung nach menschlicher Vernunft, obwohl sie nicht die Wahrheit ist. Dann aber hat Gott die Vernunft geheiligt, damit Wahrheit in der Entscheidung der menschlichen Vernunft liegt.« Das bedeutet, die Tora selbst sagt, daß das von der menschlichen Vernunft in der Tora Festgesetzte die göttliche Tora ist.

Diese Worte haben eine Fortsetzung: »Es heißt in den Psalmen ›Wahrheit wächst von der Erde‹ – Gott sagt, mein Wille ist, daß die Wahrheit von der Erde aufsteige (nicht vom Himmel, sondern von der Erde!) ... Wahrheit wird aus der Übereinstimmung der Weisen in menschlicher Vernunft entstehen. Das meint der Segen über die Tora ›der Du uns die Tora der Wahrheit gegeben hast‹ – auf daß Wahrheit mit uns sei«. Anschließend fügt der Verfasser ergänzend hinzu, daß wir nur deswegen die Tora erfüllen können; denn wenn alle heiligen Schriften, die mündliche Tora, wirklich aus dem Munde Gottes kämen, könnten wir sie überhaupt nicht verstehen!

Aber der Kern, das Fundament, ist dennoch göttlichen Ursprungs!

Man findet sogar die Ansicht, die gesamte Tora ist nichts anderes als eine Aneinanderfügung der Namen Gottes. Wenn aber die schriftliche Tora Gottes Wort ist, so kann der Mensch überhaupt nicht wissen, ob er sie richtig versteht. »Denn was versteht die menschliche Vernunft von der Tora Gottes?« »Aber die mündliche Tora gehört uns.« Denn wir haben sie selbst geschrieben und so verstehen wir sie von selbst! Wenn die Schechina durch Abaye gesprochen hätte, so hätte Rabba *(Abaye und Rabba: Amoräer d.4.Jh. n.d.Z. in Babylon)* nicht mit ihm streiten können!

Handelt es sich dabei um »den Glauben an die Autorität der Weisen«, wie man ihn allgemein versteht?

Ich weiß nicht. Heute meint man sicher etwas anderes, und gerade etwas nicht sehr Ehrenhaftes.

Das heißt?

Daß ich hören muß, was mir der Rabbi erzählt, und ich kein Recht habe, ihn zu kritisieren. **Weil nur er allein aufgrund seiner Autorität die richtige Auslegung des Textes kennt.** Hier ist nicht von irgendeiner Auslegung die Rede. Hier geht es um die Meinung des Rabbis, wem man bei den nächsten Wahlen die Stimme zu geben habe, aber diese Meinung ist genausoviel wert, wie die Meinung des Gurkenverkäufers auf dem Markt. Hören Sie, was der Gaon von Wilna zu dem Satz »Auge um Auge« sagt. Wenn man in eine Jeschiwa geht, so wird einem erklärt, der Satz »Auge um Auge« meine in der wörtlichen Bedeutung des Textes den entsprechenden Geldwert. Aber dem Gaon kommt überhaupt nicht in den Sinn, den Text so zu interpretieren. Er meint: »Auge um Auge – entsprechender Geldwert hier tritt die Halacha an die Stelle der Bestimmung der Schrift!« ... So verhält es sich mit einigen Abschnitten in der Tora, und es gehört zu der Größe unserer mündlichen Tora, daß sie Halacha ist, die Moses am Sinai gegeben wurde, und dennoch manchmal etwas ganz anderes aussagt.

Und was sagt Rabbi Meir Simcha Ha-Cohen, der Verfasser des Buches »Meschech Chochma«? »Die Tora wollte über das Bewahren von ewigen Inhalten oder Ewigem schlechthin, daß die Inhalte, Einschränkungen und Warnungen, die zeitliche Gültigkeit haben, erneuert werden. Das bedeutet, daß die Weisen nach den ihnen überlieferten Anweisungen mit den ihnen zur Verfügung stehenden Mitteln Hinzufügungen machen können. Ein Gericht, reich an Weisheit und eingesetzt mit Wahl und Zustimmung ganz Israels, hat das Recht, im Rahmen der diesem Gericht gegebenen Beschränkungen, (Bestimmungen) aufzuheben. Wenn man nun sagt, die neue Bestimmung entspricht möglicherweise nicht dem Willen des Schöpfers, und ein anderes Gremium den Fehler klären muß, und wenn es sich um eine Bestimmung handelt, die sich in der Gemeinschaft nicht wird durchsetzen können, so muß unter Umständen das Gegenteil beschlossen werden.«

Leider sind diese Ansichten und Möglichkeiten der Halachawelt heute wirklich verlorengegangen. Gehen Sie in eine Jeschiwa und fragen die Schüler: Wie verhält es sich mit der Möglichkeit, Halacha zu erneuern? Dann werden die Schüler zunächst nichts davon wissen. Warum aber kenne ich diesen Sachverhalt und die Jeschiwaschüler, die doch viel mehr Talmud und rabbinische Entscheidungen studiert haben als ich, kennen ihn nicht? – Weil sie ihn nicht kennen wollen!

Aber es wäre doch auch für die Jeschiwastudenten viel bequemer, wenn sie dies akzeptieren würden!

Nein. Das ist durchaus nicht bequem. Es gibt nichts Bequemeres, als zu glauben, daß, wenn Abaye und Rabba über ein Detail in der Halacha diskutieren – ihnen diese Worte schon am Sinai gesagt wurden. Das ist viel bequemer als jetzt und hier eine Anweisung in einem Konflikt zwischen Reuben und Shimon zu geben, wo ich mich hinsetzen und die Verantwortung für eine Entscheidung übernehmen muß.

Waren diese Probleme stärker im Bewußtseinshorizont der Studenten, als dieser Text von Rabbi Meir Simcha niedergeschrieben wurde?

Auf jeden Fall war sich der Rabbi dieser Dinge bewußt. Rabbi Meir Simcha galt in meiner Kindheit als einer der bedeutendsten Toragelehrten. – Nun lassen Sie uns einen Sprung von fünfzig Jahren machen und einen Blick auf Rabbi Herzog, den ersten Oberrabbiner im Staate Israel, werfen, der auf jeden Fall zu den großen Toragelehrten seiner Generation gehörte. Selbst seine schärfsten Gegner – unter ihnen die »Neturei-Karta«-Leute – zweifelten nicht daran, daß er ein bedeutender Gelehrter war (in ihren Augen war er ein Verbrecher, weil er Zionist war). Ich werde nie vergessen, daß er mir einmal sagte: »Wie soll ich eine Entscheidung fällen, die meine Väter und meine Lehrer nicht getroffen haben?« Meine Antwort führte dazu, daß von diesem Zeitpunkt an unsere freundschaftliche Beziehung so gut wie nicht mehr existierte; ich erwiderte ihm nämlich: »Die ›Scheu vor selbständigen halachischen Entscheidungen‹ ist auch mir ein Begriff. Es gab große Toragelehrte, die ihr gesamtes Leben lang Tora gelernt und gelehrt hatten, aber nicht gewagt hatten, Halacha zu entscheiden. Wenn etwas im Schulchan-Aruch steht, dann steht es dort, aber wenn es dort nicht steht – dann haben sie nicht die Verantwortung für eine Entscheidung übernommen und den Ratsuchenden zum Richter geschickt, der, auch wenn er kein Genie im Verständnis der Tora ist, die Befugnis hat, Halacha zu entscheiden. Er hat die Autorität dazu erhalten, und kann entscheiden, ob das Fleisch koscher ist oder nicht, oder ob Shimon dem Reuben etwas erstatten muß oder nicht. Ich weiß, daß die ›Scheu vor der Entscheidung‹ groß sein kann, wer aber Entscheidungen scheut, wird eben nicht Oberrabbiner des jüdischen Volkes in Eretz Israel! Wer diese Aufgabe übernimmt, übernimmt auch die Verantwortung, und kann nicht sagen: ›Ich könnte mich vielleicht irren, und dann muß ich am Jüngsten Tag Rechenschaft ablegen für meine Entscheidung‹. Er muß bereit sein, die Verantwortung für halachische Entscheidungen zu übernehmen. Wer dazu nicht bereit ist – alle Achtung, der soll in seiner Stube bleiben und Tora studieren, aber nicht Oberrabbiner werden.« Ich habe ihm sogar ein Beispiel gegeben: Was soll man über einen General sagen, der zu einer militärischen Aktion ausziehen und einen Befehl geben muß, aber sagt, er könne diesen Befehl nicht geben, weil er damit ein Blutvergießen verursacht? Auch in diesem Fall kann ich sagen: Wenn dieser Mensch Pazifist ist, gebührt ihm alle Achtung, aber dann soll er nicht General werden! General wird jemand, der bereit ist, Verantwortung zu übernehmen. Er glaubt, daß es Dinge gibt, für die und um derentwillen man Blut vergießen darf. Damit will ich nicht gesagt haben, daß er ein Mörder ist. Im Gegenteil, ich stimme auch vom Gewissensstandpunkt aus zu, daß es Dinge gibt, für die Blutvergießen erlaubt ist, und dafür übernehme ich die Verantwortung. Wer dazu nicht bereit ist – kann kein General werden. Hier sehen Sie den Unterschied zwischen den Toralehrern von einst und heute.

In welchem Zusammenhang haben Sie mit Rabbi Herzog dieses Gespräch geführt?

Im Zusammenhang der Einberufungen zu den jüdischen Einheiten der britischen Armee im zweiten Weltkrieg. Von Anfang an waren dort weder Schabbat noch Kaschrut gewährleistet, so daß sich die Frage erhob, ob man Soldat werden könne oder nicht. Der Aufruf zur Einberufung war von Moshe Sharet (damals noch Schartok), dem

Vorsitzenden der staatlichen Sektion der »Jewish Agency«, und von Itzchak Ben-Zwi, dem Vorsitzenden des Nationalen Komitees, und den beiden Oberrabbinern unterzeichnet – Rabbi Herzog und Rabbi Ouziel. Aber als religiöse Männer zu Rabbi Herzog kamen und ihn fragten, ob sie auch zur Armee gehen sollten, obwohl Schabbat und Kaschrut nicht gewährleistet waren, sagte er ihnen, sie sollten nicht gehen! Ich eilte zu Herzog und fragte ihn – selbstverständlich in anderem Ton, aber dem Inhalt nach –, ob er den Aufruf unterschrieben habe? Er sagte mir, er habe geglaubt, es werde sich um Leute handeln, die weder den Schabbat beachten, noch es mit der Kaschrut besonders ernst nähmen. Ich sagte ihm, daß solche Leute auf eine rabbinische Entscheidung nicht angewiesen wären, und wir es sehr wohl mit einer Situation zu tun hätten, in der eine Entscheidung für Leute getroffen werden muß, die die Tora und die Mitzwot beachten. Die Frage der jüdischen Einheiten in der britischen Armee im Krieg gegen Hitler werde selbstverständlich in keinem Buch seit den Tagen des Moses bis in unsere Generation besprochen, deshalb müßte man schon selbst zu einer Entscheidung gelangen können. Auch Herzog verstand natürlich, daß man hier nicht in früheren halachischen Werken nachschlagen könne, so wie man bei uns sonst in der Halacha zu stöbern pflegt und irgend etwas auffindet – wie bei der Obduktion der Toten, wo man sich auf eine Entscheidung des Judentums im 18. Jahrhundert stützt, nur daß die damalige Entscheidung auf unsere Verhältnisse nicht mehr zutrifft, denn unsere Pathologie ist heute eine andere. Rabbi Herzog wußte, daß hier eine neue Situation vorlag, die es zuvor im Rahmen einer halachischen Entscheidung noch nicht gegeben hatte, und man hier wirklich nicht fragen konnte: Was sagt die Halacha?, sondern fragen mußte: Wie entscheide ich in Kenntnis der Halacha? Dazu sagte Herzog dann: Wie kann ich eine Entscheidung fällen, die meine Väter nicht getroffen haben?

Hier muß man wohl etwas zum Lobe von Rabbi Goren, dem ersten Oberrabbiner der Armee, sagen. Er hat es gewagt, Entscheidungen zu fällen!

Manchmal. Aber manchmal war seine Einstellung auch recht merkwürdig.

Deshalb muß die Antwort auf Ihre Behauptung, ich würde hier etwas Neues sagen, was in der Welt des halachischen Judentums und der rabbinischen Welt keine Vorläufer hat, folgende sein: sehr im Gegenteil! Diejenigen, die Ahnung hatten und die etwas von der Sache verstanden – auch wenn sie weit von jeglicher säkularer Aufklärung, philosophischem Denken und sicherlich von aller historischen Kritik entfernt waren –, hatten begriffen, daß die mündliche Tora ein menschliches Produkt ist!

Ihre Ansicht – die Sie ja auch in Ihrem Buch »Judentum, jüdisches Volk und der Staat Israel« *(hebr.)* dargestellt haben –, daß nämlich die hebräische Bibel, der Tanach, heilig ist, weil es die mündliche Tora in den Entscheidungen der Schriftlehrer so festgelegt hat, und nicht umgekehrt die schriftliche Tora die mündliche Tora legitimiert, ist bekannt. Welche Aufgabe hat der Tanach dann ihrer Meinung nach?

Der Tanach ist das heilige Buch des Judentums. – Die Halacha legt fest, daß die im Tanach enthaltenen Bücher die heiligen Schriften des Judentums sind. Vom nicht-halachischen Standpunkt aus handelt es sich bei dem Tanach um antike Literatur. Das historische Judentum hat die 24 heute im Tanach zu findenden Bücher dann als heilige Schriften definiert.

Wie ist das geschehen?

Das ist nicht an einem Tag geschehen. Es handelte sich hierbei um einen sehr langen Prozeß. Wir wissen auch, daß die Diskussionen über die Fixierung des biblischen Kanons noch bis nach der Zerstörung des Tempels andauerten. Bald nach dem Ende der Epoche des Lehrhauses in Javne, also bald nach 135 n.d.Z., kam diese Kanonbildung zum Abschluß.

Die 24 Bücher des Tanach sind also nicht an sich heilig oder haben die Qualität immanenter Heiligkeit?

Immanente Heiligkeit kann nur Gott für sich beanspruchen. Es gibt nichts in der Natur, der Geschichte oder der kosmischen Wirklichkeit, das immanente Heiligkeit besitzt.

Das heißt?

Der Begriff »heilig« kann nicht auf andere Begriffe reduziert werden. Wer kein religiös-gläubiges Bewußtsein hat, kann den Begriff »heilig« nicht verstehen. In der Knesset hat eine Fragestunde über den »furchtbaren Fall« stattgefunden, daß der Rabbiner Elieser Schach, der Vorsitzende der ultraorthodoxen Partei »Agudat Israel«, in seiner Zeitung geschrieben hat, die Armee Israels könne nicht heilig sein. Ist denn das möglich?! Kann der Staat Israel das ertragen?! Aber wir dürfen doch wohl wahrhaftig voraussetzen, daß eine religiöse Anschauung insgesamt sich darin ausdrücken muß, daß sie die Armee keineswegs als etwas Heiliges betrachtet. Darin muß sich der religiöse Mensch von manchem säkularen unterscheiden: Er sieht in der Armee ein notwendiges Instrument und Mittel, aber keine heilige Sache.

Demnach wäre die Tora also nicht das, was sie ist, wenn die Rabbinen den Status der Tora als heiliger Schrift nicht festgelegt hätten, d.h. die Tora ist nur deshalb heilig, weil die Menschen diese Bücher gesammelt und sie zur heiligen Tora erhoben haben!?

Ich weiß nicht. Vielleicht ging die Tora in der himmlischen Welt der Weltschöpfung wirklich voran, eine dem Midrasch durchaus bekannte Anschauung, nach der die Tora unabhängig und an sich existiert. In empirischer Hinsicht jedoch ist die Tora nur in dem Maße Tora, in dem sie vom jüdischen Volk als Tora akzeptiert wird.

Über den Satz des Jesaja (*Jes.43,12*) »Ihr seid meine Zeugen, spricht der Herr, und ich bin Gott« wagt der Midrasch zu sagen: »Wenn ihr meine Zeugen seid, bin ich Gott; wenn ihr nicht meine Zeugen seid, bin ich sozusagen – nicht Gott.«

Aber der »einfache« Mann hält die Tora doch für wahrhaft göttlich!

Ja, weil die Halacha es so festsetzt.

Der einfache Mann auf der Straße wird auch meinen, daß die mündliche Tora auf der schriftlichen basiert, selbst wenn Sie das Verhältnis im Prozeß der Kanonbildung umkehren.

Auch vom historischen Standpunkt ist klar, daß diese 24 Bücher, einschließlich der Tora, ihren Status als heilige Schriften durch die Bestimmung der Halacha erhielten.

Sie sagten, daß vom nicht-halachischen Aspekt aus der Tanach antike Literatur ist. Muß man diese

Bücher dann als klassische Literatur auffassen, so wie etwa die griechische Literatur von dem europäischen Denken als klassische Literatur begriffen wird, oder wie die Werke Shakespeares Klassiker der englischen Literatur darstellen?

Shakespeare hat doch keine den Engländern heiligen Schriften verfaßt.

Natürlich nicht. Aber nehmen wir dann zum Beispiel Homer und seine Werke. Besteht hier keine Parallele für einen Juden, der den Tanach nicht für das Wort Gottes hält?

Vom literarischen Wert stehen die Werke Homers vielleicht über den Schriften des Tanach. Auch die Werke des Sophokles, mancher englischer Schriftsteller, Goethes und Puschkins sind vielleicht literarisch wertvoller als der Tanach.

Kann man überhaupt die für Literatur im allgemeinen geltenden Kriterien an den Tanach anlegen?

Nein. Man kann vielleicht den Tanach aus literarhistorischer Perspektive betrachten, aber damit wird man dem Wesen des Tanach nicht gerecht.

Aber kommen nicht in einem bedeutenden Teil der jüdischen Schriftauslegung – zum Beispiel in den Auslegungen Ihrer Schwester Nechama, die eine Expertin auf dem Gebiet der Bibelexegese ist – literarische Kriterien für die Auslegung der Heiligen Schrift zur Anwendung?

Das ist ein völlig anderer Aspekt. Natürlich kann man sich damit beschäftigen, aber dadurch berührt man noch nicht das Wesen des Tanach. Was Nechama macht, ist sehr wichtig und wertvoll, aber für das Wesen des Tanach, das Nechama sehr tief begreift, absolut irrelevant.

Sie möchte doch aber zeigen, daß der Tanach auch vom literarischen Aspekt im Vergleich mit der Weltliteratur auf sehr hohem Niveau steht.

Da bin ich mir nicht sicher. Der Tanach ist keine Literatur, und ich weiß, daß Nechama meine Einstellung durchaus teilt. Man kann den Tanach als Literatur behandeln, dann bedeutet das aber, daß man sich nicht mit dem Tanach als solchem beschäftigt, sondern mit einem literarischen Text.

Diesen Ansatz gibt es aber auch im Rahmen der traditionellen Schriftauslegung.
Die traditionelle Schriftauslegung unterzieht den Tanach keiner literarischen Analyse. Aber gerade das macht Nechama in einer ausgezeichneten Weise. Darüber hinaus betreibt sie die Analyse der traditionellen Auslegungen; nicht aus einem literarischen Blickwinkel, sondern in dem Bemühen, den Tanach so zu verstehen, wie ihn unsere traditionelle Schriftauslegung verstanden hat, die den Tanach niemals als einen literarischen Text angesehen hat, sondern als Heilige Schrift. Nechama arbeitet auf beiden Ebenen und erzielt hervorragende Ergebnisse, das hat aber nichts mit Ihrer Frage nach der Einstellung eines Menschen zum Tanach zu tun, der den Tanach nicht als heilige Schrift anerkennt, sondern allein als ein literarisches Produkt – hier irrt sich dieser Mensch.

Wir müssen jedoch an dieser Stelle ergänzend hinzufügen, daß mein Judentum und Ihr Judentum und selbst das Judentum der Säkularen, deren Bewußtsein für ihr Judentum noch nicht gänzlich verloren gegangen ist (es gibt sie noch zu Hunderttausenden), nicht aus dem Judentum des Tanach entspringt, sondern aus dem Judentum der mündlichen Tora, das das auf uns gekommene Judentum darstellt. Und das ist auch das Judentum, das die Säkularen kennen, die »das Judentum« hassen, während der Tanach überhaupt nicht zu der Realität gehört, in der sie sich befinden. Für den Religiösen ist der Tanach die Quelle für halachische und haggadische Midraschim, für den Säkularen eine Sammlung von Aberglauben, Gebeten, eine Angelegenheit der Archäologie und ein Instrument, das man für nationale Interessen, die mit Erctz Israel verbunden sind, einsetzen kann. Vom Gesichtspunkt der Geschichte der Ausbildung des Judentums in der Gestalt, in der es zu uns gelangt ist, waren Sura und Pumpedita, die Städte der großen Lehrhäuser in Babylon, vielleicht bedeutungsvoller als Jerusalem; nicht für das Judentum als abstrakten Begriff, sondern für das reale Judentum, das ein Programm zur Lebensgestaltung der Glaubenden ist; und das ist das Judentum, das die Religionsgegner zurückweisen.

Dann kann man dem Tanach gegenüber also nur eine religiöse Haltung einnehmen?

Selbstverständlich, so wie man auch dem Judentum gegenüber nur eine Haltung beziehen kann, die ihm angemessen ist. Der Tanach stellt die Forderung auf, Gott zu verehren und ihm zu dienen. Darüber hinaus hat er keinen Sinn.
In den religiösen und auch in den nicht-religiösen Schulen in Israel wird der Tanach aber als das grundlegende Buch unseres Denk- und Wertesystems unterrichtet.

Die meisten Schüler der allgemeinen israelischen Schulen betrachten den Tanach als eine Belästigung und als ein scheinbar überflüssiges Unterrichtsfach. Und das ist auch verständlich. Der Tanach steht in keiner Beziehung zu der Welt der Schüler, und insofern sie seinen Inhalt verstehen, widerspricht er ihrer Welt vollkommen. Kein einziger Abschnitt – nicht der erzählende Teil, nicht der gesetzliche Teil und auch nicht der poetische Teil – kann einem säkularen Menschen, der nicht zur Gottesverehrung bereit ist, etwas sagen.

Welches Buch im Tanach lieben Sie ganz besonders?

Meine Beziehung zum Tanach ist keine Liebesbeziehung.

Ich meine, welches Buch steht Ihnen besonders nahe?

Das Buch »Genesis« im Pentateuch ist mir näher als die Esther-Rolle.

Kann man sagen, daß das Buch Hiob für Sie wichtiger ist als andere Bücher?

Vielleicht in dem Sinne, daß es einer weitaus schärferen Analyse seiner Ideen bedarf. Aber im Grunde sagt das Hiob-Buch nichts anderes aus als die Geschichte von der Opferung Isaaks in Genesis 22.

Das heißt?

Es verlangt die Gottesverehrung an sich und um ihrer selbst willen. Hiob gelangt zu dieser Erkenntnis am Schluß der Geschichte, nach der Offenbarung Gottes, wenn er sagt: »Ich hatte von dir nur vom Hörensagen vernommen« *(Hiob 42,5a)* – bis zu diesem Zeitpunkt hat Hiob Gott nur aus Erzählungen gekannt; »aber nun hat mein Auge dich gesehen« *(Hiob 42,5b)* – was hat er gesehen? Daß Gott Gott ist.

Viele Menschen meinen, der Tanach sei der »Personalausweis«, die »Identitätskarte« des jüdischen Volkes und habe es eigentlich geformt. Was meinen Sie dazu?
Das jüdische Volk hat auch vor der Gabe der Tora existiert; deshalb kann man nicht sagen, die Tora habe das Volk geschaffen.
Und später, als der Tanach bereits das heilige Buch war?
Auch dann nicht. Das Bild des jüdischen Volkes wurde von der Tora und den Mitzwot geprägt, so wie die mündliche Tora sie formuliert. Ich formuliere dabei keine Ideologie, keine Theologie und keinen Glaubenssatz, sondern stelle eine historisch-empirische Tatsache fest.
Und wie muß der Tanach innerhalb dieses historisch-empirischen Rahmens begriffen werden?
Der Tanach ist eine Institution des Judentums. Ebenso kann man auch fragen, ob der Schabbat das Bild des jüdischen Volkes oder ob das jüdische Volk das Bild des Schabbat geprägt hat.
Das hängt davon ab, ob man den Satz, den Achad Haam gesagt hat, für richtig hält: »Mehr, als daß Israel den Schabbat bewahrt hatte, hatte der Schabbat Israel bewahrt.«
Mit diesen Dummheiten Achad Haams füttert man die Kinder in unseren Schulen. Das jüdische Volk hat den Schabbat bis zum Martyrium gehalten, aber der Schabbat hat nicht das jüdische Volk bewahrt! Es gibt keine größere Fälschung von 2500 Jahren jüdischer Geschichte als zu sagen, der Schabbat hätte das jüdische Volk bewahrt und gerettet. Auf jeden Fall hat das jüdische Volk bis ins 19. Jahrhundert hinein den Schabbat unter Einsatz seines Lebens gehalten.
Was halten Sie von den Versuchen, dem Tanach Argumente zu aktuellen Problemen zu entnehmen, wie zum Beispiel in bezug auf die Landgabe an die Väter oder die Grenzen eines »Groß-Israel«?
Das ist ein übler Mißbrauch. Der Tanach gibt keinerlei Basis für die Gründung des heutigen Staates Israel ab! Der Staat Israel existiert, weil wir Juden die Existenz dieses Staa-

tes wollen, weil wir die nationale und politische Unabhängigkeit des jüdischen Volkes in seinem Land wollen. Die Gründung des Staates und seine Existenz lassen sich nicht aus dem Tanach ableiten.

Und wie sieht es mit dem Begriff »Heiliges Land« aus?

Dieser Begriff bezieht sich auf die Mitzwot. Der Staat Israel ist nicht der Staat des Judentums, sondern der Staat des gegenwärtigen jüdischen Volkes. Das jüdische Volk im Jahre 1990 ist aber auch nicht das Volk des Judentums!

Dann kommt der Behauptung, dieses Land sei dank des Tanach unser Land, keine Bedeutung zu?

Ich verstehe die Phrase, wir hätten aufgrund des Tanach ein Anrecht auf irgend etwas, eigentlich nicht. Die Verbindung zwischen einem Volk und irgendeinem Land, und das trifft gleichermaßen auf das jüdische Volk und Eretz Israel, das chinesische Volk und China und das kambodschanische Volk und Kambodscha zu, ist eine Verbindung, die auf dem im Volk herrschenden Bewußtsein basiert. Ein Volk lebt in dem Bewußtsein, daß ein bestimmtes Land sein Land ist. »Recht« ist ein juristischer Begriff, aber die Beziehung zwischen einem Volk und seinem Land ist keine juristische Beziehung.

Diese Verbindung ist in der Regel durch die Tatsachen gegeben. Engländer leben in England, Chinesen leben in China!

Nein. Wenn von einer derartigen Verbindung die Rede wäre, dann hätte das jüdische Volk die meiste Zeit seiner Geschichte in keiner Verbindung zu Eretz Israel gestanden!

So war es wohl, aber dennoch behaupten wir, ein Recht auf das Land zu haben.

Ich lehne die Behauptung ab, daß die Beziehung zwischen einem Volk und seinem Land eine objektiv gegebene ist. Es handelt sich um eine Bewußtseinstatsache, die viel tiefer ist als ein Rechtsanspruch. Für Bewußtseinsinhalte sind die Menschen bereit, zu töten und zu sterben. Für irgendein juristisches Recht geben sich Menschen nur selten dazu hin.

Was sagen Sie zu Menschen, die meinen, der Tanach sei unsere »Besitzbescheinigung« für das Land?

Ich kann die Menschen nur bedauern, die glauben, ihre Verbindung zu Eretz Israel entspreche ihrem Anspruch auf den Besitz einer Privatwohnung aufgrund eines juristischen Vertrages mit dem Hausbesitzer. Unsere Verbindung zu Eretz Israel ruht in unserem Bewußtsein, daß dieses Land unser Land ist. Das kann durch keine juristische Urkunde besiegelt werden. Ein juristisches Dokument bezeugt, daß ich ein Recht auf eine bestimmte Wohnung habe. Hier geht es jedoch nicht um einen Ankauf von Immobilien.

Woher aber kommt unser Bewußtsein, daß dieses Land unser Land ist?

Ich werde etwas provokativ zurückfragen: Warum sind Sie ein redlicher Mensch? Sie könnten doch genausogut auch ein Gauner sein. Es gibt etliche Situationen im Leben eines jeden Menschen, in denen dem Betroffenen klar wird, daß er durch eine Lüge vieles erreichen kann, was er auf redlichem Wege nicht erreichen könnte. Das gilt für materielle Dinge, für den politischen Bereich und ebenso für sexuelle Beziehungen. Aber in derartigen Fällen gibt es immer Menschen, die die Situation nicht durch eine Lüge ausnutzen. Ob sie nun in der Mehrheit oder in der Minderheit sind, ist hier nicht wichtig. Frage ich einen solchen Menschen, warum er sich redlich verhält, so kann seine Antwort nur lauten: Ich will ein redlicher Mensch sein. So sieht das aus!

Das trifft auch auf unser Bewußtsein in bezug auf Eretz Israel zu?

Das gilt immer, wenn man sich für einen Wert entscheidet. Wenn jemand sich dazu entscheidet, das göttliche Joch und das Joch der Tora und der Mitzwot zu übernehmen, so kann man ihn fragen, warum er das tue; denn er sieht doch, daß es auch möglich ist, das Joch abzuwerfen. Dann läßt es sich vielleicht auch viel leichter leben – er selbst bezeichnet die religiöse Lebensweise doch als »Joch«; das Joch von Tora und Mitzwot zu übernehmen, vergrößert weder Einkommen, noch stärkt es Gesundheit und verlängert auch nicht das Leben. Und dennoch wird ein Mensch, der sich für die Übernahme des göttlichen Joches entscheidet, die Antwort geben: Ich will das Joch der Tora und der Gebote auf mich nehmen. Dies gilt auch für unser Bewußtsein in bezug auf Eretz Israel.

Auch die Phrase »um der Verdienste der Vorväter willen (haben wir ein Recht auf das Land)« wird in diesem Zusammenhang gerne gebraucht. Was ist davon zu halten?

Die überwiegende Mehrheit der Juden heute hält die biblischen Urvätergeschichten für Legenden. Sie können sich nicht vorstellen, daß es sich dabei um historische Tatsachen handelt. Sie können sich vielleicht auch nicht vorstellen, daß Abraham eine historische Person war. Selbst denjenigen, die den im Buche Genesis im 15.Kapitel beschriebenen Bundesschluß zwischen Gott und Abraham, der die Landverheißung einschließt, für eine historische Tatsache halten, kann ich sagen: Im Talmudtraktat »Schabbat« wird die Frage diskutiert, wann der Anspruch aufgrund des »Verdienstes der Vorväter« ein Ende gefunden hat. Vier Tannaim und Amoraim vertreten die Meinung, selbstverständlich sei die Landgabe »um der Verdienste der Vorväter willen« bereits eingelöst und damit erloschen. Dann wird also auch derjenige, der meint, es handele sich hier um eine historische Tatsache – und nicht um eine historisierende Legende –, verstehen, daß der Bund bereits verwirklicht worden ist.

Das bedeutet?

Daß wir das Land erobert und es auch wieder verloren haben.

Und heute?

Heute wollen wir unsere politische, nationale Unabhängigkeit in diesem Land erneuern. Mit diesen Worten wiederhole ich hier noch einmal meine Definition des Zionismus. Es geht nicht um ein »Recht und Verdienst der Vorväter«. Weil Abraham ausgezogen ist, um seinen Sohn zu opfern, sollen wir ein Anrecht auf dieses Land haben?!

Wie denken Sie über die Idee der »Erwählung Israels«?

Das ist eindeutig. Israel ist das Volk, dem die Pflicht zur Erfüllung der Tora auferlegt wurde!

Das muß doch im Zusammenhang mit Segen und Landgabe gesehen werden, die dem Volk zugesprochen werden, wenn es die Tora erfüllt, und Fluch und Vertreibung aus dem Land, die für den Fall angekündigt werden, daß das Volk die Tora nicht erfüllt.

Nun, historisch verhielt sich das ja nicht so.
Aber das besagt noch gar nichts!
Das besagt sehr viel!
Auch die meisten Worte der Propheten sind nicht eingetreten!
Das gerade ist die Wahrheit! Die herrlichsten Prophezeiungen für ein zukünftiges Schicksal sind den zehn Stämmen Israels gegeben worden – und zwar sowohl von Jeremia, von Ezechiel und von Hosea. Und diese Stämme sind dann spurlos vom Erdboden verschwunden. Die Propheten gaben keine Orakelsprüche wie die Pythia in Delphi, die Zukünftiges voraussagte. Ein derartiges Zukunftsorakel ist nicht von religiöser Bedeutung! Auch das rabbinische Judentum verstand, daß die Propheten nur aussprachen, was sich ereignen sollte, und daß keinerlei Gewißheit bestand, daß es sich auch so abspielen wird. Alles, was die Schrift über die Zukunft sagt, hat hypothetischen Charakter. Eine Zukunftsvorhersage an sich hat keine religiöse Bedeutung!
Darf man dem Tanach humanistische Werte entnehmen?
Nein. Dazu besteht keine Möglichkeit, denn Humanismus ist Atheismus, d.h. der Humanismus betrachtet den Menschen – das Individuum – als den höchsten Wert.
Aber auch nach jüdischer Auffassung ist der Mensch »die Krone der Schöpfung«!
Wieso ist das die »jüdische Auffassung«?
Es heißt in den Psalmen »Du hast ihn (den Menschen) wenig geringer gemacht als Gott« *(Ps.8,6)!*
Wenn Sie diesen Vers zitieren, kann ich Verse zitieren, die genau das Gegenteil ausdrücken. Es gibt eben nicht »die Weltanschauung des Judentums«. Im Judentum existieren sehr viele verschiedene Anschauungen. Das, was alle diese widersprüchlichen und gegensätzlichen Auffassungen des Judentums zusammenhielt und legitimierte, war die Annahme des Joches der Tora und der Mitzwot.
Aber man kann doch trotzdem humanistische Werte aus dem Tanach ableiten. Die zweite Tafel der zehn Gebote stellt gewissermaßen die Basis des westlichen Humanismus dar!

Hier wird aber nichts über Grad und Stellung des Menschen ausgesagt, sondern nur von den ihm auferlegten Pflichten gesprochen.

Wer sagt denn, daß der Humanismus den Menschen von seinen Pflichten befreit?

Der Humanismus stellt eine bestimmte Weltanschauung dar, in deren Zentrum der Mensch als höchster Wert steht. Das hat Protagoras vor 2500 Jahren schon so gesehen, wenn er sagt: »Der Mensch ist das Maß aller Dinge, der seienden, daß sie sind, der nichtseienden, daß sie nicht sind.« Im Tanach ist der Mensch gewiß nicht das Maß aller Dinge – das Metrum, nach dem festgelegt wird, was ist und was nicht ist, was Wahrheit ist, und was nicht.

Aber für einen vernunftbegabten Menschen gibt es doch viele Dinge im Tanach, mit denen er sich identifizieren kann und die für ihn ein echter Teil seiner Tradition sind.

Sicherlich. Das ist richtig, wenn er sein Leben auf der Linie dieser Tradition führt, aber das Leben der meisten Juden, in Israel und auch in anderen Ländern – und ich spreche hier von Menschen, die sich darüber bewußt sind, daß sie Juden sind –, ist keine Fortsetzung der historischen Tradition und des Vermächtnisses des jüdischen Volkes.

Daher muß man sich fragen, was der Inhalt ihres Judentums eigentlich ist. Aber darauf gibt es im Augenblick keine Antwort.

Was halten sie von der Ethik der Propheten?

Ich wußte nicht, daß es etwas gibt, was man als Ethik der Propheten bezeichnen kann.

In den Psalmen findet eigentlich wirklich ein Gespräch zwischen dem Menschen und seinem Schöpfer statt, im ganz umfassenden Verständnis, wenn ich mich nicht täusche. Das entspricht nicht ganz ihrer Auffassung vom Gebet.

Die Psalmen sind keine Gebete. Gebete sind die Pflicht des Schacharit, Mincha und Maariv, des vorgeschriebenen Morgen-, Mittag- und Abendgebetes.

Was tut dann ein Mensch, der vor seinem Schöpfer sein Herz ausschüttet, wie es doch in den Psalmen geschieht?

Das ist kein religiöses Phänomen. Es ist eine sehr verständliche psychologische Erscheinung, daß der Mensch manchmal die Notwendigkeit empfindet, sein Herz vor Gott auszuschütten. Das ist auch durchaus legitim. Wer den Drang zu einem »Gebet für den Elenden, wenn er verzagt ist und seine Klage vor dem Herrn ausschüttet« *(Ps.102,1)*, spürt, kann das verstehen. Aber nicht jeder Mensch fühlt so.

Befinden Sie sich manchmal in einer solchen Situation, daß Sie Gott Ihr Herz ausschütten möchten?

Natürlich nicht! Ich gehe in die Synagoge, um das Gebetsgebot zu erfüllen und nicht um emotionalen Sport zu betreiben!

Wie muß sich ein religiöser Jude vom Standpunkt einer literarischen Analyse zum Tanach verhalten?

Eine Menge verschiedener Anschauungen vertragen sich mit dem eigentlich einheitlichen Glauben. Es ist möglich, daß jemand glaubt, der gesamte Tanach sei die Zusammenstellung der Namen Gottes und kein Text, der uns etwas erzählen möchte.

Wenn der gleiche Mensch das »Joch der Tora und der Mitzwot« akzeptiert hat, so mag er diese Anschauung haben. Wenn jemand glaubt, Israel, die Tora und Gott seien eine Einheit (in meinen Augen eine mythologische Idee, ja vielleicht sogar eine Projektion der christlichen Trinitätslehre: Gott – der Vater, Israel – der Sohn, die Tora – der Heilige Geist), so ist auch er als Jude legitimiert, solange er das »Joch der Tora und der Mitzwot« akzeptiert.

Maimonides stellte den Grundsatz, daß das prophetische Amt des Mose über die Stufe des Prophetentums der anderen Propheten hinausreiche, als einen seiner Glaubensgrundsätze auf. Nehmen wir nun einmal an, ein toragläubiger Jude, der die Mitzwot achtet, denkt, der Prophet Jesaja stünde auf der gleichen Ebene wie Moses: Erschüttert das den Glauben? Leugnet er damit einen Grundsatz der Religion? Man muß aber verstehen, daß Maimonides diesen Grundsatz aufgestellt hat, um das Prophetentum Mohammeds zu bestreiten, der auch den monotheistischen Glauben, ähnlich wie in der Moses-Tora, gefordert, die Tora selbst aber abgelehnt hat. Maimonides erhob ebenfalls zum

Glaubensgrundsatz, daß »diese Tora nicht vertauscht werden wird«, und dies, obwohl die haggadischen Midraschim mit den Diskussionen über die Frage, ob in der messianischen Zukunft die Mitzwot aufgehoben werden oder nicht, randvoll sind. Meinungen in beide Richtungen werden vertreten. Maimonides aber mußte fürchten, daß, wenn er die Möglichkeit zulasse, die Tora könne jemals ersetzt werden – jemand annehmen könnte, sie sei schon durch den Koran ersetzt worden, in dem es auch keinen Götzendienst gibt. Deshalb schrieb er, »Moses ist Herr über alle Propheten«; was man als »Mohammed ist ein falscher Prophet« lesen muß. Und wenn er schreibt »diese Tora wird nicht vertauscht werden«, so muß man lesen »der Koran ist eine falsche Tora.«

Mit dem Christentum mußte Maimonides sich nicht auseinandersetzen, weil es in seinen Augen Heidentum ist. Aber einige Abschnitte in den Prophetie-Kapiteln des »Führers der Verwirrten« versuchen zu beweisen, daß Mohammed ein falscher Prophet war, obwohl sein Name nirgends erwähnt wird. Gerade weil Maimonides in klarer und eindeutiger Weise den Islam als einen rein monotheistischen Glauben anerkannte, mußte er sich bemühen zu zeigen, daß Mohammed kein wahrer Prophet war und die Moses-Tora einmalig und unaustauschbar ist. Hier liegt der Streitpunkt zwischen Shlomo Pines *(Philosophie- und Religionsforscher des Judentums, des Urchristentums und des Islam)* und mir. Seiner Meinung nach hätte Maimonides als Philosoph den Islam akzeptieren können; in meinen Augen war Maimonides jedoch kein Religionsphilosoph, sondern ein Jude der Tora und der Mitzwot, und deshalb konnte er den Islam nicht akzeptieren, trotz seiner Nähe zu bestimmten islamischen Philosophen.

Ist der Glaubende den 13 Glaubensgrundsätzen des Maimonides verpflichtet?

Ich kann Ihnen Maimonides selbst an drei Stellen seines Mischna-Kommentars zitieren, wo er auf Fragen theoretischer bzw. theologischer Natur eingeht, die im Talmud umstritten sind. Es handelt sich um die Deutung von Dingen, die jenseits unseres Wissens liegen: 1. das Gewicht der Erfüllung einiger Gebote gegenüber der Verletzung anderer; 2. die Bedeutung gewisser Elemente des Jom-Kippur-Rituals für die Vergebung bestimmter Sünden; 3. Bezugnahme auf das Jenseits. In allen drei Fällen sagt Maimonides in bezug auf Streitfragen unter den Gesetzeslehrern, die lediglich verschiedene Meinungen über den Sinn von Glaubenssätzen äußern, aber nicht die religiöse Praxis betreffen, daß wir nicht befugt sind, festzulegen, welche Auffassung die allein-korrekte ist, da die Entscheidung darüber bei Gott allein steht.

Diese Regel kann auch auf die Glaubensgrundsätze des Maimonides selbst angewendet werden. Daher gibt es bedeutende jüdische Glaubenslehrer, die mit Maimonides in eine Auseinandersetzung eintreten; Kreskas akzeptiert sechs Glaubensgrundsätze, Albo drei und Abrabanel nimmt 613 Grundsätze an, jede Mitzwa ist für ihn ein Grundsatz des Glaubens. Das gehört zu den Dingen, von denen Maimonides sagt, sie seien lediglich »Meinungen«, über die entschieden werden kann.

Warum formulierte er diese Ansichten als Glaubensgrundsätze?

Ich habe bereits erklärt, daß der Grundsatz »Diese Tora wird nicht vertauscht werden, und es wird keine andere Tora vom Schöpfer ausgehen« erforderlich war, um zu zeigen, daß der Koran keine wahre Tora ist; der Grundsatz »Die Prophetie unseres Lehrers Mose ist wahr und er war der Vater der Propheten vor und nach ihm« dient zur Verneinung des Prophetentums von Mohammed; der Satz »Die ganze Tora, die sich jetzt in unseren Händen befindet, ist unserem Lehrer Moses gegeben worden« ist formuliert worden, weil die Moslems die Juden beschuldigten, die Tora gefälscht zu haben. Dagegen kennt Maimonides Grundsätze, die die religiöse Praxis betreffen und an denen nicht gerüttelt werden darf.

Wie verhält es sich mit dem ersten Glaubensgrundsatz über die Schöpfung der Welt?

Schauen Sie in die Quelle, nicht in das Gebetbuch. Der Text im Gebetbuch ist nur eine Paraphrase des eigentlichen Wortlautes. Im Gebetbuch heißt der erste Grundsatz »Ich glaube mit vollkommenem Glauben, daß der Schöpfer, gelobt sei sein Name...«, aber bei Maimonides steht das Wort

»Schöpfer« nicht – und es taucht auch nicht in den »Halachot der Toragrundsätze« auf.

Vom philosophischen Standpunkt aus wäre Maimonides auch mit der Annahme einer Vorwelt vor der Schöpfung zurechtgekommen.

Sicherlich. Der große Glaubensgrundsatz ist, daß die Welt nur ist, weil Gott ist, mit anderen Worten: Die Wirklichkeit der Welt hängt daran, daß Gott ist, »der allein das wahre Sein ist«. Das bedeutet jedoch nicht unbedingt, daß die Welt nur von dem bestimmten Augenblick an, an dem sie geschaffen wurde, existiert.

Die meisten Glaubenden sind nicht in der Lage, an Gott von dem Aspekt seiner Gottheit her zu glauben, sondern sehen ihn nur in der Funktion, die er erfüllt; als den Schöpfer der Welt an einem bestimmten Zeitpunkt. Selbst die in aller Redlichkeit Glaubenden können nicht die Glaubensprobleme verstehen, die gerade mit dem Glauben an einen zeitlich definierten Weltanfang verbunden sind, nicht aufgrund der Schlußfolgerungen aus der wissenschaftlichen Forschung, sondern gerade vom theologischen Aspekt aus: Was verändert sich in einem bestimmten Augenblick in der Gottheit?

Vielleicht ist aus der Tiefe des Glaubens heraus gerade der Begriff einer »Weltewigkeit« angemessener, aber das entspricht nicht der Glaubensnotwendigkeit der meisten Glaubenden.

Muß der Mensch Rechenschaft über seine Taten ablegen?

Sicherlich. Er muß darüber Rechenschaft ablegen, ob er gut oder schlecht gehandelt hat. Im haggadischen Midrasch gibt es die natürlich sehr populäre Auffassung, daß es einen jährlichen Gerichtstermin gibt, an dem der Schuldige zur Urteilsverkündung zu erscheinen hätte. In der Mischna zu »Rosh-Ha-Shana« wird gesagt, daß alle Menschen am Neujahrsfest abgeurteilt werden und das Urteil am Jom-Kippur besiegelt wird. Aber im gleichen Textzusammenhang findet sich auch die Ansicht, daß der Mensch jeden Tag, ja, zu jeder Stunde abgeurteilt wird. Der Mensch steht immer vor Gericht. Ist der Mensch gut oder schlecht, das ist die Frage und die Bedeutung des immerwährenden Gerichtes. Die Meinung, man werde zu einem bestimmten Termin vor das göttliche Gericht bestellt, ist jedoch populär und weitverbreitet.

Und das Problem von göttlichem Lohn und göttlicher Strafe?

Der Schlechte sollte bestraft werden, aber wir wissen, daß sich das keineswegs so verhält. Es gibt keinen so bekannten Spruch wie »Dem Guten ergeht es schlecht, dem Bösen aber geht es gut« – gerade bei Juden, die sich nicht weiter um ein wirkliches Verständnis der Glaubensideen kümmern.

Diese Leute werden Ihnen erklären, daß sie auf einen Lohn im Jenseits hoffen.

Für das Jenseits finden wir keinen Hinweis in der Schrift! Man sollte auch nicht vergessen, daß es weder in dem Gebetbuch des Neujahrsfestes noch im Gebetbuch des Jom-Kippur einen Hinweis auf ein Jenseits gibt, so wie auch von einer Unsterblichkeit der Seele nirgendwo die Rede ist! An jedem Jom-Kippur geht es um den Menschen während der siebzig Lebensjahre, die ihm gewährt sind. Das religiöse Problem besteht darin, was der Mensch in diesen siebzig Jahren tut. Wir finden keinen Hinweis dafür, daß danach noch etwas kommt.

Und die Totenauferweckung – der letzte Glaubensgrundsatz?

Schauen Sie in die Quelle, den Mischna-Kommentar des Maimonides: »Die Auferweckung der Toten – dies habe ich schon erläutert« heißt es da – und man muß sehr intensiv nach einer Erklärung des Maimonides suchen. Kurz vor dieser Stelle kann man dann tatsächlich lesen: »Die Lehrer haben gesagt, die Übeltäter werden zu ihren Lebzeiten Tote genannt, die Gerechten aber werden Lebende genannt, wenn sie gestorben sind.« Das ist die Totenauferweckung! Maimonides wollte das nicht ausdrücklich sagen und begnügt sich daher mit den Worten »dies habe ich schon erläutert« und weiter nichts. Nur diese wenigen Worte. »Die Gerechten werden Lebende genannt, wenn sie gestorben sind«: Der Gerechte – das heißt, wer zu einer wirklichen Gotteserkenntnis gelangt ist – stirbt auch in seinem biologischen Tod nicht, denn die vernunftmäßige Gotteserkenntnis – und nur sie allein – ist ewig. Daher kann Maimonides auch gewissermaßen nebenbei sagen, daß die »Auferweckung der Toten nur für die Gerechten« geschieht.

Wozu brauchen die Gerechten dann eine Totenauferweckung?

Sie sterben nicht. Es ist eine Tatsache, daß der Gerechte auch nach seinem Tode »lebt«. Wenn Gott die Toten mit ihren Körpern auferweckte, dann würde er auch die Übeltäter auferwecken.

Die Glaubensartikel des Maimonides sprechen auch über den Glauben an das Kommen des Messias.

Natürlich, auch ich glaube daran, daß der Messias kommen wird.

Und was ist Ihrer Meinung nach die Aufgabe des Messias?

Das weiß ich doch nicht, und ich habe auch keine Möglichkeit, darüber etwas in Erfahrung zu bringen. Die Gegenwart ist problematisch genug, die Zukunft ist überhaupt kein Problem. Und was den Messias betrifft – der bedeutende Inhalt der messianischen Idee liegt darin, daß das Kommen des Messias auf ewig ein zukünftiges Kommen sein wird. Jeder Messias, der kommt, ist ein falscher Messias.

Gebet

Das jüdische Volk hofft, daß »der Tempel in unseren Tagen errichtet werden möge« – schließen Sie sich dieser Hoffnung an?

Vom religiösen Standpunkt interessiert mich der Tempelbau absolut nicht, vom historischen Aspekt weiß ich dazu nichts zu sagen.

Aber zu der Zeit, als das jüdische Volk in Eigenstaatlichkeit in seinem Land lebte, stand der Tempel im Zentrum des Judentums.

Daran besteht allerdings kein Zweifel. Und das große Wunder in der Geschichte des jüdischen Volkes ist, daß das Judentum durch die Zerstörung des Tempels nicht getroffen wurde! Das ist ein ganz erstaunliches Phänomen. Ich habe darüber oft nachgedacht, habe, glaube ich, auch darüber geschrieben, daß, wenn jemand am 10. Av des Jahres 70, einen Tag nach der Zerstörung des Tempels, gefragt hätte, ob das Judentum weiterbestehen werde – das Judentum, das sich in der Gottesverehrung im Tempel verkörperte –, man die Frage einer eingehenden Erörterung hätte unterziehen müssen: Es gibt Dinge im Judentum, die auch ohne Tempel weiterbestehen können, wie die Einhaltung des Schabbat, aber ob das auch auf die Elemente des Judentums zutrifft, deren Grundlagen seit gestern *(9. Av)* von der Welt verschwunden sind, zum Beispiel den Gottesdienst am Versöhnungstag *(Jom-Kippur)*, der in den Aufgabenbereich des

149

Hohenpriesters gehört, ist fraglich. Der gesamte Vollzug des Versöhnungstages scheint am Tempel zu hängen.

Aber schon hier sehen wir, daß der Tempel niemals wesentlich war. Daß der Jom-Kippur uns bis heute erhalten geblieben ist, ist dafür der beste Beweis. Jom-Kippur ist der Tag schlechthin geblieben. Von den acht Abschnitten im Talmudtraktat Joma *(der Tag = der Versöhnungstag)*, der die Fragen des Jom-Kippur-Rituals behandelt, beschäftigen sich sieben nur mit den Funktionen des Hohenpriesters im Tempel, an denen kein anderer Jude partizipierte und an denen auch niemand anderes partizipieren durfte. So bleibt nach der Tempelzerstörung nur der achte Abschnitt – in dem von Übertretungen die Rede ist, für die der Versöhnungstag Sühne schafft, und von Übertretungen, die er nicht sühnt – aktuell. Sieben Achtel sind also nicht mehr in Kraft, nur ein Achtel ist geblieben, und trotzdem ist uns der Jom-Kippur bis auf den heutigen Tag erhalten geblieben!

Daraus muß man doch schließen, daß alles in den sieben Abschnitten über den Hohenpriester Gesagte, die Opfer, das Hohepriesteramt, der Tempel und das Allerheiligste – alles nicht wesentlich war.

Vielleicht nicht wesentlich, aber doch zentral. Wie können Sie sagen, es interessiert Sie nicht?

Der Glaube berührt mich tief in der Seele, aber der Tempel berührt mich überhaupt nicht.

Wie stehen Sie dann zusammenfassend zu der Frage eines Wiederaufbaus des Tempels?

Das interessiert mich wirklich nicht. Es hat absolut keine Verbindung zu den Realitäten der jüdischen Religion heute.

Und doch gibt es heute junge Männer, die sich mit den Maßen der hohenpriesterlichen Gewänder beschäftigen!

Das ist eine Dekadenz der jüdischen Religion.

Warum? Selbst Ihrer Meinung nach spielte der Tempel in der Vergangenheit eine zentrale Rolle in der jüdischen Religion. Diese Leute wollen die Zentralität des Tempels eben wiederherstellen.

Der Tempel war nicht zentral für den jüdischen Menschen, denn es heißt doch: »Der Fremde (der Nicht-Cohen), der sich ihm annähert, muß sterben.«

Das Volk sammelte sich um den Tempel.
Wir alle stehen um den Tempel. Aber alle jene mir bekannten Müßiggänger, die sich damit beschäftigen, wie die Gewänder des Hohenpriesters genäht sein müssen, anstatt sich der Frage zu widmen, welchen Stand die Frau in unserer heutigen Gesellschaft hat, halte ich für das Zeichen eines dekadenten Judentums.
Kann man nicht nach dem Grundsatz »Tue das eine und lasse das andere nicht!« verfahren?
Nein. Das eine ist eine lebensnotwendige Angelegenheit, an der die Zukunft des Judentums hängt, während das andere Problem für die Existenz des Judentums völlig ohne Bedeutung ist. Abgesehen davon ist die Sache auch nicht realistisch, denn das jüdische Volk heute ist kein Volk der Tora, so daß selbst die faktischen Möglichkeiten des Tempelaufbaus nicht gegeben sind. Stellen Sie sich nur vor, der Staat Israel würde den Tempel wieder aufbauen! Das hieße doch, daß eine Gruppe von Gottesleugnern, Schabbatentweihern, Übertretern der Sexualgesetze und Schweinefleischessern den Tempel errichten würde.
Habe ich nicht von Ihnen den Ausdruck gehört, der Tempel wäre heute – »ein großes Schlachthaus«?
So etwas habe ich niemals gesagt, auch etwas Ähnliches nicht. Warum sind die Opfer des Tempels weniger vernünftig als die Gebete? Das Gebet ist eine völlig irrationale Angelegenheit. Ich weiß, daß ich Gott keine Information über meine Bedürfnisse zu geben brauche. Ich weiß auch, daß ein sterblicher Mensch Gott nicht loben und preisen kann. Das bedeutet, daß alle Gebete nur zum Formalismus der Gottesverehrung gehören. In den Zeiten der Existenz des Tempels war der ursprüngliche Formalismus des Gottesdienstes das tägliche Opfer. Worin unterscheidet sich das vom Gebet? Was Sie über die Opfer gesagt haben, ist von mir so weit entfernt, wie der Osten vom Westen. Auch das Gebet ist absolut irrational.
Wollen Sie sagen, daß auch der Inhalt des Gebetes völlig irrelevant ist?
Der Inhalt ist eben sein Inhalt. Er ist ein Ausdruck für die Gottesverehrung des Menschen.
Auf die Formulierung des Gebetes kommt es dann überhaupt nicht an?

Die Formulierung ist nicht mehr und nicht weniger relevant als die Bestimmung über die Schabbatopfer: »Am Schabbat sollst du zwei einjährige, makellose Schafe darbringen«, und nicht drei Ziegen. Es hätte ja auch in der Tora stehen können »Nehme am Schabbat drei Ziegen«, es heißt aber »Nehme am Schabbat zwei Schafe«. Die Formulierung des Gebetes ist ähnlich wichtig wie die Formulierung der Opferbestimmungen. Darin besteht eine absolute Analogie, sie sind fast völlig identisch. Liegt denn die Bedeutung des Opfers am Schabbat in den zwei Schafen? Nein. Es könnten auch durchaus drei Ziegen sein. Aber es ist eben so festgesetzt worden: Die Form des Gottesdienstes am Schabbat ist die Opferung zweier Schafe im Tempel; die Gebetsform des Gottesdienstes heute besteht in eben jenen Formulierungen, die wir betend sprechen. Es könnte auch ebensogut eine andere Formulierung geben. Das Gebet hätte zur talmudischen Zeit auch nach der Meinung Rabbi Schimons festgelegt werden können, der gesagt hat, nur das Gebet um Gnade und Erbarmen, das Bittgebet, solle eine festgelegte Formulierung haben *(Avot 2,18)*. Der gesamte Sinn unserer Gebete dagegen besteht gerade in ihrem festgelegten Wortlaut, im absoluten Gegensatz zu der Meinung Rabbi Schimons. So verhält es sich auch in bezug auf die Opfer. Können Sie sich vorstellen, irgendeinem Priester hätte es in den Sinn kommen können, am Schabbat im Tempel statt zweier Schafe drei Ziegen zu opfern?

Darüber hinaus denkt man aber doch, wenn man vom Gebet spricht, an einen Text, der inhaltlich irgendwie relevant ist. Sonst könnte man ja auch bis hundert zählen und sagen, das sei ein Gebet.

Aber das ist dem Menschen nicht aufgetragen worden, das ist kein Gottesdienst. Sie ignorieren, daß das Gebet Gottesdienst ist.

Und worin besteht sein Inhalt?

Das ist sein Inhalt. Wenn ich am Morgen in die Synagoge komme und dort einige Dutzend anderer Männer treffe, denkt doch kein einziger, er müsse Information an Gott übermitteln. Obwohl im »Achtzehn-Gebet« von den Bedürfnissen des Menschen gesprochen wird und in den Segenssprüchen vom Lobpreis Gottes. Aber wenn der

Mensch denkt (richtig ist, daß die meisten Menschen überhaupt nicht denken), aber wenn er denkt, dann weiß er, daß er als ein sterblicher Mensch nicht in der Lage ist, Gott zu segnen, zu loben und zu preisen. Damit wird das Gebet absurd, es sei denn, daß dies eben die festgelegte Form des Gottesdienstes ist. Ich kann diesen Gedankengang sogar noch weiterführen: Jeder der Juden, mit denen ich jeden Morgen in der Synagoge zusammentreffe, ist gewiß gottesfürchtig. Er kommt jeden Tag – 365 Tage im Jahr – in die Synagoge zum Gebet. Aber warum? Er weiß, daß es nicht nötig und ihm nicht möglich ist, Gott Informationen zu liefern, und er versteht – wenn er nachdenkt –, daß ein Mensch nicht in der Lage ist, Gott zu segnen, zu loben und zu preisen; wenn es sich aber so verhält – weshalb kommt er dann in die Synagoge?!

Und dann gibt es noch etwas viel Gravierenderes. Man meint ja nicht, daß das Gebet am Morgen einen gewissen Einfluß auf das Schicksal im weiteren Verlauf des Tages hat. Es mag sein, daß jemand hier widerspricht, aber das ist nicht richtig, und das kann ich beweisen. Am Morgen sagt ein Mensch aufrichtig und ehrlich im Gebet »Der Du die Kranken Deines Volkes Israel heilst«; aber wenn er – er selbst, oder eines seiner Kinder – an demselben Tag erkrankt, wird er dennoch zum Arzt gehen, genauso wie der Atheist, der nicht betet. Es besteht in dieser Hinsicht faktisch keinerlei Unterschied zwischen den beiden! Am Morgen betet er ehrlich und aufrichtig den großartigen Satz »Du öffnest Deine Hand und sättigst alles Lebende mit Gefallen«; aber zu seinem Lebensunterhalt geht er arbeiten und verdient sich sein Brot auf ehrliche oder unehrliche Weise, genauso wie jeder beliebige Atheist, der den Satz »Du öffnest Deine Hand« nicht kennt. Und wenn er um das Wohl und die Sicherheit des Staates Israel Sorge trägt, so sorgt er doch für die Panzer und die Bombenflugzeuge, obwohl er am Morgen inbrünstig vom »Fels Israels« gesprochen hat; er sorgt dafür genauso wie jeder beliebige Atheist, der den Begriff »Fels Israels« nicht kennt. Das bedeutet, daß er nicht sagen wird, er gehe zum Gebet, weil er denke, daß er dadurch Gesundheit, Lebensunterhalt oder Sicherheit für den Staat erreichen kann. In Wirklichkeit denkt er das nämlich nicht. Selbst wenn wir uns vorstellen, daß der Chef des Generalstabs zum Glauben findet – die Wege zum Glauben sind doch keinem Juden verschlossen – und er zu der Erkenntnis gelangt, daß er und die Armee und das ganze Volk Israel vor dem Angesicht Gottes stehen, so bringt ihn das doch nicht dazu, die operativen Pläne der Armee auch nur in einer winzigen Kleinigkeit abzuändern. Es wird auch niemand von ihm verlangen, daß er – nachdem er weiß, daß es den »Fels Israels« gibt – auf Panzer und Bomber verzichtet. Das ist ganz und gar unvorstellbar.

Daher erhebt sich nun die Frage, warum jemand jeden Morgen aufsteht und in die Synagoge zum Gebet geht, obwohl er genau weiß: Das Gebet ist kein Mittel zum Zweck – nicht zum Erwerb von Gesundheit, von Lebensunterhalt oder Sicherheit. Die einzig gültige Antwort hierauf ist meines Erachtens die folgende: Ich stehe an jedem Morgen früh auf und gehe in die Synagoge, um das Gebot des gemeinschaftlichen Gebetes zu erfüllen.

Halacha und Meta-Halacha

Was ist Halacha Ihrer Meinung nach?

Halacha ist, was das Volk, das die Absicht hat, das Joch *(der Tora und der Gebote)* auf sich zu nehmen, als Halacha akzeptiert hat. Ich weiß, daß das keine logische Definition ist, weil sie zirkulär ist, aber vom empirisch-historischen Aspekt gibt es keine andere Definition. Vom formal-logischen Aspekt kann die Basis der halachischen Gültigkeit nicht definiert werden.

Was meinen Sie mit »Halacha akzeptieren«? Der eine akzeptiert sie, der andere nicht?

Hier meine ich, was durch das Kollektiv akzeptiert wurde; nicht was einer akzeptiert und der andere nicht.

Dann ist die Entscheidungsbreite jedes einzelnen angesichts der sich gegenwärtig erhebenden Probleme ungeheuer groß!

Nur die Entscheidungsbreite im allgemeinen. Nehmen Sie als Beispiel die Bekleidung der Orthodoxen (die keine Vorschrift, sondern nur eine Gewohnheit ist). Sie wird in Mea-Shearim akzeptiert, aber nicht außerhalb.

Nehmen Sie ein konkreteres Beispiel. Meine Frau trägt keine Kopfbedeckung, meine verheiratete Tochter sehr wohl, denn es handelt sich ihrer Meinung nach um Halacha.

Wir leben also schon in einer Welt, in der die Kopfbedeckung der verheirateten Frau nicht mehr vom gesamten

Judentum, das die Tora und die Mitzwot halten möchte, akzeptiert wird.

Ist das ein Beweis dafür, daß Halacha von unten, aus dem Volk kommt?

Man muß zwischen de jure und de facto unterscheiden. Die Halacha steht fest, und dennoch wird eine bestimmte Vorschrift nicht in die Tat umgesetzt, auch in den Kreisen derjenigen, die die Verpflichtung der Juden durch die Halacha anerkennen. Daher habe ich gesagt, daß es keine formale Definition gibt.

Das klingt schon – nun, wenn nicht reformiert, so doch wenigstens konservativ ...

Ich weiß mit den Begriffen »reformiert« und »konservativ« nichts anzufangen. Bei diesen Begriffen handelt es sich um nichts anderes als um organisatorische Begriffe. Das Problem liegt in der Grundeinstellung zur Verpflichtung durch die Halacha. Erkennt der Mensch die Autorität der Halacha an, oder nicht, das ist die Frage.

Aber gerade wenn man die Autorität der Halacha akzeptiert, entstehen noch schwerwiegendere Probleme. Unter den Konservativen gibt es einige, die die Autorität der Halacha anerkennen. Deshalb sagt mir der Begriff »konservativ« nichts. Die Tatsache, daß die Konservativen die Trennung von Männern und Frauen in der Synagoge beseitigt haben, interessiert mich als solche nicht, obwohl das für die orthodoxen Gemeinden wohl das entscheidende sein dürfte. Die Konservativen kann man nicht in einen vorgegebenen Rahmen pressen. Viele von ihnen unterscheiden sich von anderen Juden, die die Tora und die Mitzwot beachten, nur durch ihre Angehörigkeit zu einer anderen organisatorischen Institution. Institutionen haben durchaus eine Bedeutung, aber für mich sind sie nicht besonders wichtig und interessant.

Und das Reformjudentum?

Was ist der Unterschied zwischen einem Menschen, der niemals in die Synagoge gegangen ist und niemals gehen wird, und einem Menschen, der eine Synagoge ausdrücklich gegen die halachischen Vorschriften baut?

Ist es nicht ein Zeichen dafür, daß die Epoche der Halacha abgelaufen ist, wenn die Mehrheit der Gemeinden irgendeine halachische Vorschrift übertritt?

Das habe ich mit meiner Unterscheidung von de jure und de facto gemeint. Solche Sachen gibt es. Schon die Mischna sagt: »Seit sich die Fälle des Ehebruchs vermehrt haben – ist das Bitterwasserritual abgeschafft worden. Seit sich die Mordfälle vermehrt haben – ist das Ritual des geköpften Kalbes abgeschafft worden« *(Mischna 9)*. In manchen Abschnitten und Formulierungen der Halacha finden nur Gewohnheiten und Volksgebräuche ihren Ausdruck. Über Einzelheiten, die gewöhnlicherweise als verpflichtend für das züchtige Verhalten der Frauen gelten, schreibt Maimonides: »Diese Dinge sind Fragen der Konvention und keine ausdrücklich schriftlichen Verordnungen« *(Frauen-Halachot 26)*. Es ist doch gut möglich, daß Verhaltenszüge, die in islamischen Ländern unter die Sittenlosigkeit fielen, in christlichen Ländern nicht als Sittenverderbnis galten. Die Halacha kennt die Unterschiede von Juden, die in unterschiedlichen Ländern leben. Kann man sich vorstellen, daß dies auch für die Schabbatvorschriften Geltung haben kann – das heißt, daß es unterschiedliche Bestimmungen für verschiedene Gruppen von Juden gibt, die der Umgebung, in der diese Juden leben, angepaßt sind? In Fragen der Züchtigkeit sind diese Unterschiede bereits anerkannt. Hier kann sich der Raum für das Verständnis der Basis einer Meta-Halacha in bezug auf die Halacha öffnen.

Ist die Frage der Stellung der Frau in dem Bereich Meta-Halacha eingeschlossen?

Die religiöse Einstellung zum Status der Frau in unserer Gesellschaft – vom Aspekt ihrer Beteiligung am geistigen Leben (Torastudium) oder auch an öffentlichen Ämtern (Administration, Gemeindeleitung, Gericht) – ist eine lebenswichtige Angelegenheit für die Zukunft des Judentums, noch wichtiger als die Einstellung zum Staat. Dieses Problem, das nicht halachisch ist im Sinne einer Erörterung vom Standpunkt der festgelegten Halacha, ist in der Tat eine eindeutige Angelegenheit der Meta-Halacha. Hier geht es um das Problem, daß das Volk der Tora in der Vergangenheit nur ein männliches Volk war. Die Frau hatte am jüdischen Volk als Volk der Tora keinen Anteil. Die jüdische Gesellschaft, der Sie und ich angehören, ist nicht die Gesellschaft des jüdischen Volkes in der Vergangenheit. In unsere jüdische Gesellschaft sind nicht nur Sie und ich einbezogen, sondern auch meine Frau und Ihre Frau, die nun aber nicht die Frauen sind, von denen die Halacha spricht.

Können Sie sich eine halachische Wirklichkeit vorstellen, die es der Frau ermöglicht, Rabbinerin zu werden?

Im Moment kann ich mir das nicht vorstellen, weil ich überhaupt nicht weiß, wohin wir, d.h. Menschen, die grundsätzlich das Joch der Tora und der Mitzwot auf sich nehmen wollen und sich selbst als treue Bewahrer der Halacha sehen, mit diesen Folgerungen gelangen und welche Form die Halacha in unseren Händen annimmt, wenn wir tatsächlich damit beginnen, über die Probleme einer Meta-Halacha zu diskutieren.

Kann man diese Möglichkeit Ihrer Ansicht nach gänzlich ausschließen?

Ich schließe diese Möglichkeit nicht gänzlich aus, obwohl ich im Augenblick keinen Raum dafür sehe.

Ihren Worten entnehme ich, daß wir die Grundannahme der Gleichheit von Mann und Frau akzeptieren müssen, und daß sich daraus verschiedene Schlußfolgerungen ergeben werden.

Man kann nicht sagen »Wir müssen akzeptieren«, sondern »wir akzeptieren«. Die Gleichheit muß in bezug auf das Torastudium bestehen. Aber damit ist man auch verpflichtet, Bezug auf das heutige jüdische Volk zu nehmen, ein anderes Volk als das der jüdischen Tradition dreier Jahrtausende.

In welcher Form? Sicherlich haben Sie darüber nachgedacht.

Um die Wahrheit zu sagen – nein. Weil das alles heute keine reale Bedeutung hat.

Gibt es in der Halacha eine innere Logik?

Die Logik, die es in jedem juristischen System gibt, das von bestimmten Postulaten ausgeht und von diesen Postulaten her seine Schlußfolgerungen zieht, gilt auch für die Halacha. Die gesamte Welt der Halacha ist außerordentlich rational, aber die Voraussetzungen sind Postulate. Zum Beispiel: Es ist gewiß kein Zufall, daß der gesamte Abschnitt über die Unzuchtsgesetze in der Tora mit den Worten »Ich bin der

Herr, euer Gott« beginnt, d.h., es gibt keine andere rationale Basis für das im nachfolgenden Text als Sexualethik Geforderte als das göttliche Gebot.

Kann man nicht zum Beispiel eine Rationalisierung der soziologischen Gruppe »Familie« vornehmen und sagen, daß durch diese Bestimmungen in der Tat der beste Lebensrahmen abgesteckt wird, oder handelt es sich auch dann um ein göttliches Gebot?

Was ist gut? Geschrieben steht »Es ist nicht gut, daß der Mensch allein sei« *(Gen.2,18)*.

Aber er kann mit vielen Frauen zusammenleben, nicht nur mit einer.

Daher die Bestimmung des Toragesetzes – Vielweiberei ist erlaubt. Dennoch ist es von gewaltiger Bedeutung, daß es in der Schrift heißt »Darum wird ein Mann seinen Vater und seine Mutter verlassen und seinem Weibe anhangen« *(Gen.2,24)* – und nicht »und wird seinen Frauen anhangen«! Vielleicht müssen wir darin die menschliche Norm erkennen.

Das ist genau der Punkt. Heute zerfällt die Familie immer mehr. Deshalb habe ich gefragt, ob man nicht eine Rationalisierung machen könnte, nicht ausgerechnet auf religiöser Basis, und sagen, daß der familiäre Rahmen der für den Menschen beste zum Leben ist?

Der Sexualordnung in der gesellschaftlichen Wirklichkeit der Menschen und allen Unzuchtsverboten in der Tora kann man keine rationale Begründung geben. Wer die Tora beachtet, akzeptiert alle Sexualverbote zusammen mit allen anderen Verboten der Tora, weil er in der Übernahme des Joches des Tora und der Mitzwot die Übernahme des Joches der göttlichen Herrschaft erblickt. Es gibt keinerlei rationale Basis dafür, daß in den meisten Staaten die Ehe zwischen Bruder und Schwester verboten ist. Ich glaube, in Schweden hat man dieses Verbot aufgehoben. Es gibt nur eine Begründung: Die Tora hat es verboten! Aber wenn man die Tora nicht akzeptiert – dann gibt es keine Begründung.

In der westlichen Gesellschaft bestehen diese Verbote aufgrund des Christentums?

Ich bin mir nicht im klaren, ob sie aufgrund des Christentums oder aufgrund langer Tradition bestehen. Es liegt hier jedoch keine Rationalisierung vor. Im Judentum sagt Nachmanides *(1194-1270; mittelalterlicher Halachist, beschäftigte sich als einer der ersten mit der Kabbala; Antagonist des Maimonides)*: »Es gibt keine passendere Heirat, als wenn ein Mensch Sohn und Tochter in seinem Hause aufzieht und sie miteinander verheiratet« – obwohl die Tora dies verbietet.

Man könnte genetische Gründe für die Bestimmungen vortragen; denn eine Verwandtenheirat vergrößert die Gefahr von auftretenden Erbkrankheiten.

Diese Furcht existierte nicht im Gesundheitsbewußtsein der Leute bis zu der Zeit der Genforschung. Auch heute wissen wir, daß nur bei bereits vorhandener Existenz eines kranken Gens die Gefahr besteht, daß dieses Gen in einer Geschwisterehe leichter zum Vorschein kommt, während aus der Beziehung von Bruder und Schwester als solcher kein krankes Gen entsteht. Um die Wahrheit zu gestehen, wir kennen die Quelle des Verbotes derartiger Beziehungen nicht, obwohl es in den meisten menschlichen Gesellschaften existiert und seine Wurzeln tief im menschlichen Bewußtsein liegen; auch eine psychoanalytische Erklärung trägt nichts aus.

Als Sexualverbote der Tora sind diese Vorschriften ein Teil der religiösen Disziplin, die auch über die Biologie des Menschen verhängt ist, ganz ähnlich wie die Kaschrut-Vorschriften in der Ernährung, die Reinheits- und Unreinheitsgesetze und dergleichen. Ihre Bedeutung ist spezifisch religiös, und es gibt nichts Törichteres und Lächerlicheres als den Versuch, sie hygienisch-utilitaristisch zu begründen.

Was halten Sie von der Bewegung der »Umkehr zur religiösen Lebensweise«?

Eine Journalistin erzählte mir von einer Familie, die furchtbar traurig war, weil der Sohn sie verlassen hatte. Er habe eine Frau aus orthodoxen Kreisen geheiratet, die sich weigere, mit ihrer Schwiegermutter zu sprechen, weil die Schwiegermutter den Schabbat nicht halte. Über den Eltern sei die Welt zusammengebrochen, weil ihr Sohn in eine der »schwarzen« Jeschiwot gehe, nicht mehr an ihrem Tische sitzen könne und sie selbst nicht mehr besuche. Die

Eltern hätten natürlich gefragt, ob es der Sinn einer Umkehr zu einer religiösen Lebensweise sein könne, die Beziehungen zwischen Vätern und Söhnen zu zerstören, und warum die Söhne nicht an die zehn Gebote dächten, in denen es heißt: »Du sollst deinen Vater und deine Mutter ehren.« Darauf habe ich der Journalistin geantwortet: Warum hat die Dame, die vor Ihnen über ihren Sohn geweint hat, nicht danach gefragt, ob dem Sohn vielleicht das Herz zerbricht, wenn er sieht, daß sein Vater und seine Mutter die Tora übertreten, den Schabbat entweihen und unreine Speisen essen, nachdem er jetzt in dem Halten der Tora und der Mitzwot den höchsten Lebenswert sieht?! Hier haben wir ein hervorragendes Beispiel für den Umstand vor uns, daß die Lebensweise dieser Familie, einer Akademikerfamilie, der Journalistin als die menschliche Norm erschien, und ihr der Sohn deshalb auf Abwege geraten schien. Aber in den Augen des Sohnes ist die normale Lebensweise für einen Juden gerade die, von der seine Eltern nichts wissen wollen. Da sagte mir die Journalistin, daß sie über diese Seite so noch nicht nachgedacht habe. Es wäre ihr nicht in den Sinn gekommen, der Sohn könnte seine Lebensweise als Norm betrachten und nicht als Abweichung. Ich antwortete ihr, daß das Problem der Säkularen sei, daß sie in ihrer Einfältigkeit (und ich habe kein anderes Wort dafür) denken, die Zivilisation ihrer Gesellschaft sei die menschliche Norm. Hinzufügend bemerkte ich, daß jene Eltern vielleicht auch nicht damit einverstanden gewesen wären, wenn ihr Sohn eine Nicht-Jüdin geheiratet hätte. Das hätten sie aber nicht als einen Abbruch der Eltern-Kind-Beziehung verstanden, denn etwas Derartiges gehört schon in ihre Welt hinein. Auch wenn der Sohn einfach nur zu einer Prostituierten gegangen wäre, hätte das vielleicht in ihren Augen kein Wohlgefallen gefunden, aber auch das wäre nicht als Rückzug aus der Zivilisation aufgefaßt worden; die Tatsache aber, daß er eine orthodoxe Jüdin geheiratet hat – und sie haben schon Kinder – stellt in den Augen der Eltern einen Rückzug aus der zivilisierten Welt dar!

Das Problem hat aber auch eine andere Seite. Ich habe Werbematerial dieser Jeschiwot gesehen, das für die Umkehr zur religiösen Lebensweise warb; manchmal ist das schändliche Propaganda nach dem Muster: »Wenn du die Gebetsriemen *(Tefillin)* anlegst, wirst du das ewige Leben in der kommenden Welt erlangen.« Man hat mir auch von dem konkreten Fall eines jungen Mannes erzählt – auch aus »einer guten Familie« –, der an einer unheilbaren Krankheit litt, und dem ein – vielleicht langes – Leben in Leiden und Schmerzen bevorstand. Er fiel in die Hände einer jener Personen, die ihm sagten, daß der Rabbi ihn heilen werde, wenn er beginne, Tefillin, Gebetsriemen, zu legen, weil der Rabbi in einer besonderen Nähe zu Gott stünde. Die Ärzte könnten nicht mehr helfen, bei dem Rabbi aber sei Hilfe. Derartige Propaganda ist übel und eigentlich auch eine Frechheit gegen Gott. Man zeigte mir aber auch einen Brief des Lubawitscher Rabbis an diesen Mann. Dieser Brief ist ein menschliches und religiöses Dokument. Der Rabbi sendet ihm seine Segenswünsche dafür, daß er begonnen habe, die Mitzwot zu erfüllen, er ermuntert und bestärkt ihn, er möge auf diesem Wege weitergehen und alle Leiden, die über ihn verhängt seien, tapfer tragen. In dem Brief gibt es kein einziges Wort und keinen Hinweis darauf, daß er infolge des Tefillinlegens von seiner Krankheit geheilt werden könne. Aber Sie sehen, was die Anhänger des Rabbis treiben!

Von noch einem Fall will ich erzählen. Ich erhielt Besuch von einem jungen Paar aus Amerika, 30 Jahre alt, das nach Israel eingewandert war. Beide kamen aus New York, aus gebildeten und wohlhabenden Familien, Amerikaner in jeder Hinsicht. Beide besaßen akademische Bildung und hatten in den Vereinigten Staaten keinen Zugang zum Judentum gehabt. Sie hatten dann das Judentum von selbst »entdeckt«. Das ist ein Fall von wirklicher Umkehr zum Glauben. Sie kamen nach Israel und begannen schrittweise, die Lebensweise nach der Tora und den Mitzwot zu übernehmen. Zu mir kamen sie, um sich Rat zu holen, wie sie sich nun verhalten sollten. Eines der ersten Dinge, die ich dem Mann sagte, war, er solle nicht in eine der Jeschiwot für die Ba'ale Teschuwa, also diejenigen, die zu einer religiösen Lebensweise zurückkehren, gehen! Er sei aus eigenem Antrieb und eigener Kraft zum Glauben gekommen und solle daran festhalten. Der Glaube werde in diesen Jeschiwot nicht vertieft. Nur sein eigener geistiger und seelischer Horizont werde verengt – vielen wird er in diesen Jeschiwot bis zur Dummheit verengt. Ihm werden Furcht und Aberglauben, die nichts mit der Gottesverehrung zu tun haben, eingeflößt werden, auch wenn man in diesen Jeschiwot meint, das würde dazugehören. Irgendwelche Talmudseiten, die er dort lernen werde, nützten ihm sicherlich nichts. Er solle lieber versuchen, etwas Wissen in der Welt der jüdischen Lehre, z.B. in Lerngruppen, zu erlangen. Auch wenn er kein Gelehrter werden wird, so werde er doch zu den Menschen gehören, die mit ganzem Herzen glauben, die in Ehrfurcht ein Leben nach der Tora führen, ohne daß sie ihren Fuß jemals in eine Jeschiwa gesetzt haben. Dann fragte ich den jungen Mann nach dem Bart, den er sich wachsen ließ, und sagte ihm, daß die religiöse Disziplin, die er auf sich genommen habe, unter anderem, nur verbiete, sich mit einem Rasiermesser zu rasieren, aber nicht dazu verpflichte, sich einen Bart wachsen zu lassen. Das sei nur eine Modeangelegenheit in bestimmten Kreisen des religiösen Judentums, zu denen er nicht gehöre und nicht gehören werde. An dieser Mode sei nichts Verwerfliches, weil es an keiner Mode im Prinzip etwas Verwerfliches gebe, aber es liege doch eine Wertminderung des Umkehrprozesses darin, wenn dieser Prozeß sich in der Anpassung an eine andere Mode ausdrücke.

Die Frau forderte ich auf, ihre Kleidung nicht zu ändern. Sie solle sich weiterhin so kleiden, wie sie es gewohnt sei, d.h. so wie Frauen sich in unserer Gesellschaft kleiden. Auch wenn man sie bei einem Spaziergang durch Mea-Shearim Hure und Dirne schimpfen werde, solle sie sich daran nicht stören. Ob sie denn in der Lage sei, in der Gesellschaft von Mea-Shearim zu leben, oder auch nur in diese Gesellschaft hineinpasse?

Ich sagte zu beiden, sie hätten eine großartige Sache getan, als sie sich nach Religion und Recht verheiratet hätten und die Vorschriften zur Reinheit des Ehelebens übernommen hätten. Die Frau war bereits schwanger. (Beide hatten mir sehr offenherzig erzählt, daß sie schon lange Jahre vor der Wende in ihrem Leben als Paar ohne religiöse Trauung oder Verlobung, ja selbst ohne standesamtliche Trauung zusammengelebt hätten, und es ihre Absicht gewesen wäre, ein derartig gutes Leben ohne die Last von Kindergebären und -erziehung fortzuführen.) Das sei ein Weg der Umkehr und der Gottesverehrung, der nicht zu irgendeiner Anpassung ausgerechnet an den Lebensstil von Mea-Shearim verpflichte, dem sie – Absolventen der Columbia-Universität – auf immer fremd bleiben würden. Wenn sie sich dennoch gerade nach diesem Lebensstil und dieser Mode sehnen würden, so sei darin nichts Übles, aber in meinen Augen werde die Qualität ihrer Umkehr gemindert, wenn sie diese Lebensweise adoptierten. Die Bekleidungsmode steht in keinerlei Verbindung zum Glauben an Gott.

Haben Sie Leute der »Neturei-Karta«-Bewegung getroffen?

Ja. Ich habe Amram Blau *(1900-1973)*, den Führer der extrem anti-zionistischen orthodoxen »Neturei-Karta«-Bewegung, getroffen. Er war ein Mann von hohem Niveau. Er besaß keinerlei Bildung, aber er war ein Mensch, der nachdachte. Er beherrschte ausgezeichnet Hebräisch. Deshalb brauchten wir uns nicht auf Jiddisch zu verständigen, wie er es mit seinen Gesinnungsgenossen zu sprechen pflegte.

Kann man sagen, daß Sie trotz aller Kritik, die sie gegen »Neturei-Karta« vorbringen, ein gewisses Wohlwollen für sie hegen?

Ich hege keinerlei Sympathie für »Neturei-Karta«, aber ich verstehe die Leute. Außerdem besteht ein grundsätzlicher Unterschied zwischen mir und »Neturei-Karta«, denn ich bin für eine staatlich-nationale Unabhängigkeit des jüdischen Volkes, während »Neturei-Karta« daran nicht interessiert sind. Außerdem hassen sie die übrige Welt; sie kennen sie nicht, und sie verstehen sie nicht, sondern lehnen sie einfach ab.

Man muß aber zu ihren Gunsten sagen, daß sie darin konsequent sind.

Da bin ich mir nicht so ganz sicher. Sie sind ziemlich aktiv in einer Welt, die nicht unbedingt die Welt der Tora ist. So sind sie zum Beispiel im Diamantengeschäft in Antwerpen außerordentlich engagiert, und man kann keineswegs von ihnen sagen, es gäbe für sie nichts anderes als die Tora. Die gesamte Zurückgezogenheit auf die Tora hat etwas Verlogenes. Sie ähneln keineswegs dem Gaon von Wilna *(Eliyahu ben Salomon Zalman; 1720-1797; Rabbi und halachische Autorität, Gegner des Chassidismus),* der in seiner Stube saß und die Fensterläden auch am Tage schloß, damit das Sonnenlicht ihn nicht bei seinem Torastudium störe. Das Ergebnis war in der Tat kein gutes. Das ist ein Faktum und kann nicht idealisiert werden. Er verstand den Chassidismus nicht, und verursachte dadurch beinahe eine schreckliche Spaltung im jüdischen Volk. Wenn der Gaon von Wilna sich erfolgreich durchgesetzt hätte, dann wäre der Chassidismus völlig aus dem Judentum ausgesperrt worden. Über ihn konnte man auf jeden Fall sagen, er habe nichts anderes als die Tora gekannt. Auf die Anführer der »Neturei-Karta« trifft das nicht zu. Für sie gibt es eine ganze Menge anderer Dinge neben der Tora.

Sie sprechen oft von einem Kulturkampf, eigentlich von einem Religionskampf. Sind die gewaltsamen Ausschreitungen der Ultra-Orthodoxen der erste Ausdruck dafür?

Das ist ein Charakteristikum der Entartung der strenggläubigen Gemeinden, die in Verbindung mit dem Satz im Midrasch Levitikus-Rabba »Ein Toragelehrter ohne Verständnis ist schlimmer als ein Stück Aas« steht. Sicherlich gibt es unter den Orthodoxen viele Toragebildete, aber sie gleichen den Gelehrten ohne Verstand.

Manchmal besuchen mich Leute und junge Männer aus den »schwarzen Jeschiwot« daheim, und ich bin jedesmal erstaunt über die Lücken in ihren Torakenntnissen. Ich verlange nicht, daß sie Allgemeinbildung besitzen, aber auch den Talmud kennen sie nicht. Das ist entartetes Judentum. Man darf das gegenwärtige religiöse Judentum auf keinen Fall idealisieren.

Kultur, Geist und Werte des Menschen

». . . die Arbeit ist kein Wert.«

Das psychophysische Problem

Zwischen Torastudium und Allgemeinbildung besteht eine erhebliche Spannung. Was würden Sie raten, wenn jemand Sie um eine Entscheidung bei der Wahl bittet?

Ich denke, hier trifft folgender talmudische Ausspruch zu: »Jeder, der sagt, es gebe für ihn nur die Tora, kennt auch die Tora nicht.« Dieser Ausspruch hat vielfältige Auslegungen erfahren. Manche meinen, der Satz beziehe sich auf einen Menschen, der zwar die Tora studiere, aber keine Mitzwot erfülle. Ich jedoch halte das nicht für die richtige Interpretation des Satzes, denn wer die Mitzwot nicht erfüllt, ist einfach nur ein Sünder. Eine andere Auslegung vertritt die Ansicht, hier sei ein Mensch gemeint, der sich mit dem Studium der Tora begnüge, aber keine Tora lehre. Es ist durchaus möglich, das so zu verstehen, obwohl es aus dem Wortlaut selbst nicht herauszuhören ist. Demnach kann hier also auch die Rede von einem Menschen sein, der ausschließlich Tora lernt und daneben nichts studiert. Dann wäre der Ausspruch außerordentlich bedeutungsvoll, aber ich weiß nicht, ob das sein ursprünglicher Sinn ist. Dennoch würde ich sagen: Jeder, der sagt, für ihn gebe es nur die Tora als Studienobjekt, ist letztendlich sehr beschränkt! Sie wissen genausogut wie ich, daß es große Gelehrte gibt, die dennoch ziemlich dumm sind.

Wie beurteilen Sie das Erziehungssystem in Israel?

Wenn die allgemeine, nicht-religiöse Erziehung kein bestimmtes Ziel bei uns verfolgt, dann ist sie keine Erziehung. Ich sagte zu den für die Erziehung in unserem Lande Verantwortlichen stets, ihre Hauptsorge sei, daß ein Absolvent ihrer Schule ein guter Soldat werden wird. Das sei ihnen wichtiger als die Frage, ob er ein anständiger Menschen wird. (Damit will ich aber nicht gesagt haben, daß ein Gegensatz zwischen einem guten Soldaten und einem anständigen Menschen bestehen muß.) Die meisten haben mir das bestätigt.

Ich denke, Sie werden ihnen hierin nicht gerecht. Die allgemeinbildenden Schule versuchen ohne Zweifel, auch zum Humanismus zu erziehen.

Ich will die Situation durch folgendes Beispiel veranschaulichen: Wenn man sich unbefangen über einen jungen Mann unterhält, wer er ist und worin seine Qualitäten bestehen, gilt meistens als entscheidendes Beurteilungskriterium, ob er ein guter Soldat war, ist oder sein wird. Das ist viel wichtiger als die Frage, ob er auch ein anständiger Mensch ist. So ist die Stimmung im Lande! Da der nationale Gedanke in unserem Leben eine zentrale Rolle spielt, ist nun einmal das oberste Kriterium bei der Beurteilung eines Menschen die Frage, ob er ein guter Soldat ist. Der Nationalismus ist die Zerstörung des Wesens des Menschen!

Und wie schätzen Sie die religiöse Erziehung ein?

Wenn Sie die staatlichen religiösen Schulen meinen, besteht auch hier das Problem, daß sich alles um die Nation und den Staat dreht. Wenn das gesamte Judentum aus der Perspektive der Problematik des Staates Israel aufgefaßt wird, dann kann die Schlußfolgerung nur sein: Meir Kahana – oder man muß das Judentum fortwerfen, sobald der Staat Israel zu seiner Basis geworden ist.

Sie unterrichten bereits mehr als fünfzig Jahre an der Universität. Wie sehen Sie die Studenten heute im Vergleich zu den Studenten der Vergangenheit?

Man kann sehr schwer ein allgemeines Urteil fällen. Ich werde dennoch eine Verallgemeinerung vornehmen, die den Wert einer jeden Verallgemeinerung trägt. Ich denke zunächst, daß die Studenten als Gesamtheit intellektuell auf einer niedrigeren Ebene stehen. Dafür gibt es natürlich einen sehr einfachen Grund: vor fünfzig Jahren war das Universitätsstudium das Privileg einer Elite. Die guten Studenten sind heute sicherlich nicht weniger gut als die Studenten damals, aber heute ertrinken sie einfach in dem Meer der Studenten, die vor fünfzig Jahren prinzipiell nicht zur Universität kamen. Das halte ich für die Ursache.

Das bedeutet, daß diejenigen, die damals noch nicht studierten, heute durchaus einem Studium nachgehen können. Diese Veränderung ist doch sicherlich positiv zu beurteilen?

Das ist hier die Frage, ob das wirklich zum Guten geschieht. Darauf kann man schwer eine Antwort finden. Einerseits kann man sagen, es ist eine der größten Leistungen der Demokratie, daß die sogenannte »höhere Bildung« zum Volksgut geworden ist. Heute studiert tatsächlich nur derjenige nicht an der Universität, der sich dafür nicht interessiert. Aber jeder junge Mensch, der daran interessiert ist, kann studieren; andererseits ist das Niveau dieser gewaltigen Studentenmasse – die selbst bei uns schon 50- bis 60-tausend Menschen zählt – im allgemeinen erheblich gesunken.

Aber wenn die jungen Leute nicht an der Universität studierten, so wird ihr Niveau noch weiter absinken.

Ich glaube nicht. Ich kenne Studenten, die in ihren Studienfächern sehr gut sind, darüber hinaus aber eigentlich nichts verstehen und über die Probleme des Menschen als Menschen nicht nachdenken. Ich habe mich schon so sehr an dieses Phänomen gewöhnt, daß es mich nicht mehr erstaunt.

Der populärste Kurs, den Sie je an der Universität gegeben haben, war wohl die Veranstaltung über das psychophysische Problem.

Das psychophysische Problem (»Leib-Seele«) beschäftigt denkende Menschen seit Jahrtausenden. Ich könnte es Ihnen anekdotisch aus täglichen Beobachtungen bei meinen Enkeln vorführen. Mein jüngster Sohn und seine Frau – die aus den USA kommt – sprechen miteinander meist Englisch. Die Kinder verstehen selbstverständlich Englisch und Hebräisch (viele Kinder in Israel wachsen zweisprachig auf; das wirkt sich im Gegensatz zu den Befürchtungen der Psychologen überhaupt nicht störend aus). Selbst die dreijährige Tochter wechselt ganz selbstverständlich von Englisch zu Hebräisch und umgekehrt, ohne irgend etwas davon zu merken. Manchmal bildet sie sogar herrliche Konstruktionen, die mich an die Arbeiten Noam Chomskys, des bedeutenden jüdischen Sprachwissenschaftlers und -philosophen, erinnern. Vor einiger Zeit kam die Kleine mit einem Buch zu mir und sagte auf Hebräisch: »Großvater, lies mir das Buch vor!« Dabei hielt sie das englische Wort »to read = lesen« für eine hebräische Wurzel und setzte es in die richtige grammatische Form des Hebräischen, obwohl sie dies vorher sicherlich nirgendwo gehört hatte. Noam Chomskys Frage ist richtig: Wie lernt der Mensch überhaupt sprechen? Das ist eine gewaltige Frage. Jedes Kind im Alter von zwei, drei Jahren gibt Sätze von sich, die es selbst bildet, ohne sie zuvor jemals gehört zu haben, und es sagt sie in der richtigen grammatischen Form – einmal im Imperfekt, einmal im Futur. Das geschieht tausend Mal am Tag wegen eines Glases Milch oder eines Bonbons. Hier haben wir das psychophysische Problem in seiner ganzen Größe vor uns! Wissen Sie, wo ich die prägnanteste Formulierung dieses Problems als eines irrationalen Problems gefunden habe? Sie werden sich wundern, so wie ich mich gewundert habe: Ich habe es in dem Buch »Tanya«, dem grundlegenden Buch der chassidischen Chabad-Bewegung, gefunden! Der Rabbi Salman aus Lyada hatte niemals ein psychologisches Buch gelesen, und ich bezweifle sehr, ob er überhaupt eine Fremdsprache lesen konnte oder eine fremde Schrift beherrschte. Daß er die wissenschaftlichen Abhandlungen zu diesem Thema nicht kannte, braucht wohl nicht erwähnt zu werden. Ich zitiere hier aus dem »Tanya«, wobei ich die uns konfus anmutende Ausdrucksweise des Verfassers, dem eine dem Gegenstand entsprechende Terminologie nicht bekannt war, modernisiere: »Die Bildung der Sprachlaute nimmt ihren Ausgang von den fünf Sprachwerkzeugen (Lippe, Zunge, Kiefer, Gaumen, Kehle – worüber der Verfasser etwas aus der rabbinischen Literatur wußte, die sich gelegentlich auf die griechische bzw. mittelalterliche Medizin bezieht), und dies ist vom Verstand aus nicht zu begreifen, denn es liegt nicht in der Natur dieser (körperlichen)

Werkzeuge, sich gemäß dem sie treffenden Hauch (= seelische Einwirkung) zu verhalten.«

Dazu nun zwei Erklärungen: Wenn man den Vokal A sagen möchte, müssen die fünf Teile des Mundes bestimmte Bewegungen vollziehen. Versuchen Sie den Vokal A zu sprechen, ohne den Mund zu öffnen – das geht nicht. Sehen Sie! Aber Sie wissen nicht – und auch ich weiß es trotz meines Studiums der Anatomie und der Physiologie nicht – welches die Bewegungen jedes der fünf »Werkzeuge« sein müssen, damit der Vokal A entsteht. Der Rabbi aus Lyada sagt, es sei unmöglich, dies zu verstehen, weder nach der Natur, noch nach dem Verstand. »Im Gegenteil, eine Veränderung der Lippenbewegung erfolgt entsprechend der Änderung des Lautausdrucks im Willen der Seele.« Aber die Seele beabsichtigt nicht, die Lippen zu bewegen. Ja, sie weiß gar nicht, wie sie die Lippen bewegen soll. Die Seele will nur den Vokal A sagen, und die Lippen bewegen sich in der für die Bildung des Vokales A notwendigen Form. Hier haben Sie das gesamte psychophysische Problem vor sich, das trotz des komplizierten Stils des Rabbis in eindeutiger Weise formuliert ist. »Es ist klar, daß die Seele die Veränderung der Lippenbewegung zum Zwecke einer Lautänderung weder beabsichtigt noch um sie weiß.« Kein Mensch weiß, was er tun muß, um A oder B zu sagen.

Das hat der Mensch der Maschine voraus.

Natürlich. Die Maschine arbeitet nicht nach Absicht, sondern nach einem Mechanismus. Die Seele will die Lippen gar nicht bewegen, doch die Lippen bewegen sich, weil die Seele A oder B sagen will. In unserer Sprache sagen wir, daß das psycho-physische Phänomen ein irrationales ist. Als ich das meinen Studenten zeigte, hinterließ das bei ihnen einen tiefen Eindruck. Hier handelte es sich um eines der Probleme, für das es meiner Meinung nach keine Lösung gibt. Es verhält sich keineswegs so, daß uns das Wissen darüber fehlt, sondern wir können uns einfach nichts vorstellen, aufgrund dessen wir das psychophysische Problem verstehen können. Das ist bei den wissenschaftlichen Problemen, von denen wir wissen, daß, wenn wir nur über das ausreichende Wissen verfügten, wir sie auch lösen könnten, ganz anders. Hier haben wir etwas vor uns, von dem wir uns nicht vorstellen können, daß es durch irgendeine neue Information erklärt werden könnte.

Vielleicht ist das der Grund für die üblicherweise angenommene Zweiteilung in Körper und Seele?

Sehr im Gegenteil! Hier liegt eben keine Trennung vor. Einerseits ist es klar, daß der Akt des Wollens oder Erinnerns völlig von dem Gewicht des Gehirns oder der elektrischen Spannung im Gehirn verschieden ist, d.h. hier liegt eine deutliche Trennung vor. Andererseits sehen wir hier, daß es eigentlich keine Trennung gibt. Wenn der Mensch A sagen will – dann kommt A heraus, obwohl die Prozesse in Körper und Seele völlig unabhängig voneinander ablaufen. Das ist das Paradoxe an der Sache!

Wissen Sie, daß Rabbi Moses Isserles *(1525-1572)*, der die Grundsätze der aschkenasischen Halacha in seinen »Bemerkungen zum Schulchan Aruch« zusammengefaßt hat, auf diesen Umstand in seinen Erörterungen zum Morgengebet hinweist? Über den Segensspruch »Du heilst alles Fleisch und vollbringst Wunderbares«, der auf die Worte »mein Gott, die Seele, die Du mir gegeben hast« folgt, sagt er – das Wunder liege nicht im Körper – auch wenn wir den Körper nicht verstünden, aber das gehöre zu den Wundern des Schöpfers, der den Körper geschaffen hat. Auch die Seele stelle kein Problem dar, denn die Seele ist göttlich. Aber über die Verbindung zwischen Körper und Seele werde gesagt »Du vollbringst Wunderbares« – denn das kann man einfach nicht verstehen. Selbst wenn ich den Körper und die Seele verstehe – so ist es mir dennoch unmöglich, die Verbindung zwischen ihnen zu verstehen! Bis heute gibt es Dummköpfe und Fachidioten, die glauben, durch Erforschung des Gehirns könne man diese Sache aufklären.

Das wird uns also für immer entzogen bleiben?

Ja. Ich denke, genau das hat Kant »Antinomie« genannt. Mit anderen Worten, vom logischen Aspekt aus kann dieses Problem unmöglich gelöst werden.

Welcher Auffassung des psychophysischen Problems neigen Sie zu: der monistischen, die in Körper und Seele eine Wesenheit sieht, oder jener Auffassung, die als psychophysischer Dualismus bekannt ist und derzufolge von zwei getrennten Wesenheiten zu reden ist?

Folgendes muß ich auf Ihre Frage antworten: Wenn man von zwei Welten in einem ontischen *(existentiellen)* Sinn spricht, handelt es sich zweifellos um ein metaphysisches Problem, aber aus epistemologischer *(erkenntnismäßiger)* Sicht, ist es klar, daß es zwei Welten gibt. Das heißt, ich kann über die psychische Wirklichkeit nicht in denselben Kategorien denken, in denen ich über die Welt der Natur denke. Daher sind auch alle Versuche und Anstrengungen, in Psychologie, Soziologie, Staats- und Wirtschaftslehre in naturwissenschaftlichen Kategorien zu denken, zum Scheitern verurteilt. Zwar hat man besonders in der Wirtschaftslehre manchmal den Eindruck, daß mit den naturwissenschaftlichen Denkmethoden gearbeitet wird. Aber dabei vergißt man stets, daß Wirtschaftswissenschaftler sich mit Interessen von Menschen befassen, und Interessen sind kein Begriff der Naturwissenschaft. In Physik und Chemie gibt es keine Interessen. Jede Theorie, die sich mit der Frage auseinandersetzt, was den Markt beeinflußt, und wie sich die monetäre Lage auf die Arbeitslosigkeit und die Arbeitslosigkeit auf die monetäre Lage etc. auswirkt – jede Theorie, die die wirtschaftlich-gesellschaftlichen Erscheinungen auf »wissenschaftliche« Weise durch rechnerische Analysen objektiver Daten, ähnlich wie die naturwissenschaftlichen Systeme, zu erklären versucht, kann am Ende nicht vermeiden, auf »Interessen« Bezug zu nehmen, die Interessen der Menschen sind, die etwas verdienen oder gewinnen wollen. Wenn es sich nicht so verhielte, gäbe es ja überhaupt keine Wirtschaft. Alles das existiert in der Natur überhaupt nicht, in der Natur gibt es keine Zwecke und Interessen.

Sie haben das psychophysische Problem an einem linguistischen Beispiel, der Beziehung zwischen Sprache und Gehirn, illustriert. Kann man das Problem auch an den anderen Sinnen aufzeigen – dem Seh-, Hör- und Tastsinn?

Hier liegen die Dinge anders als bei der Sprache. Die Sprache ist etwas spezifisch Menschliches. Auch Tiere besitzen einen Sehsinn, während das Sprachproblem spezifisch menschlich ist. Natürlich kann man auch in bezug auf den Sehsinn fragen: Was ist die Verbindung zwischen dem, was objektiv im Auge und Gehirn eines Menschen geschieht –

ja, was vielleicht sogar meßbar ist – und dem psychischen Umstand, daß ich etwas sehe. Ja, das gehört auch zu dem psychophysischen Problemkreis, aber in bezug auf die Sprache stellt sich das Problem in ganz besonderer Art. Denn Sprache ist ja nicht nur das Erklingen von Stimmen. Der Mensch kann doch sogar durch die Schrift sprechen! Menschen können sprachlich miteinander kommunizieren, ohne einen Laut zu sagen.

Aber eine derartige Kommunikation existiert in einem bestimmten Maße auch in der Tierwelt.

Sicherlich nicht. Kann ein Hund eine Sprache erfinden?! Der Mensch kann eine Sprache erfinden. Samenhoff hat die Sprache des Esperanto erfunden. Dem Klang des Hundegebells kommt eine Bedeutung zu, dem Wort aber, das ja auch nur ein Klang ist – kommt keinerlei Bedeutung zu.

Wie verhält es sich mit der künstlichen Intelligenz? Vielleicht hat der Mensch der Maschine doch nichts voraus?

Der Mensch hat den Vorteil, daß er denkt, die Maschine aber denkt nicht.

Das wird für immer so bleiben?

Selbstverständlich. Wenn man irgend etwas berechnet, dann kann man sich durch einen Computer helfen lassen, aber am Anfang muß man selber nachdenken. Der Computer – im Gegensatz zum Menschen – denkt nicht. Der Computer ist und bleibt eine Maschine, die nicht denkt.

Werden wir niemals einen »Übersetzungscomputer« erhalten?

Bis heute sind alle Versuche in dieser Richtung gescheitert. Das Problem besteht in den Assoziationen. Gestern hatte ich ein Gespräch mit einer Gruppe deutscher Theologiestudenten, die hier an der Universität in Jerusalem ein Jahr lang studieren. Wir sprachen über das Wort »Chesed«. Wie soll man dieses Wort ins Deutsche übersetzen? Milde, Gnade, Liebe?

Wenn man das Wort »Chesed« in einen Computer eingibt, dann ist er nicht in der Lage zu wissen, welche Bedeutung man beabsichtigt. Schon in früheren Zeiten – als es noch keinen Computer, wohl aber die Sprache gab – war man sich hauptsächlich bei den Griechen dieses Problems bewußt. Bei Maimonides findet sich das folgende Beispiel für Wortsynonyme: Ein Mensch sagt »Der Bär ist schwarz und lebt im Wald«, ein anderer sagt »Der Bär leuchtet und steht am Himmel« – jeder wird von dem anderen sagen, er müsse sich wohl irren. Aber der eine meint den zoologischen Bären, der andere den astronomischen Bären. Genau hier liegt das Problem des Computers. Wenn man einen Computer mit dem Wort »Bär« füttert, wie soll er dann wissen, in welcher Bedeutung man dieses Wort gebraucht? Natürlich kann man den Computer so programmieren, daß er auch den Zusammenhang und sämtliche Assoziationen innerhalb des Textes überprüft, und erkennen kann, daß von dem zoologischen Bären und nicht von dem Sternbild die Rede ist. Das bedeutet aber, daß man den Computer jedesmal auch mit allen Assoziationen, die mit einem bestimmten Wort verknüpft sind, füttern muß. Das ist vielleicht – vom praktischen Gesichtspunkt aus – unmöglich, denn Assoziationen zu einem Wort können unter Umständen ins Unendliche gehen. Auf jeden Fall sind bis heute alle, die einen derartigen Versuch unternommen haben, gescheitert. Der Grund ist wohl einfach der, daß man Sprache nicht mit Hilfe eines Wörterbuches übersetzen kann. Es gibt keinen größeren Fehler als zu sagen: Wenn ich einen bestimmten Abschnitt lese, und ihn nicht verstehe, so greife ich zum Wörterbuch und schlage die Bedeutung jedes einzelnen Wortes nach.

Darüber heißt es schon im Talmudtraktat Kidduschin 49a: »Wer einen Satz wörtlich übersetzt, fälscht ihn.«

Im Laufe der Jahre hatten Sie über das psychophysische Problem eingehende Auseinandersetzungen mit Professor Josua Bar-Hillel (*1915-1975; Logiker und Professor für Philosophie an der Hebräischen Universität Jerusalem*).

Das psychophysische Problem ist eine Welt für sich. Es gab Dinge, über die zwischen uns Meinungsverschiedenheiten bestanden, bei anderen Sachverhalten gelangten wir durchaus zu einer Übereinstimmung. Das ist zu schwierig, um hier im Einzelnen aufgeführt zu werden, denn das psychophysische Problem ist noch viel komplizierter, als selbst intelligente Menschen denken.

Sind Sie bereit, ein Urteil über Professor Bar-Hillel zu wagen?
Bar-Hillel war einer der besten und strengsten analytischen Denker. Aber nicht immer konnte man behaupten, er habe tiefschürfende Gedanken gehabt. Seine Verstandesschärfe fiel sicherlich aus dem Rahmen, aber nicht immer auch in Hinsicht auf die Tiefe seiner Gedanken.

Zwischen Psychologie und Wissenschaft

Wo ordnen Sie den Traum innerhalb des psychophysischen Problems ein?
Der Traum ist eine sehr vage Angelegenheit. Ich kenne die Literatur zu dieser Frage und beschäftige mich mit ihr. Das Problem des Schlafes selbst ist völlig unklar und absolut unverständlich. Man kennt heute selbst die Funktion des Schlafes noch nicht, obwohl man weiß, daß der Mensch schlafen muß. Er kann einfach nicht mehr als zwei, drei Tage ohne Schlaf leben. Aber warum sich das so verhält – weiß man nicht. Wir sind aus der Fachliteratur über Fälle einzelner Personen unterrichtet, die die Fähigkeit zu schlafen infolge einer Gehirnschädigung verloren haben und noch viele Jahre ein normales Leben führen konnten. Warum können Sie und ich dann nicht ohne Schlaf leben? Wie schwierig die Dinge liegen, ergibt sich aus der Tatsache, daß man vermutet, gerade der Traum sei das Wichtigste am Schlaf! Das wird in der psychophysischen Literatur sehr häufig diskutiert. Das bedeutet, der Traum ist keine Begleiterscheinung des Schlafes, sondern umgekehrt – es ist gut möglich, daß der Schlaf das Mittel ist, um dem Menschen die Gelegenheit zum Träumen zu geben. Darüber werden sehr ernsthafte Diskussionen geführt. Die weitverbreitete Annahme, der Schlaf sei ein Ruhezustand, ist einfach nicht richtig. Die Muskeln sind im Schlaf im Ruhezustand, aber nicht das Gehirn. Das Gehirn arbeitet im Schlaf in einer an-

deren Form als im Zustand des Wachseins. Das kann sogar in objektiver Weise beobachtet werden, wobei sich herausstellt, daß das Gehirn im Schlaf nicht weniger arbeitet als im wachen Zustand. Darüber hinaus hat man aufgrund dieser Entdeckung zwischen verschiedenen Arten des Schlafes unterscheiden können. Hier ist die wissenschaftliche Literatur natürlich inzwischen gewaltig angewachsen, aber auch die populär-wissenschaftliche Literatur, die jeder Mensch verstehen kann, ohne sich in der Terminologie der Gehirnforschung bis ins einzelne auszukennen.

Heißt das, daß nicht alle Menschen träumen?

Nein – verschiedene Arten des Schlafes bedeutet nicht, verschiedene Menschen hätten unterschiedliche Schlafarten, sondern ein- und derselbe Mensch schläft in verschiedenen Phasen. Das kann man verfolgen, wenn ein Mensch mehrere Stunden lang schläft. Man kann wirklich anhand aufgezeichneter Frequenzen der Gehirnwellen zeigen, daß ein Mensch in einer Stunde in einem bestimmten Schlaf liegt und nachher in eine andere Phase eintritt. Das ist keine Frage von mehr oder weniger Arbeit des Gehirns, sondern eine Frage der Struktur. Spannung und Schwingungsfrequenz der Gehirnwellen sind in den unterschiedlichen Schlafphasen verschieden. Man träumt wohl nur in einer der Phasen. Es gab eine Zeit, in der ich glaubte, das verhalte sich nicht notwendigerweise so, aber in den letzten Jahren bin ich mehr und mehr von der in diese Richtung gehenden Literatur überzeugt worden. Aber warum der Mensch überhaupt träumt, und wie er träumt, das wissen wir nicht.

Eine anderes befremdliches, dem Schlaf sehr ähnliches Phänomen ist die Hypnose. Ist das eine reale Erscheinung?

Ja. Man kann das Bewußtsein des Menschen »ergreifen« – jedenfalls wenn er sich nicht dagegen sträubt – und es in eine bestimmte Richtung lenken. Was wohl nicht richtig ist – obwohl es häufig in Geschichten über Hypnose auftaucht – daß man den Menschen in Hypnose zu allerlei Taten wider seinen Willen bringen kann. Das ist wahrscheinlich nicht möglich. Man kann einen Menschen nicht dazu bringen, jemanden zu ermorden, wenn er es nicht will, denn wenn er nicht morden will, dann mordet er nicht.

Aber man kann das Bewußtsein in eine bestimmte Richtung lenken, und schließlich erreicht man dann eine höhere Stufe dessen, was wir allgemein »Überzeugung« nennen. Dieses Phänomen ist ebenfalls Thema zahlreicher wissenschaftlicher Untersuchungen. Wie kann ich jemanden von irgend etwas überzeugen? Ein Mensch weigert sich, eine bestimmte Handlung zu vollbringen, und ich überrede oder überzeuge ihn, es doch zu tun, nicht im Traum oder durch Telepathie, sondern gewissermaßen durch Beeinflussung seines Bewußtseins. Wir sind daran so gewöhnt, daß wir darüber nicht mehr staunen können, aber das ist eigentlich eine sehr merkwürdige und erstaunliche Angelegenheit. Ich halte Hypnose für die oberste Stufe der Überzeugung. Es scheint, daß sie nicht jedem Menschen gegenüber erfolgreich ist. Aber man kann Tatsachen nicht leugnen – manchmal ist Hypnose erfolgreich. Zum Beispiel in der Bewußtwerdung bestimmter Erinnerungen. Etwas war sozusagen tief in der Erinnerung eines Menschen versunken, er war sich dessen nur nicht mehr bewußt, und durch Hypnose tritt diese Erinnerung wieder in das Bewußtsein. Vielleicht liegt darin nichts Erstaunliches, vielleicht handelt es sich wirklich nur um eine höhere Stufe der Überzeugung.

Aber man kann die Hypnose erlernen.

Vielleicht. Das gehört in den Bereich psychologischer Übung. Ich streite Fähigkeit und Bedeutung der Psychologie nicht ab. Ich kann nur sagen, daß genau jene Psychologen, die mit aller Kraft versuchen, die Psychologie als eine Wissenschaft unter den Naturwissenschaften darzustellen, der Psychologie keinen guten Dienst erweisen. Diese Versuche werden natürlich deswegen ständig unternommen, weil die Naturwissenschaften einen bestimmten Ruf haben, an dem man als Psychologe gerne partizipieren möchte. Aber im menschlichen Bewußtsein gibt es Dinge, die größer sind, als daß sie durch naturwissenschaftliche Kategorien erfaßt werden könnten.

In Ihrem Buch »Zwischen Naturwissenschaft und Philosophie« sagen Sie, die Psychologie sei keine Wissenschaft. Dennoch entsteht der Eindruck, daß Sie der Psychologie große Sympathie entgegenbringen.

Man kann sagen, daß die Psychologie ein sehr wichtiger Beruf ist, denn der Mensch möchte eben seine eigene psychische Realität erkennen können. Das kann aber nicht mit naturwissenschaftlichen Methoden erreicht werden. Es gibt viele Psychologen, die sich bewußt sind, daß die Kategorien der Psychologie völlig eigenständige sind, da man keinerlei Möglichkeit hat, die psychische Realität eines anderen Menschen kennenzulernen. Sie sehen, worin hier das Problem liegt: der personelle Bereich. Ich kann eigentlich nur meine eigene psychische Wirklichkeit erkennen, und nur ich kenne diese Realität. Sie kennen meine psychische Wirklichkeit nicht. Wir unterhalten uns und versuchen, einander zu verstehen, aber in Wirklichkeit kann niemand in die Seele seines Mitmenschen schauen.

Damit haben Sie aber den Eigenwert der Psychologie bestritten. Gewissermaßen haben Sie gesagt, daß die erfolgreiche Behandlung in einer Psychotherapie nur eine Illusion ist – denn der Psychologe kann überhaupt nicht in die Seele des Menschen eindringen.

Niemals habe ich den Wert der Psychologie als Wissenschaft, als die für den Menschen wichtigste Wissenschaft, bestritten, sondern nur die Versuche, die Psychologie in die Naturwissenschaften einzureihen.

Manchmal kann der Psychologe dem Menschen, der auf ihn angewiesen ist, sehr nützlich sein, obwohl uns nicht klar ist, wie und warum. Aber es gibt auch in der Medizin derartige Dinge. Bis vor wenigen Jahren hatten wir keinerlei Begriff von der Wirkungsweise des Aspirin – eines so stark verbreiteten Medikamentes, das seit mehr als 80 Jahren in Gebrauch ist; wir wußten nur, daß Aspirin in vielen Fällen von Kopfschmerz und Fieber u.ä. hilfreich ist. So ist es gut möglich, daß die Unterhaltung des Patienten mit einem Psychologen, der in der Gesprächsführung mit Menschen ausgebildet ist, für die psychische Situation des Menschen hilfreich ist, obwohl man niemals wissen kann, ob ein Mensch, der einen bestimmten Begriff zur Beschreibung seiner seelischen Situation benutzt, genau das gleiche fühlt wie ein Mensch, der eben jenen Begriff auch benutzt. Wenn jemand sagt »ich liebe, ich hasse, ich fürchte« – bleibt fraglich, ob er darunter das versteht und assoziiert, was ich unter diesen Begriffen verstehe oder mit ihnen assoziiere. Aber wir wollen hier nicht über die Nützlichkeit der Psychologie sprechen. Grundsätzlich kann man sagen, daß der Beschäftigungsbereich der Naturwissenschaften im Bereich dessen liegt, was allen zugänglich ist, oder zumindest zugänglich sein kann, während die Psychologie nur auf den seelischen Bereich des Individuums Bezug nimmt.

Ich denke, daß ist heute eine der zentralen Streitfragen in der Psychiatrie.

Ich muß leider gestehen, daß meine Kenntnisse im Bereich der Psychiatrie sehr beschränkt sind, und sich aus meiner Lektüre und dem, was ich ein Semester lang während meines Medizinstudiums gelernt habe, zusammensetzen. Hier können Sie von mir keine kompetenten Auskünfte erwarten. Aber in der Psychiatrie tasten wir prinzipiell immer noch ziemlich im Dunkeln. Die Geisteskrankheiten sind überhaupt eine sehr eigenartige Angelegenheit. Es gibt Geisteskrankheiten, bei denen man keine entsprechenden Veränderungen im Gehirn finden kann, d.h. der objektive neurologische Befund weist keine Störungen auf. Darauf stützt sich unter anderem die These, daß die Seele ein eigenständiges Wesen besitzt.

Was halten Sie von der Psychoanalyse?

Nicht allzuviel. In der Theorie ist sie nicht wissenschaftlich, sondern nur eine Mythologie, in der Praxis ist sie nicht effektiv.

Wie erklären Sie sich dann die Tatsache, daß die Psychoanalyse solange ihren Status aufrechterhalten konnte, wenn sie nicht effektiv ist?

Das Christentum hat sich auch zweitausend Jahre gehalten... Außerdem lieben die Menschen es, in ihrer Sexualität zu stöbern. Die Psychoanalyse ist hauptsächlich eine jüdische Möglichkeit, Geld zu verdienen, das ist ein schlechtes Zeichen für die Juden.

Weist das darauf hin, daß die Juden ein neurotisches Volk sind?

Es ist doch nicht neurotisch, Geld verdienen zu wollen.

Wie erklären Sie es, daß der Anteil der Juden, die sich mit Psychiatrie und Psychoanalyse beschäftigen, so hoch ist?

In der Psychiatrie ist der Anteil der Juden nicht besonders hoch. Ich habe nicht den Eindruck, daß die Psychiatrie ein ausgesprochen jüdischer Beruf ist. Die Psychoanalyse ist jedoch ganz sicher in jüdischen Händen.
Gibt es dafür einen hinreichenden Grund?
Nicht im geringsten. In der Theorie ist die Psychoanalyse wirklich eine Mythologie, in der Praxis aber, denke ich, hat die Psychoanalyse in den achtzig Jahren seit ihrer Entdeckung keinem einzigen Menschen geholfen. Sehr im Gegenteil: Sie beeinträchtigte sicherlich die seelische Wohlbefindlichkeit von unzähligen Menschen, die von der Psychoanalyse abhängig wurden.
In Amerika blüht die Psychoanalyse wie nie zuvor.
Natürlich. Auch die Astrologie blüht dort. Es gibt keine Zeitung, die nicht jede Woche eine astrologische Seite bringt. Das täte sie nicht, wenn danach keine Nachfrage bestünde.
Was halten Sie von der Graphologie – existiert hier eine wissenschaftliche Basis?
Die Graphologie findet ihre Analogie in der Lehre von Gestik und Mimik des Sprechens. Gestik und Mimik stellen die unbewußten Begleitbewegungen für die von dem Menschen bewußt vollzogenen Sprechbewegungen dar. Der Mensch spricht, weil er etwas sagen möchte, aber seine Worte werden von Bewegungen begleitet, die nicht mit dem Sprechapparat verbunden sind und die unbeabsichtigt geschehen. Die Muskeln werden in spontaner Weise zu den beabsichtigten Sprechbewegungen in Tätigkeit gesetzt. In Gestik und Mimik spiegeln sich bestimmte Züge der menschlichen Persönlichkeit wieder. Das zeigt sich darin, daß ein Mensch nur sehr schwer absichtlich und in konkreter Form diese Begleitbewegungen seiner Sprache verändern kann. So verhält es sich auch mit den Schreibbewegungen, – die ein Mensch absichtlich ausführt – und die von unbeabsichtigten Muskelbewegungen des Schreibens begleitet werden. Deshalb haben die Menschen unterschiedliche Handschriften, obwohl sie doch sozusagen alle die gleichen Buchstaben schreiben, vielleicht sogar nach ein und demselben Schönschriftmodell. Daher ist es sehr wahrscheinlich, daß sich auch in der Handschrift etwas von der Persönlichkeit eines Menschen widerspiegelt, so wie sich in Gestik und

Mimik bestimmte Linien abzeichnen. Ich weiß nicht, inwieweit die Möglichkeit besteht, aufgrund der Handschrift die Charakterzüge, die sich in der Handschrift spiegeln, zu entschlüsseln.

Ich werde Ihnen zur Illustration ein eigenes Erlebnis erzählen: Ich habe vor einigen Jahren an einer graphologischen Untersuchung teilgenommen, die von Dr. Naftali an einer Gruppe von Menschen, die er nicht kannte, durchgeführt wurde. Jeder von den Teilnehmern wurde gebeten, einige Zeilen zu schreiben, aufgrund derer Dr. Naftali den Charakter der jeweiligen Schreiber analysierte. Ich erinnere mich, daß er über mich – ohne zu wissen, daß es sich um meine Handschrift handelte – sagte, daß biographisch betrachtet das Schreiben hebräischer Buchstaben dem Schreiben in lateinischen Buchstaben voranging. Und das ist richtig. Ebenso stellte er fest, daß der Schreiber eine intellektuelle Persönlichkeit sei, die sich mit Studium, aber auch mit der praktischen Wissenschaft beschäftige. Und auch das ist richtig.

Die Pianistin Pina Salzmann hat mit mir zusammen ebenfalls an dieser Untersuchung teilgenommen. Über Frau Salzmann ist er aufgrund ihrer Handschrift zu der Aussage gekommen, es handle sich um die Handschrift einer Frau mit erheblicher künstlerischer Begabung. Er habe sich selbst gefragt, ob es sich um visuelle oder akustische Kunst handle, und nach einer tiefergehenden Untersuchung der Handschrift, sei er zu der Erkenntnis gelangt, es müsse sich um die Musik handeln.

Nachdem das Geheimnis gelüftet worden war und wir ihm gesagt hatten, daß es sich um unsere Handschriften gehandelt hatte, sagte er mir, er sei sehr erstaunt gewesen, daß meine Handschrift keineswegs die Schrift eines alten Herren sei, obwohl ich damals schon weit über 70 Jahre alt war.

Dennoch glaube ich, daß die Graphologen übertreiben, wenn sie behaupten, sie könnten aufgrund der Handschrift selbst kleinste biographische Einzelheiten im Leben eines Menschen unterscheiden. Daran glaube ich nicht, obwohl ich als Neurophysiologe durchaus annehme, daß sich in den Begleitbewegungen des Schreibens, in denen sich die individuelle Handschrift ausdrückt, bestimmte Linien der Persönlichkeit widerspiegeln.

Die Hebräische Enzyklopädie (*Ensiklopedia ha-ivrit*)

Wenn Sie Ihre Arbeit an der Hebräischen Enzyklopädie zusammenfassen wollen – was war Ihr Beitrag, den sie als Chefredakteur der Enzyklopädie viele Jahre lang leisteten?

Die Enzyklopädie ist ein sehr großes Werk, das man heute bereits aufgrund des Umfanges des uns zur Verfügung stehenden Wissens nicht mehr so durchführen könnte. Die letzte Auflage der Enzyklopaedia Britannica, zum Beispiel, ist ein totaler Mißerfolg. Auch während der Zeit, in der wir an der Enzyklopädie arbeiteten, hatte ich oft den Eindruck, es handele sich um ein Projekt, das man eigentlich nicht verwirklichen kann. Dennoch ist etwas wesentlich Besseres dabei herausgekommen, als ich erwartet hatte. Ohne anmaßend sein zu wollen, muß ich sagen, daß auch die letzten Bände, an denen ich bereits nicht mehr als Chefredakteur beteiligt war, nicht schlecht sind, es aber wohl sein mag, daß diese Bände noch ein wenig besser geworden wären, wenn ich sie ebenfalls redigiert hätte. Ich habe dieser Aufgabe nahezu zwanzig Jahre meines Lebens gewidmet. Bei 22 Bänden war ich als Redakteur für den Bereich der Naturwissenschaften verantwortlich; bei 15 Bänden war ich zusätzlich auch Chefredakteur der gesamten Enzyklopädie. Letztendlich ist von einem gewaltigen Werk die Rede, und ich wundere mich, wie wir es erfolgreich bewältigen konnten.

Jeder Artikel ging durch Ihre Hände?

Aber ja, natürlich! Deshalb mußten wir uns auch letztendlich trennen, die Enzyklopädie und ich. Die Palai-Gruppe, die Eigentümerin des Verlages »Masada«, der die Enzyklopädie herausgab, behauptete, ich würde die Publikation der einzelnen Bände durch meine in ihren Augen überflüssige Gründlichkeit bei der Sichtung der von den Autoren gelieferten Manuskripte zu sehr herauszögern. Schließlich hat man mich in wenig schöner Form aus dem Projekt entlassen. Solange ich jedoch noch bei der Enzyklopädie mitarbeitete, begegnete man mir mit großer Loyalität. Ich erhielt jegliche Unterstützung von seiten des Verlages und auch alle nur mögliche Absicherung gegen Druck und Angriffe von außen, zum Beispiel bei der Problematik, wer in die Enzyklopädie aufzunehmen sei und wer nicht, was man schreiben solle und was nicht.

So setzte man uns zum Beispiel von offizieller Seite (Verteidigungsministerium oder Ministerpräsident) unter Druck, nicht die Affäre De Haan in dem Artikel über die Geschichte des Jischuws zu behandeln. *(Jakob Israel De Haan, 1881-1924; Schriftsteller und Journalist, bezog innerhalb der streng-religiösen Gemeinde in Jerusalem extrem anti-zionistische Positionen und wurde von »Palmach«-Leuten wegen seiner politischen Aktivitäten ermordet.)* Der Herausgeber verhielt sich mir gegenüber völlig loyal und leitete die Aufforderung des Ministeriums an mich, den Chefredakteur, der alleine für solche Entscheidungen verantwortlich war, weiter. Ich gab dem Druck natürlich nicht nach. Die Enzyklopädie erhielt auch ohne Unterlaß irgendwelche Bitten von Personen – Schriftstellern, Künstlern oder bestimmten Körperschaften –, die daran interessiert waren, daß »ihre« Leute in der Enzyklopädie erscheinen. Auch in derartigen Fällen gab der Herausgeber die Bitten an mich weiter.

Worin bestand Ihr Kriterium für die Aufnahme einer Person in die Enzyklopädie?

Meine eigenen Erwägungen waren ausschlaggebend. Ganz einfach. Zum Beispiel war auf die Frage zu antworten, ob es für irgendeinen hebräischen Schriftsteller einen Platz in einer allgemeinen Enzyklopädie gebe? Meiner Meinung nach nicht. Oder ob irgendein bekannter Parteifunktionär – dessen Partei sehr daran interessiert ist, daß über ihn ein Artikel geschrieben wird – dieses Artikels würdig ist? Ich sagte mir, der Mann wird in dem entsprechenden historischen Rahmen erwähnt, aber es ist durchaus nicht nötig, daß ihm ein eigener Artikel gewidmet wird.

Ich habe auch niemals zugestimmt, daß ein Band, für den ich als Chefredakteur verantwortlich zeichnete, einen Artikel enthielt, der meinem Verständnis nach qualitativ nicht gut war. Natürlich ist ein derartiges Urteil stets subjektiv – wie das Urteil jedes Redakteurs – aber wenn man mir die Redaktion überträgt, dann entscheide ich nach meinen Erwägungen und meiner Kalkulation.

In diesem Zusammenhang ist vielleicht der Artikel über die »Hagana« interessant, den wir für den elften Band vorbereiteten. Das Kapitel der »Hagana« stellt einen bedeutenden Abschnitt in der Geschichte des Jischuws und des Zionismus dar, denn in der Frage der »Hagana« schieden sich die Geister politisch. An dieser Wegkreuzung »Hagana« wurden die inneren Kämpfe in der zionistischen Bewegung und im Jischuw über Fragen nach Organisation und Offiziersposten ausgetragen. Mir war klar, daß dieser Artikel von einem der besten Historiker des Zionismus und des Jischuws geschrieben werden mußte. Ich dachte dabei an Chajim Hillel Ben-Sasson. Aber noch bevor die Sache aktuell wurde, wandte sich das Verteidigungsministerium mit der Bitte und dem Vorschlag an uns, der Artikel möge von Dr. Israel Baer geschrieben werden *(1912-1966; Militärhistoriker; Baer wurde später als sowjetischer Spion zu zehn Jahren Gefängnis verurteilt und verstarb im Gefängnis)*. Ich kannte Baer sehr gut, weil er für uns einige vortreffliche Artikel über militärische Fragen, zum Beispiel den Abschnitt über das Wesen des deutschen Militarismus im Artikel »Deutschland«, geschrieben hatte. Wir wußten, daß ihm als Parteigänger Ben-Gurions und Historiker des Verteidigungsministeriums alle Archive offenstehen würden. Von diesem Aspekt aus war er also sicherlich der geeignete Mann, um den Artikel zu schreiben, obwohl er als Mensch sehr unsympathisch war. Ich sagte jedoch sogleich, es käme überhaupt nicht in Frage, daß er den Artikel schreibe, denn den Artikel über die »Hagana« könne nur jemand schreiben, der sich in der Geschichte des Zionismus und des Jischuws auskenne. Israel

Baer jedoch wäre – bei aller Wertschätzung – ein von außen Dazugekommener, ein Fremder. Wir würden ihn sehr schätzen (damals wäre noch niemand auf den Gedanken gekommen, wer er wirklich war), aber das reiche nicht aus. Man müsse die Verhältnisse und ihre Bedeutung von innen heraus kennen; alles, was sich damals zwischen der Bauern- und der Arbeitergewerkschaft und so weiter und so weiter ereignet hatte, wäre zu berücksichtigen; Baer sei einfach nicht der Mann dafür. Man sagte mir, es ginge um einen Artikel über militärische Fragen, für die Israel Baer durchaus Experte sei. Ich erwiderte, man sei hier sehr im Irrtum. Ich betrachte den Artikel keineswegs als einen militärischen, sondern als einen politisch-historischen Artikel ersten Ranges. Als man bemerkte, daß ich beharrlich bei meiner Meinung blieb, wandte sich das Verteidigungsministerium an die Palai-Gruppe und versuchte, auf sie Druck auszuüben, aber zu ihren Gunsten muß man sagen, daß sie dem Druck mit dem Einwand widerstanden, der Herausgeber sei nur für die administrativen Fragen zuständig, während der Chefredakteur berechtigt sei, über alle inhaltlichen Fragen selbständig zu entscheiden. Als alle Zwangsmaßnahmen nichts nützten, bat man um eine Unterredung zwischen Israel Baer und mir, und wir verabredeten uns im Beit-Sokolow, dem »Haus der Journalisten« in Tel-Aviv, gegenüber dem Verteidigungsministerium. Baer erschien mit Rückendeckung des Ministeriums, ich stand alleine. Ich sagte ihm, daß er von uns sehr geschätzt werde, und wir hofften, er werde weiterhin Artikel für die Enzyklopädie schreiben, es müsse ihm jedoch klar sein, daß er für die Abfassung des Artikels über die »Hagana« nicht der geeignete Mann sei. So gingen wir auseinander, und der »Hagana«-Artikel wurde von Chajim Ben-Sasson geschrieben. Das ist nur ein Beispiel.

Auch über den Artikel »Ben-Gurion« kam es zu Streitigkeiten.

Ja, damals, 1949, zu Beginn der Arbeit an der Enzyklopädie *(Band 8)* war dieser Artikel sehr kurz. Bis zur Publikation des Ergänzungsbandes vergingen zehn bis fünfzehn Jahre – die fünfziger und sechziger Jahre und da mußte man über Ben-Gurion als jemanden schreiben, der schon zur Geschichte gehörte. Ich wandte mich an alle Historiker des Landes, aber der größte Teil weigerte sich mit allen möglichen Argumenten, den Artikel zu schreiben. Man fürchtete, alles, was man schreiben werde, könnte bei irgend jemandem Anstoß erregen. Einige schrieben etwas, das aber eher in ein Lexikon als in eine Enzyklopädie paßte, weil es mehr oder weniger Faktensammlungen (Daten u.ä.) ohne Bewertung und Urteil darstellte. Die Zeit drängte, und so blieb mir keine andere Wahl, als etwas zu tun, woran ich niemals gedacht hatte – ich mußte den Artikel selber schreiben. Ich ging mit äußerster Vorsicht an die Abfassung, schrieb nicht alles, was ich dachte, aber ich kann versichern, daß ich nichts schrieb, was meiner Meinung widersprochen hätte. Bevor ich den Artikel in Druck gab, tat ich noch etwas, was ich im allgemeinen nicht zu tun pflegte; ich arbeitete immer selbständig und holte zu meinen Entscheidungen niemals den Rat anderer Leute ein. Da es bei der Enzyklopädie jedoch nicht um meinen Privatartikel ging, und der Artikel von großer historischer – nicht politischer – Wichtigkeit war, beriet ich mich mit zwei Persönlichkeiten des öffentlichen Lebens aus dem engsten Kreise um Ben-Gurion. Der eine, dem die Bedeutung der Angelegenheit sehr wohl bewußt war, hatte an meinem Text nichts auszusetzen. Der andere lud mich zu einem Gespräch in sein Büro ein, doch ich bezweifle sehr, ob er heute noch an dieses Gespräch erinnert werden möchte. Er versuchte, nachdem er den Artikel gelesen hatte, mich zu überzeugen, daß ich bei meiner Beurteilung Ben-Gurions etlichen Irrtümern unterlegen sei. Um seine Meinung zu begründen, begann er, mir zu erzählen, was die »Mapai« gewesen war und was sich in ihr zur Zeit Ben-Gurions ereignet hätte. Was er mir in aller Ausführlichkeit erzählte, können Sie meiner Reaktion entnehmen. Ich sagte ihm, ich hätte stets gedacht, die »Mapai«-Leute seien eine Art »Tammony Hall« in New York gewesen, seinen Worten aber müßte ich entnehmen, sie hätten der Mafia nähergestanden. Darauf sagte er mir, das sei genau, wogegen Ben-Gurion revoltiert habe.

Ich konnte nur mit der Frage erwidern, wer, wenn nicht Ben-Gurion, diese Mafia aufgebaut habe. Ob Ben-Gurion denn erst nach dem Zerwürfnis mit der »Mapai« klargeworden sei, daß alles verdorben und korrupt war. Darauf wußte mein Gesprächspartner nichts mehr zu antworten.

Haben Sie mit Ben-Gurion selbst über den Artikel gesprochen?

Nein. Aber es wurde mir von jemandem, der es selbst gehört hatte, zugetragen, Ben-Gurion habe, nachdem er den Artikel gelesen hatte, gesagt: Leibowitz hegt einen grundlosen Haß gegen mich. Ich habe Ben-Gurion lange Zeit nach Abfassung des Artikels getroffen, aber wir kamen nicht auf dieses Thema zu sprechen. Ich habe die Angelegenheit natürlich nicht erwähnt, er jedoch ebenfalls nicht. Ich glaube nicht, daß ich den Artikel mit Gehässigkeit – was ich fühlte, sei dahingestellt – sondern in sehr gemäßigter und behutsamer Form geschrieben habe. Ich habe hervorgehoben, daß Ben-Gurion, der nationale Führer, zu den Wertinhalten der Geschichte des jüdischen Volkes und des Judentums keine wahre Beziehung hatte, sondern nur zur Staatlichkeit, doch ich denke, mit dieser Einschätzung liege ich richtig.

Eine andere Affäre drehte sich um den Artikel »Platon«. Im sechsten Band findet sich neben Ihrem Namen als Mitglied des allgemeinen Redaktionsausschusses ein Sternchen, das darauf hinweist, daß Sie nur bis zur Seite 233 Redakteur waren. Warum?

Das war eine bedauerliche Affäre. Der Chefredakteur war Prof. Joseph Klausner *(1874-1958; Professor für hebräische Literatur und jüdische Geschichte)*, ein Mann ohne Inspiration, der der Meinung war, er hätte sowohl vom Judentum als auch vom Hellenismus eine Ahnung. Deshalb schrieb er den Artikel über Platon, der einfach nichts taugte. Da Klausner Chefredakteur war, konnte ich gegen den Artikel nichts sagen, wollte aber – mittels des Sternchens und der Anmerkung – betonen, daß ich für diesen Artikel keinerlei Verantwortung trage.

Haben Sie weitere wichtige Artikel geschrieben?

Im allgemeinen habe ich mich bemüht, als Redakteur so wenig wie möglich zu schreiben, aber die bedeutenden Artikel »Chemie« und »Leben« und einige andere habe ich verfaßt. Auch in diesem Zusammenhang kann ich etwas erzählen. Der Artikel »Leben« war eine Gemeinschaftsarbeit, die mir viel Freude bereitete. Ich schrieb den Artikel zusammen mit Adolf Portmann aus Basel, einem der bedeutenden zeitgenössischen Biologen, den ich sehr geschätzt habe. Ich bat ihn, den Artikel zu schreiben, und er schlug vor, die Arbeit unter uns aufzuteilen. Wir schrieben den Artikel wirklich in zwei Teilen, ebenso den Artikel »Evolution«. Dann schrieb ich außerdem den Artikel über das Gehirn, der in meinen Augen der wichtigste Text über das Gehirn ist, der bis zu jenem Zeitpunkt in hebräischer Sprache geschrieben wurde. Auch dieser Artikel hat eine Geschichte. Ich bestellte den Artikel bei einem der Neurologen und Neurophysiologen, der bei uns zu den Kapazitäten seines Faches gezählt wird. Als ich das Manuskript erhielt, warf ich es in den Papierkorb.

Dieser Artikel wäre, obwohl er aus der Feder eines wirklichen Experten stammte, vielleicht zwanzig Jahre zuvor geeignet und gut gewesen, enthielt aber nichts von den aktuellen Forschungsergebnissen. Deshalb mußte ich ihn für unbrauchbar erklären. Wenn Sie fragen, wer mich dazu autorisiert hat, so muß ich Ihnen antworten, daß ich mit der Übernahme der Chefredaktion der Enzyklopädie auch die alleinige Verantwortung für derartige Entscheidungen übernommen hatte. Infolgedessen befanden wir uns in einer schwierigen Situation, weil die Ablehnung des Artikels die Publikation des gesamten Bandes verzögerte. Ich hatte keine andere Wahl, als mich von allen anderen Dinge abzuwenden und innerhalb von zwei Wochen den Artikel zu schreiben, wirklich von morgens bis abends beschäftigt.

Schrieben Sie auch Artikel auf dem Gebiet der Judaistik?

Ja. Ich habe einen Abschnitt über den »Kusari« in dem Artikel »Rabbi Jehuda Halevi« geschrieben, und ich werde Ihnen auch sagen, warum. Die Umstände waren ganz ähnlich wie bei dem Artikel über das Gehirn, wie ich sie eben dargestellt habe. An dem Artikel über Rabbi Jehuda Halevi haben mehrere Fachleute geschrieben. Den »Kusari«-Abschnitt hatte Shlomo Pines verfaßt. Was er zu sagen hatte, war sicherlich von erster Güte. Es war ein Text, den zu beurteilen ich nicht befugt bin, jedenfalls von seinem philosophischen Hintergrund in bezug auf die islamische Philosophie, aber gerade die jüdische Seite in dem Text war sehr schwach; nicht etwa, weil Pines sie nicht kannte (er ist schließlich Wissenschaftler des Judentums), sondern weil sie ihn nicht sonderlich interessierte. Außerdem unterliefen ihm einige Irrtümer in dem Verständnis von Maimonides.

Deshalb schrieb ich einen ergänzenden Abschnitt, so daß es in der Enzyklopädie zwei Abschnitte über den »Kusari« gibt, einen von Pines und einen von mir, die einander hervorragend ergänzen.

Schrieben Sie auch über Maimonides?

Die Arbeit an dem Artikel über Maimonides erfolgte erst, als ich nicht mehr an der Enzyklopädie mitarbeitete. Aber wenn ich bis zu dem Artikel über Maimonides Redakteur geblieben wäre, so hätte ich selbst einen Paragraphen über Maimonides' Stellung in der Geschichte des Judentums geschrieben. Ich hätte nicht über »Mischne Tora« geschrieben – das ist Ephraim Urbachs Gebiet *(Professor für Talmud)* – und nicht über den »Führer der Verwirrten« – das ist Pines' Feld. Den Artikel über den »Führer der Verwirrten« schrieb einer der Dozenten für die Philosophie des Judentums an der Hebräischen Universität. Es war zwar eine kompetente Arbeit, aber sie stellte nicht den »Führer der Verwirrten« dar.

Unterschied sich Ihre Konzeption bei der Redaktionsarbeit an der Enzyklopädie von der Konzeption Ihrer Nachfolger?

Das ist schwierig zu beurteilen. Die Enzyklopädie umfaßt unzählige Bereiche. Deshalb kann man schwer sagen, es habe eine einzige Konzeption für alles gegeben. Schon die Tatsache, daß die jüdische Welt und die nicht-jüdische Welt zwei völlig getrennte Bereiche darstellen – auch wenn beide in der Enzyklopädie miteinander verbunden werden – bereitete große Schwierigkeiten. Oder nehmen wir zum Beispiel ein so umfangreiches Thema wie die Französische Revolution, das in meinen Augen nicht sehr erfolgreich bewältigt wurde. Wenn ich damals der Redakteur dieses Artikels gewesen wäre, hätte ich mich an Raimond Aron gewandt, und ihn um diesen Artikel gebeten. Schließlich hat einer unserer Historiker den Artikel verfaßt. Der Artikel eignet sich für die Schüler der obersten Klassen des Gymnasiums. Die Fakten sind sicherlich richtig dargestellt, aber die gewaltige historische Bedeutung der Französischen Revolution kommt in dem Artikel absolut nicht zum Ausdruck.

Der Kibbutz

Sind Sie bereit, etwas zu einer gesellschaftlichen Lebensform in Israel – dem Kibbutz – zu sagen?
Man kann heute sagen, daß der Kibbutz nur noch für seine eigenen Mitglieder eine Bedeutung hat, als Lebensform. Vom politischen, gesellschaftlichen oder kulturellen Standpunkt kommt dem Kibbutz heute keinerlei Bedeutung für das jüdische Volk und die gesellschaftliche Realität in Israel zu.
Ihrer Meinung nach werden die Kibbutzim in der Zukunft verschwinden?
Ich fürchte ja. Unter den jungen Leuten ist die Tendenz zum Verlassen der Kibbutzim sehr stark. Wenn sich diese Tendenz weiter fortsetzt, dann werden sich die Kibbutzim innerhalb von zwei oder drei Generationen von selbst auflösen.
Aber es kommen doch auch neue Mitglieder.
Die Zahl der neuen Mitglieder ist verschwindend gering.
Selbst auf dem Höhepunkt der Kibbutzbewegung haben Mitglieder die Kibbutzim verlassen. Man idealisiert doch in gewisser Weise die Situation, wenn man behauptet, in der Vergangenheit seien alle Mitglieder stets im Kibbutz geblieben.
Niemand behauptet das. Es ist auch keine Frage der Idealisierung. In der Vergangenheit kam den Kibbutzim

eine gewaltige Aufgabe zu. Der Kibbutz war die unkriegerische Form, in der wir das Land zur Zeit der türkischen Herrschaft und des britischen Mandats erobert haben. Es ist gut möglich, daß wir selbst das damals noch nicht verstanden hatten.

Der Kibbutz ist also ein politisches und kein gesellschaftliches Gebilde?

Sicherlich. Tabenkin *(1887-1971; Gründer der Kibbutzbewegung)* und Lavi *(1882-1963; Gründer der Kibbutzbewegung)* haben es anders verstanden. Auch ich habe es damals anders verstanden, aber heute, im historischen Rückblick, müssen wir es wohl so sehen. Den Beweis dafür können sie in dem Umstand sehen, daß die Kibbutzbewegung keinen Einfluß auf die Gestaltung der Gesellschaft in Israel, die sich außerhalb der Kibbutzim entwickelte, ausübte – sie beeinflußte in keiner Weise das Bild der israelischen Gesellschaft!

Man sah in dem Kibbutz aber doch ein Symbol.

Was heißt das, ein Symbol? Ich möchte wissen, ob der Kibbutz in der Praxis irgendetwas beeinflußt hat oder nicht? Die Antwort heißt: Die Kibbutzbewegung hatte keinen Einfluß! Auch auf die zionistische Politik hatte sie keinen Einfluß, obwohl die Kibbutzgenossen in der zionistischen Bewegung die herrschende Mehrheit darstellten. Das ist äußerst interessant. Dagegen bildete die Kibbutzbewegung einen entscheidenden Faktor bei der Eroberung des Landes im eigentlichen Sinne des Wortes. Hier besteht eine Analogie zu der römischen Kolonisation in Italien in der großen Epoche der römischen Republik.

Hatten die ethischen Werte, die die Kibbutzbewegung vertritt, keinerlei Einfluß?

Die Kibbutzgenossen hatten sich selbst eine Lebensform gegeben, in der sie einen Wert sahen. Darin hatten sie großen Erfolg, jedenfalls zwei Generationen lang. Man kann aber sagen, daß auch die »Kolelim«, die religiösen Lebensgemeinschaften, in Mea-Shearim ihre eigene Lebensform für die dort studierenden jungen Männer herausbilden, die keinerlei Einfluß auf das Leben des restlichen jüdischen Volkes und den Staat Israel hat. Von diesem Aspekt aus betrachtet stellen die »Kolelim« eine Analogie zu den Kibbutzim dar.

Trotz Ihrer Distanzierung haben Sie aber gerade den »Kolelim« eine längere Lebensdauer zugeschrieben.
Es ist möglich, daß sie eine viel größere Lebenskraft besitzen als die Kibbutzim, aber das jüdische Volk lebt nicht in »Kolelim«.

Wenn man über die Kibbutzim spricht, erhebt sich manchmal die Frage der Mischehen, die in den Kibbutzim vielleicht vorherrschend sind. Gibt es für das Verbot der Mischehen nur eine religiöse Begründung?
Natürlich. Mischehen gleichen dem Übertritt zu einer anderen Religion. In meinen Augen entsprechen die Mischehen einer Taufe.

Aber man kann doch sagen, daß bei uns keine Gefahr in dieser Richtung besteht. Der nicht-jüdische Ehepartner paßt sich ja innerhalb des jüdischen Volkes an.
Ich kann nicht zwischen Taufe und Taufe unterscheiden. In der Eingliederung in den Staat Israel sehe ich keine Gestaltung einer neuen Wirklichkeit des jüdischen Volkes. Ein Jude, der eine nicht-jüdische Frau heiratet, gilt als getauft. Aber aus dem Blickwinkel derjenigen, die das Joch der Tora und der Mitzwot abgelegt haben, können die Mischehen durchaus eine andere Bedeutung tragen.

Vielleicht kann man sagen, die negative Reaktion auf die Mischehen – auch in den säkularen Kibbutzim – hat ihre Ursache darin, daß – in Ihren Worten gesagt – »auch sie sich immer noch von den Resten vom Tisch der jüdischen Geschichte ernähren«?
Manchmal erregt das Thema selbst in den säkularen Kibbutzim Streitgespräche und Diskussionen. Ich weiß das, weil ich viele Freunde und Bekannte in den Kibbutzim habe. Mir ist von einem Kibbutz bekannt, in dem es einige Fälle von Mischehen gab, in denen der jeweilige nicht-jüdische Partner sogar formal zum Judentum übergetreten war. Am Weihnachtsfest wollten sie jedoch eine Feier veranstalten, an die sie ja seit ihrer Jugend gewöhnt waren – da erhob sich ein gewaltiger Protest! Es gehe nicht an – sagte die Mehrheit der Kibbutzmitglieder –, daß in unserem Speisesaal eine Feier zu Jesu Geburtstag veranstaltet werde.

Ich kann mir heute eine Realität vorstellen, in der unter den jungen Leuten eine solche Feier keinerlei Lärm verursachen würde. Eine derartige Reaktion ist immer noch ein Erbe des europäischen »Exils«. In Amerika verknüpft man heute schon Chanukka und Weihnachten.
Vielleicht.
Wollten Sie einmal in einem Kibbutz leben?
Daran habe ich niemals gedacht.
Warum nicht? Als sie nach Eretz Israel kamen, standen sie der religiösen Kibbutzbewegung nahe.
Ja und?
Sie standen ihr doch auch in ideologischer Hinsicht nahe.
Nicht, weil es sich um eine Kibbutzbewegung handelte. Ihre ideologische Welt reichte viel weiter als die Kibbutzideologie. Aber ich sagte mir: Wenn ein Mensch nicht ausgerechnet in dieser kollektiven Form des gesellschaftlichen Lebens einen Wert sieht – warum soll er sich dem Kibbutz anschließen? Wenn es Menschen gibt, deren Zahl sicher nicht klein ist – und unter ihnen sicher auch einige tausend Religiöse –, die im Kibbutzleben die geeignete Form für die Verwirklichung ihres Lebens sehen, dann kann man daran natürlich nichts aussetzen. Ich sehe darin jedoch keinen besonderen moralischen und eigentlich auch keinen sonderlichen sozialen Wert.
Die Arbeit stellt keinen Wert dar?
Natürlich nicht. Die Arbeit ist eine Notwendigkeit. Und solange diese Notwendigkeit der Arbeit besteht, ist kein Mensch befugt, sie anderen aufzuerlegen. Das ist in meinen Augen die ideologisch-ethische Basis des Sozialismus.
Im Lichte der neuesten technologischen Entwicklungen ist es also durchaus möglich, daß wir in eine Situation geraten, in der nicht nur der Wert der Arbeit, sondern die Arbeit selbst eine Randerscheinung der menschlichen Gesellschaft darstellen könnte?
Ich kann mir keine Situation denken, in der die Arbeit zu einer Nebensache in der Gesellschaft werden könnte, aber vom ideologischen Aspekt aus kann ich mir dies sehr

gut vorstellen, weil die in der Arbeit liegende Notwendigkeit dank der immer stärker werdenden Produktionskraft der technologischen Mittel abnimmt. Ich weiß nicht, wie die menschliche Gesellschaft dann aussehen wird und in welcher Existenzform die Menschen leben werden, wenn sie nicht mehr gezwungen sind zu arbeiten. Das ist für mich aber nicht absurd im Lichte der möglichen Entwicklung der Technologie.

Können Sie eine Prognose über die Entwicklung der Welt vom Standpunkt des wissenschaftlichen Fortschritts stellen?

Popper hat ein wichtiges Wort gesagt: A priori ist es unmöglich, heute zu wissen, was wir im Verlauf der Zeit wissen werden. Denn wenn wir es wüßten, bedeutete dies, daß wir es schon heute wissen. Wir wissen heute nicht, was wir in fünfzig Jahren wissen werden, deshalb haben alle diese Prognosen keinen Wert. Ganz sicher werden wir unseren Wissensumfang weiter vergrößern und immer mehr wissen.

Wird das auch praktische Auswirkungen haben?

Das ist gut möglich. Wir besitzen heute sicheres – wenn auch sehr geringes – Wissen über den Aufbau des Kosmos, das keinerlei Anwendung finden kann. Es ist rein theoretisches Wissen. Interessant dabei ist, daß Rutherford bei der Entdeckung der Atomenergie gesagt haben soll, daß jeder, der meint, diese Entdeckung werde niemals praktische Bedeutung haben, ein Träumer ist. Das hat vor 70 Jahren der Mann gesagt, dem die Leistung der Entdeckung der Atomenergie zukommt, und der durchaus nicht der Meinung gewesen ist, daß niemals von der Atomenergie zu irgendeinem Zwecke Gebrauch gemacht werden könnte! Deshalb sage ich: Wir können niemals wissen, was wir noch alles wissen werden.

Können Sie die Gefahren und Vorteile einer Welt beurteilen, in der der Mensch wesentlich freier sein wird, weil die Maschine immer stärker seinen Platz einnimmt?

Jedes Ding und jedes Mittel kann zum Segen und zum Fluch gereichen. Aber jedes Mittel ist an sich neutral, ob es sich nun um die Steinaxt des paläontologischen Menschen oder die Atomenergie handelt.

Abgesehen von einer intellektuellen Minderheit scheint doch die Freizeit für die Mehrheit der Menschen eher einen Fluch als einen Segen darzustellen?

Möglicherweise halten Sie in Ihrem Wertesystem keineswegs für positiv, daß das Fernsehen, die Unterhaltung und der Sex die Freizeitinhalte der Menschen darstellen werden, die nur fünf Tage in der Woche zu arbeiten brauchen, und auch dann nur noch sieben Stunden am Tag. Wie sieht deren Welt aus? Im besten Falle: Fußball – und im weniger guten Falle: sexuelle Ausschweifungen, Drogen und anderes mehr. Die Leute finden daran Gefallen. In meinen Augen ist das verwerflich, aber die Menschen halten es vielleicht für gut. Sie vergnügen sich am Leben. Das ist das Glück dieser Leute. Schlagen Sie eine der Tageszeitungen auf – beschäftigt sich nicht mehr als die Hälfte der Zeitung jeden Tag mit Fußball oder Unterhaltung, Rock und Pop, Sängern und Sängerinnen, Striptease und Diskotheken und was es nicht noch alles gibt? Das alles stellt den vollen Lebensinhalt der breiten Volksmasse dar, und was kann man dagegen sagen?

»... denn der Mensch hat nichts voraus vor dem Vieh« *(Koh.3,19)*.

Aber das ist eine Eigenschaft des Menschen und nicht des Viehs.

Demnach ist also der einzige wirkliche Wert, Ihrer Meinung nach, die Pflicht des Menschen, seinem Schöpfer zu dienen?

Ja. Wenn wir auf der Basis einer theoretischen Analyse des Begriffes »Wert« bestehen, dann ist das der einzige Wert.

Weiter nichts?

Letztendlich ist die gesamte menschliche Existenz – wie Kohelet ausführt – eitel und ein Nichts!

Wenn das Leben leer und eitel ist und Ihrer Meinung nach jeglichen Sinnes entbehrt – warum wählt sich dann der Mensch als Dogma die Erfüllung der Mitzwot und die Übernahme des Joches des göttlichen Königtums?

Dafür kann ich Ihnen eine Illustration bringen. Es heißt: »Unabhängig von deinem Willen bist du gezeugt und geboren worden, unabhängig von deinem Willen mußt du leben und sterben« *(Avot 4,29)*. So haben es die Talmudweisen gesehen.

Zu Ihrer Frage ist zu sagen, daß es sich um eine Entscheidung des Glaubens handelt. Einer wird sagen: Ich widme mein Leben der Entdeckung der wissenschaftlichen Wahrheit. Es gibt auch Menschen, die sagen werden, natürlich ist es richtig, daß wir aus der Sicht der Natur gegen unseren Willen leben, aber ich gebe dem Leben dadurch eine Bedeutung, daß ich etwas anstrebe; ein zweiter wird sagen, ich gebe meinem Leben einen Sinn, indem ich mich den darstellenden Künsten widme – Gesang oder Malerei; ein dritter sagt, ich widme mein Leben meiner Heimat. Ein traditionsbewußter Japaner würde sicherlich antworten, daß sein Lebensinhalt darin bestehe, für den Kaiser und die Ehre zu sterben. Nach der Entscheidung des Glaubens besteht der Sinn des Lebens in der Verehrung Gottes.

Aber jede der oben aufgezählten Personen kann seiner Entscheidung eine rationale Begründung geben.

Nein. Keine Entscheidung für einen Wert kann durch eine rationale Begründung gestützt werden.

Determinismus

Sind Sie Determinist?
Die Frage, ob die Welt determiniert ist oder nicht, bildet die größte Auseinandersetzung in der Wissenschaftsphilosophie der Neuzeit. Im 19. Jahrhundert verstand es sich von selbst, daß die Natur determiniert ist. Heute ist das ganz und gar nicht klar. Man kann sagen, daß sich der Determinismus auf die Natur und nicht auf die Willensentscheidungen des Menschen bezieht, die nicht der Natur entstammen.

Dieses Problem besteht auf verschiedenen Ebenen. Auf einer Ebene handelt es sich um die Frage, ob die Welt determiniert sei. Hierüber streitet man sehr. Popper zum Beispiel, ohne Zweifel einer der bedeutendsten zeitgenössischen Wissenschaftstheoretiker, bestreitet ausdrücklich den Determinismus der Natur, aber die meisten Philosophen vertreten eine andere Ansicht als er.

Stimmen Sie ihm zu?
Ich kann ihm nicht hundertprozentig zustimmen. Es ist auf jeden Fall ein Problem, über das man in Auseinandersetzungen geraten muß. Selbst wenn wir annehmen, die Welt sei determiniert, stellt sich immer noch die Frage, ob es überhaupt möglich ist, das Bewußtsein des Menschen von der Natur abzuleiten, denn die Natur hat kein Bewußtsein. Daher gibt es naturalistische Denker, die sagen, man könne die Existenz eines Bewußtseins nicht akzeptieren. Bewußtsein sei nur eine Gehirnfunktion, denn im gesamten

Kosmos gäbe es kein Bewußtsein. Daher könne man sich nicht erklären, warum ausgerechnet der Mensch ein Bewußtsein haben soll. Andererseits kann man sagen, die Tatsache, daß ich ein Bewußtsein habe, ist eine primäre Gegebenheit. Bevor ich noch etwas über den Kosmos weiß, denke ich etwas, oder begehre ich etwas, fühle oder erinnere etwas.

Das sind die zwei unterschiedlichen Einstellungen zu dieser Frage. Einerseits beginnen wir mit der Betrachtung der Welt, die wir kennen, und in der es keinen Willen gibt. Atome wollen nichts, und Moleküle begehren nichts. Wenn man Atome und Moleküle zusammenfügt, entstehen hochkomplizierte Gebilde, aber sie besitzen kein Wollen, Erinnern oder Begehren. Wenn es also in der Welt kein Bewußtsein gibt, dann kann der Mensch auch kein Bewußtsein haben. Andererseits sage ich: Das Erste, was mir gewiß ist, ist, daß ich denke, fühle und will; das ist gesichert. Erst danach stellt sich die Frage, wie die Welt aussieht. Mit anderen Worten: Die Welt stellt das Problem dar, das menschliche Bewußtsein ist gerade das Gesicherte. Der erste Ansatz sagt, die Welt ist gesichert, aber das menschliche Bewußtsein ist problematisch.

Ein dritter Ansatz sagt, daß, selbst wenn man behauptet, die gesamte Welt sei determiniert – und dies gelte auch für die psychische Realität des Menschen –, immer noch die Tatsache bestehenbleibt, daß der Mensch das Faktum seines Wollens erlebt. Das wird kein Determinist bestreiten. Und dieser Umstand ist entscheidend, selbst wenn man glaubt, darin drücke sich nicht die Realität an sich, sondern nur die Realität des Ego aus.

Vielleicht kann das folgendermaßen illustriert werden: Ein Verbrecher wird vor einen Richter gestellt, der in seiner philosophischen Weltanschauung ein extremer Determinist ist. Dem Richter ist klar, daß es nicht sein kann, daß dieser Verbrecher kein Verbrecher ist. Kann er ihn aufgrund seiner inneren Erkenntnis verurteilen oder nicht? Ich denke ja. Man kann das auf zwei voneinander verschiedenen und sich doch ergänzenden Wegen begründen: Es gibt keinen halben Determinismus. Wenn ich von dem Mann sage, es kann nicht sein, daß er kein Verbrecher ist, muß ich ihn durch das Gesetz binden. Man kann das auch in anderer Weise sehen – und hierbei ist mir nicht klar, ob diese Art die erste ergänzt oder sich von ihr völlig unterscheidet und sagen: Der Richter meint: Das gewaltige Problem des freien Willens steht hier nicht zur Debatte. Ich stehe hier als Richter, um die Menschen nach ihren Taten, die sie aus ihrem Willen heraus getan haben, zu verurteilen. Wenn mir ein Experte sagt, dieser Mann ist unzurechnungsfähig und der Willensbegriff ist auf ihn nicht anzuwenden, dann ist er natürlich frei von Schuld, und ich muß ihn in eine geschlossene Anstalt überweisen. Aber wenn er seine Tat bei vollem Willen und Bewußtsein begangen hat, dann steht die Frage des freien Willens absolut nicht zu Debatte. Wenn ein Mensch etwas aus eigenem Willen heraus tut, dann ist er dafür vor dem Richter verantwortlich.

Das berührt doch eigentlich auch das Problem, das in dem Vers »Dem Guten ergeht es schlecht, der Böse aber führt ein gutes Leben« seinen Ausdruck findet.

Nein. Hier stellen Sie einen Bezug zu Gott her – wenn man so sagen darf –, als ob Gott zur Verwaltung der Welt herangezogen werden muß und diesbezüglich eine Aufgabe hat. Und Sie sagen nun, er versehe diese Aufgabe nicht ordentlich. Wenn der Ministerpräsident versagt, und der Staat nicht ordentlich verwaltet wird, dann ist der Ministerpräsident zur Verantwortung zu ziehen, denn es ist seine Aufgabe, für das Wohlbefinden des Staates zu sorgen. Aber Gott hat kein Amt.

Das Problem, das in dem zitierten Vers zum Ausdruck kommende Problem, existiert also nicht?

Für den Menschen, der um des Glaubens willen glaubt, existiert dieses Problem nicht.

Ist das nicht außerordentlich problematisch?

Das ist für denjenigen problematisch, der sich mit der Situation nicht zufriedengibt und fordert, daß es dem Gerechten gutgehen soll. Aber mit welcher Berechtigung fordert er das? Genau hierin liegt das Problem des Hiob-Buches. Die Auslegungen zu Hiob sind weitverzweigt und vielfältig. Ich denke jedoch, daß die eigentliche Aussage des Buches gerade von Maimonides getroffen wird. Maimonides sieht das Entscheidende darin, daß der Verfasser des Buches Gott eine Antwort an Hiob in den Mund legt, die sich über drei Kapitel erstreckt, und in der es keinen Hinweis auf eine Gerechtigkeit gibt, mit der Gott die Welt lenkt, keinen Verweis auf eine Belohnung des Gerechten und eine Bestrafung des Übeltäters. Was wir in den herrlichen Beschreibungen der Kapitel 39 bis 42 des Hiob-Buches als Antwort Gottes lesen, läßt sich in folgenden Worten zusammenfassen: Das ist meine Welt; nun mußt du, Hiob, entscheiden, ob du bereit bist, die Herrschaft Gottes in dieser Welt, so wie sie ist, zu akzeptieren. Ich bin dir keine Antwort auf deine Frage, warum diese Welt so ist, schuldig. Dies ist meine Welt und sie ist nicht herrenlos. Das gilt für das Licht, das Nilpferd und den Leviathan. – Das großartigste Wort im ganzen Hiob-Buch aber ist: »Ich hatte von dir nur vom Hörensagen vernommen; aber nun hat mein Auge dich gesehen« *(Hiob 42,5)*. Was hatte Hiob vernommen? Daß Gott der oberste Gesundheitsminister, der oberste Finanzminister, der oberste Verteidigungsminister ist. Und nun gibt es kein Gesundheits-, Finanz- oder Verteidigungsministerium. Was nun? Jetzt gilt »nun hat mein Auge dich gesehen« – jetzt hat sich Gott Hiob offenbart. Diese Auslegung vertritt Maimonides, wenn er schreibt, der Mensch fragt nicht mehr, ob Gott sich um die Menschen kümmert oder nicht, wenn er zu dieser Stufe der Gotteserkenntnis gelangt ist.

Ich habe bereits den großen Unterschied zwischen dem Glauben an Gott und dem Glauben an die göttliche Vorsehung erwähnt. Wenn der Ministerpräsident keine Vorsorge trifft und nicht weiß, was sein Geheimdienst tut, ist das wirklich eine schreckliche Pflichtversäumnis seinerseits, weil es Aufgabe des Ministerpräsidenten ist, sich darum zu kümmern, daß der Geheimdienst keine unrechten Dinge tut. Gott aber hat keine Aufgabe. Der Mensch hat eine Aufgabe – Gott zu verehren, aber Gott hat keine Aufgabe gegenüber dem Menschen. Das ist Glaube!

Maimonides formuliert das im »Führer der Verwirrten« folgendermaßen: »Er (Hiob) aber hat dies alles (alle seine Reden, darunter auch die Feststellung, es ginge dem Gerechten übel) nur gesagt, solange er noch keine Erkenntnis besaß und Gott nur aus der Überlieferung kannte, wie ihn die große Menge der Gesetzesgläubigen kannte (so bezeichnet Maimonides die glaubenden Juden ...). Sobald er aber Gott wahrhaft erkannte, erkannte er, daß das wahre Glück, welches eben in jener Gotteserkenntnis besteht, ohne Zweifel für jeden vorbehalten ist, und daß keine von allen diesen Bedrängnissen dieses Glück dem Menschen zerstören kann. Tatsächlich hatte Hiob, solange er Gott nur gemäß dem, was man von ihm zu erzählen pflegt, nicht aber durch eigenes Denken kannte, sich eingebildet, daß diese Dinge, wie Gesundheit, Reichtum und Kindersegen, die man für Glücksgüter dieser Welt hält, der Zweck seien, und deshalb war er in solcher Ratlosigkeit und deshalb führte er solche Reden. Und dies bedeuten die Worte ›Bisher hatte ich bloß von dir vernommen, was man mit dem Ohre hören kann. Nun aber hat dich mein Auge gesehen. Deshalb verwerfe ich (meine frühere Meinung) und bereue über Staub und Asche.‹ Der Sinn dieser Worte ist nach dem Zusammenhang: Deshalb verwerfe ich alles, was ich bisher begehrt habe, und bereue, daß ich bisher mitten in Staub und Asche lebte« *(Führer der Verwirrten, 3.Bd., Kapitel 23)*. Zusammenfassend sagt er: »Tatsächlich bedeutet Gottes Vorsehung nicht dasselbe, wie das, war wir vorsehen, und seine Lenkung des von ihm Erschaffenen ist nicht dasselbe, wie unsere Lenkung dessen, was wir lenken« – (Er regiert die Welt nicht so, wie ein Ministerpräsident einen Staat regiert) – »und diese beiden Dinge sind nicht, wie jeder verworrene Denker meint, in einem und demselben Begriffe enthalten, ebenso wie man sein Wirken nicht mit unserem vergleichen (...) kann. (...) Wenn aber der Mensch dies weiß, dann wird er jedes Mißgeschick für gering achten und diese zufälligen Ereignisse werden ihn nicht mehr zum Zweifel an Gott bringen, sowie zum Zweifel darüber, ob Gott von diesen Dingen wisse oder nicht, oder ob es eine Vorsehung Gottes gebe oder nicht, sondern werden seine Liebe zu Gott steigern.« *(ebd.)*

– Ich verstehe die Psychologie der Frage nach der Theodizee, aber immer versuche ich zwischen dem Glauben und der Psychologie des glaubenden Menschen zu unterscheiden – ich weiß nicht, ob mir das immer gelingt.

Humanismus

Betrachten Sie sich selbst als Humanisten?
Gewiß nicht.
Und dies, obwohl viele Menschen aufgrund der Mehrzahl der von Ihnen geäußerten Ansichten in Ihnen einen Humanisten sehen?
Meines Erachtens muß ein Humanist zuallererst Kosmopolit sein. Ist er das nicht, so ist er auch kein Humanist. Das heißt, wenn er sich nicht auf die ganze Menschheit, sondern allein auf eine bestimmte Menschengruppe bezieht, zu der er ein besonderes Verhältnis hat und in bezug auf die er sich zu Verpflichtungen und Verboten bekennt, die für andere nicht gelten, dann ist er kein Humanist. Zweitens muß ein Humanist Pazifist sein: Das bedeutet, es darf für ihn nichts geben, für das es ihm erlaubt ist, ein Menschenleben zu opfern oder preiszugeben. Ich rechne es einem Menschen nicht als Fehler an, wenn er kein Pazifist ist und sagt, es gebe für ihn etwas oder mehreres, um dessen willen es ihm erlaubt, ja sogar zur Pflicht geworden ist, Menschenleben zu opfern. Ich akzeptiere eine derartige Einstellung grundsätzlich. Das bedeutet dann aber, daß dieser Mensch kein Humanist ist, denn er sieht im menschlichen Individuum nicht den höchsten Wert. Drittens bin ich davon überzeugt, daß ein Humanist Anarchist sein muß. Damit sage ich, daß jeder, der die Autorität einer Obrigkeit über Menschen anerkennt, kein Humanist ist, weil er einen kollektiven Wert, der höher als das menschliche Individuum steht, anerkennt. Es ist möglich, daß dieser Mensch sagt, er sei in seiner grundsätzli-

chen Haltung Anarchist, obwohl er zugestehen müsse, daß die Anarchie nicht zu verwirklichen ist. Und viertens – ein Humanist muß Atheist sein.

Auf mich trifft keiner dieser vier Punkte zu. In meinen Augen ist es einfach lächerlich und auch falsch, daß auf die Menschen, die sich selbst für wirkliche Humanisten halten – (Sie werden gerne »säkulare Humanisten« genannt; auch bei uns gibt es sogar eine Organisation für »säkulares humanistisches Judentum«) – von allen vier Punkten, die ich eben genannt habe, nur zutrifft, daß sie Atheisten sind. Sie sind keine Kosmopoliten, sondern Nationalisten, sie rechtfertigen und akzeptieren die Pflicht des Militärdienstes und sind somit keine Pazifisten; sie verlangen eine starke politische Regierung. Also sind sie keine Anarchisten. Das bedeutet: Sie bestehen auf drei Dingen, die im absoluten Gegensatz zum Humanismus stehen, und erheben den Humanismus zu ihrem Ideal, nur weil sie Atheisten sind. Atheismus an sich aber reicht nicht aus, um einen Menschen als Humanisten zu kennzeichnen. Auch Hitler war Atheist.

In Ihrem Buch »Gespräche über acht Kapitel« meinen Sie, daß Gewissen das ist, was in jüdischer Tradition »böser Trieb« genannt wird.

Über die Berufung auf das Gewissen bei den Entscheidungen eines Menschen auf seinem Lebensweg wird in der Tora *(Num. 15,39)* gesagt: »Laßt euch nicht von euren Herzen noch von euren Augen verführen« – die die Werkzeuge des Triebes sind.

Aber auch wenn jemand von seinem Herzen und seinen Sinnen verführt wird, so bedeutet das doch noch lange nicht – auch nicht für ihn selbst –, daß er eine gute Tat tut. Es ist doch durchaus möglich, daß ihn Gewissensbisse quälen.

Was meinen Sie mit dem Begriff »Gewissen«? Sagt der Begriff »Gewissen« aus, daß der Mensch durch einen Faktor seiner Seele geleitet wird, der ihn prägt und zum Handeln treibt, selbst wenn es nicht seiner Meinung entspricht, ein Faktor, der den Menschen gewissermaßen zum »Guten« anleitet – es gibt nichts Gefährlicheres, als das zu glauben. Deshalb ist mir der Sinn der Phrase »Gewissensbisse« unbekannt. Ich kenne die Begriffe »Reue« und »Umkehr«.

Die Frage ist, ob das Gewissen wirklich nur der böse Trieb ist. Es ist doch vorstellbar, daß ein Mensch einen Mord nur aufgrund seiner Gewissenskonflikte nicht begeht.

Das moralische Urteil ergibt sich durch die Antwort auf die Frage, wie der Mensch zu seinen Entscheidungen gelangt. Durch einen ihm nicht bewußten Antrieb in seinem Inneren – seinem Gewissen, oder durch ihm bewußte Erwägungen, auf die der Gewissensbegriff nicht zutrifft. Das meint der eindringliche Ausspruch der Talmudweisen »Die Übeltäter unterstehen der Gewalt ihrer Herzen, die Gerechten aber haben ihr Herz in ihrer Gewalt.« Und vom religiösen Ansatz her muß man fragen, ob es Richtlinie für den Menschen sein kann, nach seinem Gewissen zu handeln.

Ich weiß, daß es im Judentum so nicht angelegt ist.

Aber viele, die sich selbst für religiös halten, werden Ihnen sagen, daß es sich durchaus so verhält!

Wirklich religiöse Menschen werden das sicherlich nicht behaupten. Aber es scheint mir, daß ein Humanist Ihren Worten und Ihrer Definition keineswegs zustimmen dürfte.

»Der Trieb« in der Bibel ist immer böse. Der Begriff »guter Trieb« ist eigentlich nicht gerechtfertigt. Der gute Trieb ist eine Metapher für den bewußten Kampf des Menschen gegen den bösen Trieb.

Ich habe seinerzeit von Buber gehört, daß in der Tora nicht steht, »das menschliche Trachten ist böse von Geburt an«, sondern »von Jugend an«!

Wenn er damit sagen wollte, die christliche Idee, das Böse behafte den Menschen von seiner Geburt an, habe keinerlei Anhaltspunkt in der Bibel – dann hat Buber recht; aber damit sagt er nichts Neues.

Vermeiden Sie absichtlich den häufigen Gebrauch des Wortes »Moral« *(hebr. »Mussar«)* **und bevorzugen den Begriff »Ethik«?**

Ich vermeide möglichst den Gebrauch beider Worte, denn jedes von ihnen kann in viele Richtungen ausgelegt werden, so daß man immer erklären muß, was man nun eigentlich meint. Im Neu-Hebräischen wird das Wort »Mussar« wie das aus dem Griechischen kommende Wort »Ethik« benutzt. Im klassischen Hebräisch steht hierfür das Wort »Midot« *(Sitten, Tugenden)*. Deshalb wies der Philosoph und Schriftsteller Jakob Klatzkin darauf hin, daß Spinozas »Ethik« in der hebräischen Übersetzung besser ›Sefer ha-Midot‹ heißen solle. Heute ist dieser Sprachgebrauch nicht mehr üblich und man muß das Wort »Mussar« benutzen.

Sind »Gewissen« und »Ethik« zwei identische Begriffe?

Jeder der beiden Begriffe muß genau definiert werden.

Ich formuliere meine Frage anders: Ist das Gewissen die Basis für eine humanistische Ethik?

Das hängt davon ab, wie sie den Begriff »Gewissen« verstehen. Ich denke, die humanistische Ethik entspringt der Grundvoraussetzung, daß der Mensch den höchsten Wert darstellt. Die Persönlichkeit, die Bewußtsein und Erkenntnis ihr eigen nennt, welche kein anderes Geschöpf oder Gebilde in der belebten und unbelebten Natur besitzt, ist der höchste Wert. Ich kann keinem Tier Bewußtsein und Erkenntnisfähigkeit zuschreiben. Auch wenn ich den Tieren einen Willen nicht absprechen kann, so kann es sich hierbei doch um keinen bewußten Willen handeln. Es ist kein Willen, wie wir ihn beim Menschen kennen. Der Hund will ein Stück Fleisch, ich denke aber nicht, daß sich der Hund dessen bewußt ist, daß er ein Stück Fleisch will. Ich, der Mensch, dagegen möchte nicht nur ein bestimmtes Bonbon, sondern ich bin mir auch dessen bewußt; der Mann begehrt eine Frau – auch der Hund sehnt sich zweifellos nach der Hündin –, aber der Mann ist sich bewußt, daß er eine Frau begehrt. Deshalb ist die Feststellung, der Mensch ist der höchste Wert, eine rationale Feststellung. Der Mensch ist das Geschöpf, das ein Bewußtsein besitzt und sich seines Bewußtseins bewußt ist. Deshalb ist er das einzige Geschöpf von Wert in dieser Welt. Es kann nichts jenseits dieses Menschen geben – außer Gott.

Kann man sagen, daß der Rationalismus notwendigerweise zum Humanismus führt?

Nein. Humanismus folgt nicht notwendigerweise aus dem Rationalismus. Ich kann mir gut vorstellen, daß das rationale Geschöpf Mensch sagt, nicht der Mensch sei der höchste Wert; denkt etwa der Vertreter einer faschistischen Ideologie, der das nationale Sein zum höchsten Wert erhebt und dem Menschen in diesem Rahmen nur eine sehr untergeordnete Rolle zugesteht, nicht mehr rational? Ist seine Einstellung weniger rational, als die Aussage, die Nation sei nur eine ideologische Konstruktion und praktisch existiere nur das menschliche Individuum als höchster Wert?

Kann man von der einen Auffassung sagen, sie sei rational, während man von einer anderen sagen muß, sie sei nicht rational? Es handelt sich doch jeweils nur um unterschiedliche Wertvorstellungen. Deshalb kann ich die Ansicht, der Rationalismus führe notwendigerweise zum Humanismus, nicht akzeptieren.

In der westlichen Welt besteht die Tendenz, zu behaupten, der Rationalismus führe zum Humanismus. Letztendlich war der Faschismus keine dominante Strömung in der Gedankenwelt und den Herrschaftsstrukturen der westlichen Welt.

Trotzdem bin ich nicht davon überzeugt, daß der Humanismus sich aus dem Rationalismus ergibt, das heißt: Ich bin nicht bereit zu akzeptieren, daß sich aus einem Rationalismus automatisch die Anschauung ergibt, das Individuum sei der höchste Wert, so wie Kant meinte.

Nehmen wir zum Beispiel die Vereinigten Staaten, in denen man sicherlich – wenn auch nicht bewußt – so denkt und dies gewiß akzeptiert.

Aber nicht aufgrund einer rationalen Analyse, sondern viel stärker aus emotionalen Gründen. War es etwa ein rationaler Gedanke, als Eleonore Roosevelt während des Zweiten Weltkrieges verkündete, die Amerikaner kämpften für den höchsten Wert – das tägliche Glas Milch für jedes Kind? Ich denke doch wohl nicht.

Warum nicht? Das ist doch ein Ausdruck für die Befriedigung der Grundbedürfnisse eines jeden Menschen als Mensch.

Aber vielleicht sind Kraft, Gewalt und Herrlichkeit des Staates wichtiger – selbst wenn diese Kinder keine Milch erhalten werden?

Tatsache ist, daß Eleonore Roosevelt das nicht gesagt hat!

Sie hat es nicht gesagt. Aber ich muß mir überlegen, ob es nicht möglich ist, daß ein rational denkender Mensch so etwas sagen könnte. Hat General Tojo nicht gesagt, der Tod für den Kaiser und die Ehre sei der höchste Wert.

Ich denke, seit Hitler dürfte eine solche Aussage in der demokratischen Welt auf Widerstand stoßen.

Ich glaube nicht. Gibt es bei uns nicht viele Leute, die Ähnliches behaupten? Was bedeutet denn sonst der Slogan »Es ist gut für unser Land (Israel) zu sterben«?

Ja, in Israel gewiß.

Vielleicht nicht mehr in Westeuropa, weil man sich dort nicht in unserer Situation befindet. Dort steht man nicht mehr vor der Frage, ob ein Menschenleben oder die Entwicklung und Existenz des Staates wichtiger sind, denn es gibt heute in Europa praktisch keinen Patriotismus, weder in Deutschland noch in Frankreich oder England. Das Problem interessiert dort niemanden.

Es scheint, daß die nationalistische Epoche beendet ist.

Ich weiß nicht. Das trifft sicherlich nicht auf Ronald Reagan zu; für ihn sind Größe und Ruhm der Vereinigten Staaten von höchstem Wert.

Ich bin mir nicht sicher, ob man das auch von jedem jungen Amerikaner behaupten kann.

Aber Sie sehen doch, daß gerade dies auf das amerikanische Volk großen Eindruck macht. Jeder Amerikaner wird Ihnen sagen, daß Reagan intellektuell eine Null ist. Und trotzdem – er repräsentiert etwas, was den Amerikanern immanent ist.

Aus den Gesprächen Goethes mit Eckermann kann man entnehmen, daß Goethe der Ansicht war, es existiere eine Volksmentalität. Er hat dies ganz gewiß von dem deutschen Volk angenommen. Was meinen Sie dazu?

Goethe folgte hier in seinen Gedanken seinem Freund Herder. Ich bezweifle, ob bei Goethe wirklich deutlich wird, daß er an einen »Nationalcharakter« geglaubt hat. Ich jedenfalls hatte bei der Lektüre seiner Werke niemals diesen Eindruck. Jede Gesellschaft, die von irgend etwas geprägt und gestaltet wird, trägt einen bestimmten Charakter, der aus dieser Gestaltung resultiert; dieser Charakter entspringt aber nicht einer genetischen Veranlagung. Letztendlich sind wir alle Kinder Noahs, dessen charakteristischer Zug es war – betrunken zu sein.

Charisma

Hätte es den Nationalsozialismus auch ohne Hitler gegeben?

Eine derartige Frage gehört zu den schwierigsten Fragen der Historiker überhaupt: Wenn es diesen und jenen Menschen nicht gegeben hätte, wäre dann die Geschichte so oder so verlaufen? Man fragt zum Beispiel, ob England Hitler im zweiten Weltkrieg nach seiner Eroberung des europäischen Kontinents weiterhin bekämpft hätte, wenn Churchill nicht Premierminister gewesen wäre. Ich nehme an, die Engländer hätten Hitler auch ohne Churchill bekämpft. Dagegen kann man mit ziemlicher Sicherheit sagen und sich an allen Finger abzählen, daß ohne Hitler das Dritte Reich nicht entstanden wäre. Deshalb ist Adolf Hitler die größte Persönlichkeit in der Menschheitsgeschichte. Joachim Fest hält das in seiner Hitler-Biographie für absolut gesichert. Hier haben wir einen Fall vor uns, bei dem wir mit völliger Gewißheit sagen können, daß ein Mann Weltgeschichte gemacht hat. Unsere Welt, in der wir heute leben, ist ein Ergebnis des Dritten Reiches und des Zweiten Weltkrieges. Diesen Krieg hätte es nicht gegeben, wenn Hitler bei einem Verkehrsunfall am 29. Januar 1933 auf seinem Wege ins Reichspräsidentenpalais ums Leben gekommen wäre – 24 Stunden vor dem 30. Januar. Wenn dies geschehen wäre, wäre die Geschichte der Menschheit anders verlaufen. Ich brauche wohl nicht zu sagen, daß auch das

Schicksal des jüdischen Volkes ein anderes geworden wäre. Ich könnte von keinem anderen Menschen das gleiche behaupten. Vielleicht Lenin; man kann vermuten, daß die Sowjetunion ohne ihn nicht entstanden wäre, denn aus der gesamten russischen Geschichte resultiert keineswegs notwendigerweise die sowjetische Revolution. Niemand aus dem Umkreis Lenins – weder Trotzki, Sinowjew, Kamenjew oder Stalin – hätten die Führung der Revolution übernehmen können. Dagegen hätte das Deutsche Reich von 1871 auch ohne Bismarck entstehen können, denn es stellt das Ergebnis einer konsequenten Entwicklung aus der deutschen Geschichte im 19. Jahrhundert dar. Natürlich entstand das Deutsche Reich mit einer bestimmten Struktur und unter bestimmten Bedingungen – die Bismarck zu verdanken sind; aber es wäre auch ohne Bismarck entstanden. Ich denke, selbst das Europa des 19. Jahrhunderts wäre ohne Napoleon geworden, was es war. Nach der Französischen Revolution wären derartige Veränderungen in Europa auch ohne Napoleon eingetreten. Die Einheit Deutschlands und ebenso die Einheit Italiens wären verwirklicht worden. Der Feudalismus wäre so oder so untergegangen, und der Liberalismus hätte in dieser oder jener Form die Herrschaft über Europa gewonnen. Natürlich prägte die Persönlichkeit Napoleon Bonapartes die Entwicklung entscheidend. Ohne ihn wären französische Soldaten nicht von Madrid bis nach Moskau marschiert, das aber hätte die Situation nicht wesentlich verändert.

Wenn wir einen Blick auf die Geschichte der Antike werfen, so kann ich auch dort nur an eine einzige Persönlichkeit denken, ohne die die Geschichte anders verlaufen wäre. Ich meine Alexander den Großen. Keinem anderen Griechen wäre es eingefallen, den Nahen Osten erobern zu wollen, um ihn hellenistisch zu prägen, und bis nach Indien zu marschieren. Dafür gab es keinerlei objektive Gründe. Trotzdem gelang es diesem Mann, der im Alter von 33 Jahren verstarb, nicht nur Makedonien seinen Willen aufzuzwingen, nicht nur dem Persischen Reich, sondern der gesamten damals bekannten Welt und somit der Geschichte der Menschheit. Man muß nicht betonen, daß die gesamte Geschichte der Menschheit anders verlaufen wäre, wenn Alexander weitere fünfzig Jahre gelebt hätte. Er hätte vielleicht Italien erobert – was bereits zu seinen Plänen gehörte –, so daß das Römische Reich nicht entstanden wäre. Dieses Reich gehört natürlich auch zu den unvergleichbaren historischen Phänomenen. Dennoch wäre das Römische Reich auch ohne Julius Cäsar entstanden. Wenn er es nicht aufgebaut hätte, dann wäre es durch Pompeius oder einen anderen errichtet worden. Aber es gibt weiterhin Menschen, die die Ansicht vertreten, es gebe eine der Geschichte immanente Gesetzmäßigkeit ...

Im Zusammenhang und Gespräch über Hitler weist man oft auf das Phänomen des sogenannten Charismas hin.

Ja. Die charismatischste Persönlichkeit, die wir in der Geschichte der Menschheit kennen, ist wohl Adolf Hitler gewesen. Daran besteht kein Zweifel. Moses hatte kein Charisma. Die Israeliten erhoben sich gegen ihn und führten ständig Beschwerde gegen ihn und wollten nicht auf ihn hören.

Vielleicht weist der Satz »Die Haut seines Angesichtes glänzte« *(Ex.34,30)* doch auf ein Charisma des Mose?

Dieses Charisma hatte aber keinen Erfolg. Das Volk akzeptierte es nicht.

Charisma bedeutet nicht, daß es notwendigerweise auch immer akzeptiert wird.

Charisma drückt sich in der Haltung der Menschen zum Charismatiker aus. In diesem Sinne sage ich, Adolf Hitler habe außerordentliches Charisma gehabt, während allen Propheten Israels dieses Charisma gefehlt habe. Oder verstehen Sie den Begriff anders?

Ich glaube, Ben-Gurion hat wahrhaftig dieses Charisma besessen. Ich selbst kann aufgrund meiner Arbeit in der Knesset sagen, daß, sobald Ben-Gurion die Versammlung der Knesset betrat, irgendein Funken übersprang, als ob plötzlich das elektrische Licht eingeschaltet worden wäre. Ähnliches gilt auch von Moshe Dayan. Seine Gegenwart elektrisierte, es glich fast einem physischen Phänomen.

Ich habe Ben-Gurion sicherlich sehr hoch geschätzt (damit habe ich noch nichts Positives über ihn gesagt), aber gerade das, was Sie beschreiben, diesen Kontakt haben ich niemals gespürt. Charisma, so wie Sie es beschreiben, hat jeder leere und unnütze Mensch, wenn er populär gemacht worden ist. Heute ist der bekannteste Mann der Welt ein argentinischer Fußballspieler.

Natürlich bedeutet das noch lange nicht, daß Maradona Charisma hat. Ich denke auch nicht, daß Begin Charisma hatte. Wenn die Griechen von Charisma sprachen, dachten sie nicht unbedingt an Berühmtheit.

Die Griechen glaubten tatsächlich, es gebe Menschen, in denen etwas Göttliches am Wirken sei. Aristoteles dachte sicherlich nicht so, aber andere. Man muß berücksichtigen, daß das Wort »Gott« für die Griechen eine völlig andere Bedeutung hatte. Allein die Tatsache, daß es zu dem griechischen Wort »Theós« (Gott) einen Plural gibt, weist darauf hin, daß es eine vom jüdischen Gottesbegriff absolut zu unterscheidende Bedeutung trägt – die sich auch vom christlichen oder islamischen Gottesbegriff unterscheidet. Hier kann von Gott im Sinne einer Kategorie nicht im Plural gesprochen werden, während die Griechen dies durchaus vermochten. »Theós« meint nicht »Gott« in unserem Verständnis. Die Griechen glaubten tatsächlich, daß in manchen Menschen etwas Göttliches liege.

Wenn wir heute von Charisma reden, so entsteht das Gefühl, man meine, daß ein Mensch allein durch seine Anwesenheit bezaubert.

Dieses Gefühl kenne ich nicht. Ich sage von jemandem, er habe Charisma, wenn ich sehe, daß er Einfluß ausübt, den ich nicht rational erklären kann. In diesem Sinne sage ich, Adolf Hitler sei ein Mensch von höchstem Charisma gewesen, weil es für seinen Einfluß und seine Wirkung auf die Menschen keine rationale Erklärung gibt. Er begann als absolute Null und hat schließlich die gesamte Welt auf den Kopf gestellt, und für viele Millionen Menschen war er gewissermaßen eine Inkarnation des Göttlichen.

Kann man aus der Vermutung, ohne Hitler wäre es nicht zum Nationalsozialismus gekommen, einen Beweis für oder gegen den Determinismus konstruieren?

Das zeigt auf jeden Fall, daß es in der Geschichte der Menschheit keinen Determinismus gibt, denn wenn Hitler bei einem Autounfall ums Leben gekommen wäre, bevor man ihm die Macht übertragen hätte, dann wäre die Menschheitsgeschichte anders verlaufen. Daran kann kein Zweifel bestehen.

Demokratie

Sind Sie in Ihrer Weltanschauung Demokrat?
Das ist keine Frage der Weltanschauung. Ich bin Demokrat, weil ich die Demokratie will.
Würden Sie ein anderes Regierungssystem vorziehen?
Nein.
Und dies, obwohl Sie keine besondere Hochschätzung für die breite Volksmasse an den Tag legen, die doch eigentlich die Demokratie ausmacht.
Ich habe nicht allzuviel Vertrauen – weder in die Intelligenz der Menge noch in das Gute im Menschen, aber ich will Demokratie.
Sie sind pessimistisch in bezug auf die menschliche Gesellschaft und die westliche Zivilisation?
Es kann keinerlei Zweifel geben, daß wir einen Niedergang des geistigen Niveaus der Gesellschaft zu verzeichnen haben. Sie wissen, daß früher die sogenannte Gesellschaft eigentlich nur eine sehr kleine Schicht einschloß, und nicht die Masse; sie kam überhaupt nicht in Betracht, wenn von Gesellschaft die Rede war, existierte aber wirklich. Heute tritt die Masse mehr und mehr in unser Blickfeld. Das ist auch eine Leistung der Demokratie, derentwegen uns das allgemeine Niveau der Gesellschaft wohl niedriger erscheint.

Lassen Sie es uns ganz einfach formulieren. Menschen aus einem Elternhaus wie Ihrem oder meinem – mit wem trafen sie zusammen? Nur mit gebildeten Leuten. Heute treffen wir uns mit der gesamten Menschheit. Dazu reichen der Fernseher, die tägliche Zeitung und die Abendzeitung aus. Ein Zusammentreffen von Menschen muß nicht physischer Natur sein. Wir können beobachten, daß die menschliche Gesellschaft allgemein intellektuell und emotional heruntergekommen ist. Kennen Sie den Abschluß des Films nach der »Drei-Groschen-Oper« von Brecht, die – in meinen Augen – eines der größten Literaturwerke der Zeit nach dem Ersten Weltkrieg ist: »Und die einen sind im Dunkeln, und die anderen sind im Licht. Und man siehet die im Lichte. Die im Dunkeln sieht man nicht.«

Heute sehen wir aber auch die im Finstern und müssen erkennen, daß unsere Gesellschaft viel stärker heruntergekommen ist, als wir von der menschlichen Gesellschaft angenommen hatten, als wir an Menschen wie uns dachten. Ich sage dies ohne jegliche Überheblichkeit.

Ihren Worten muß man entnehmen, daß die Masse keine Chance hat aufzusteigen.

Ich weiß nicht. Ich spreche über die intellektuelle und emotionale Seite, nicht über die soziale oder wirtschaftliche. In diesen Bereichen ist deutlicher Anstieg und Verbesserung zu verzeichnen. Heute gibt es kein hungriges Proletariat mehr. Heute haben die Worte der ›Internationale‹: »Wacht auf, Verdammte dieser Erde, die man euch noch zum Hungern zwingt«, keine Bedeutung mehr. Man darf diese Entwicklung nicht verspotten. Aber vom intellektuellen und emotionalen Aspekt aus – was wirkt auf die Masse ein? Fernsehen, Kino und Fußball, dies sind die geistigen Inhalte der breiten Masse.

Sie sprechen als Aristokrat und nicht als Demokrat!

Warum? Die Menge hat alle Rechte. Die Rechte eines Menschen in der Gesellschaft sind nicht von seinem geistigen Niveau abhängig, das ist die Demokratie. Demokratie besagt doch nicht, daß alle Menschen gleich sind, sondern, daß alle Menschen die gleichen Rechte haben. Behauptet die Demokratie, daß einem Menschen von geringerem intellektuellen Vermögen weniger zusteht, als einem Menschen auf hohem intellektuellen Niveau? Demokratie behauptet nicht, daß ich alle Menschen mit dem gleichen Maß zu messen habe. Allen ist gleiches Wahlrecht zu geben; deshalb wird das Ergebnis dann auch stets katastrophal ausfallen. Das hat schon Sokrates gesagt, und deshalb hat ihn die Demokratie der Athener hingerichtet. Weil die Mehrheit der Menschen dumm und böswillig ist, ist auch die Regierung der Mehrheit dumm und böswillig, das können wir doch überall auf der Welt sehen.

Warum sind Sie dann Demokrat? Warum suchen Sie nicht nach einer besseren und klügeren Regierungsform?

Worin soll sie besser sein?! Ich verstehe nicht, was Sie meinen. Gibt es dafür ein objektives Kriterium? Was versteht man unter einem guten System oder einem schlechten System?!

Es gibt ein politisches System, das ich will, und ein politisches System, das ich verschmähe, aber was bedeutet »gut« – in welcher Hinsicht kann ein System gut oder »besser« sein?

Ich entscheide mich für die Demokratie als Regierungsform, weil bei wirklich demokratischer Herrschaftsform die Möglichkeit gegeben ist, die Regierung auszutauschen. Es besteht zwar keine Gewähr dafür, daß der nachfolgende Herrscher besser sein wird, aber auch ihn kann man ja austauschen.

Aber das hängt nicht an der Demokratie! Auch in einer Monarchie kann man den Herrscher austauschen, wobei die Wahrscheinlichkeit, daß er ebenso weise oder dumm ist wie der vorangehende Herrscher, fünfzig zu fünfzig ist. Vielleicht gibt das sogar den Ausschlag zur monarchischen Regierungsform!

Natürlich kann man auch einen Monarchen absetzen, aber in einer Demokratie liegt die Angelegenheit in unseren Händen. Wir, die Bürger des Staates, können die Regierung auswechseln. Das ist das Wesen der Demokratie, selbst in formaler Hinsicht. In der Demokratie ist es möglich – innerhalb des Systems und ohne Revolution – die Herrschenden auszuwechseln. Das macht die Demokratie per Definition aus. Darin liegt jedoch noch keine Garantie dafür, daß die Verhältnisse sich bessern werden. Ich weiß nicht, welche Regierungsform objektiv und an sich besser ist. Auch Sie können das nicht wissen. Deshalb wähle ich eine Form, in der es möglich ist, die Regierung auszuwechseln. Das ist ein Umstand von äußerster Bedeutung in der politischen Realität, denn das gesamte Wesen des politischen Systems und des Staates – der Politeía – liegt in der Regierung. Deshalb ist für mich die Tatsache ausschlaggebend, daß die Regierenden in einer Demokratie ausgewechselt werden können.

Es wird die Zeit kommen, in der das amerikanische Volk diesen Hanswurst Reagan gegen einen anderen Mann austauschen wird – der vielleicht auch ein Clown sein wird – aber das amerikanische Volk kann diesen Filmschauspieler gegen einen anderen Mann auswechseln – im Rahmen der Demokratie und nicht durch eine Revolution oder einen Verfassungsbruch.

Deshalb kann ich die Begründung, man habe sich für die Demokratie entschieden, weil sie die Herrschaft der Mehrheit bedeute, nicht akzeptieren. Gibt es denn eine Garantie dafür, daß die Mehrheit gescheiter oder klüger und besonnener als der Einzelne ist? Diese Garantie gibt es nicht. Allein die Tatsache, daß es sich um die Mehrheit handelt, ist noch keinerlei Garantie an sich. Man könnte fast das Gegenteil behaupten. Daher – d.h. wegen der Möglichkeit, die Regierenden auszutauschen – und nicht weil es um die Herrschaft des Volkes geht, habe ich mich für die Demokratie entschieden.

Wäre es nicht besser, wenn hundert weise Männer über uns herrschten?

In welcher Hinsicht »besser«? Und wer sollen diese »Weisen« sein?

Ich kann Ihnen ein Beispiel geben: Sie haben die Meinung vertreten, daß unser Staat innerhalb weniger Jahre am Ende sein wird, wenn die gegenwärtige Situation weiter andauert. Vielleicht könnten hundert Weise der Akademie dies verhindern, wenn sie an der Regierung wären?

Politik ist keine Frage von Weisheit, sondern von Willensentscheidungen. Das Problem liegt darin, was Menschen wollen. Nur Physik und Chemie sind Bereiche der Intelligenz, aber nicht die Politik. Der eine will Herrschaft, der andere möchte ein hohes Einkommen, und keiner von ihnen kann begründen, warum. Der eine will Herrschaft mit Gewalt und Macht, der zweite möchte die Herrschaft, um den Lebensstandard zu heben, aber ohne Gewalt und Macht. Weder dieser noch jener hat dafür eine Begründung. Das gleiche gilt in der Demokratie. Ich möchte einen demokratischen Staat Israel, aber ich kann dafür keine Begründung geben.

Kann man sagen, daß ein demokratisches Israel die Garantie für unsere Fortexistenz wäre?

Das stellt keinerlei Garantie dar.

Vielleicht sichert der politisch-demokratische Rahmen in Israel eine bessere Existenz des Judentums?

Warum sollte ich die Existenz des Judentums wollen? Gibt es dafür eine objektive Begründung?

Keine objektive Begründung, aber doch eine subjektive.

Genau das habe ich gesagt. Es gibt dafür keinerlei Begründung, außer der Tatsache, daß ich es will. Denken Sie an das Beispiel, das ich bereits erwähnt habe. Warum ist ein Mensch ein redlicher Mensch und kein Schurke? Warum nutzt er nicht jede mögliche Situation durch List und Betrug zu seinen Gunsten aus, sondern verhält sich redlich? Weil er kein Schurke und Gauner sein will.

Sozialismus

Wie sieht Ihre gesellschaftliche Weltanschauung aus? Können Sie sich selbst in den geläufigen Begriffen als Sozialist oder Kapitalist begreifen? Gibt es einen Zusammenhang zwischen Ihrer Unterstützung des demokratischen Systems und Ihrer gesellschaftlichen Weltanschauung?

Ich denke, daß Freiheit wichtiger ist als Gleichheit. Hierin folge ich Popper.

Aber die Freiheit ist heute in beiden Welten selbstverständlich, in der sozialistischen wie in der kapitalistischen.

Ich weiß eigentlich nicht, was Sozialismus heute ist. Auf der ganzen Welt sind heute die sozialistischen Parteien mit dem Kapitalismus verflochten. Es gibt hier eine Analogie in der Frage von Religion und Staat: Eine sozialistische Bewegung, die nicht in prinzipieller Opposition zur kapitalistischen Gesellschaftsordnung steht, ist nicht sozialistisch – genau wie eine religiöse Partei, die sich an einem säkularen Regime beteiligt, nicht religiös ist.

Ihr Ideal ist also nicht die gesellschaftliche Gleichheit?

Wie darf ich das verstehen?

Nehmen wir ein konkretes Beispiel: Ein nicht zu vertretender Lohnunterschied.

Es war George Bernhard Shaw, der in seinem Buch über den Sozialismus gesagt hat, daß Sozialismus nichts anderes bedeutet als gleiches Gehalt für alle.

Sie wehren sich dagegen?
Ja. Denn ich denke, das ist völlig irreal und außerdem ungerecht.
In der Sowjetunion scheint das Gefälle zwischen den Gehältern noch größer zu sein als in der kapitalistischen Welt.
Ich weiß nicht. Auch in Israel dürfte der Unterschied zwischen einem Herrn Rekanati, dem Direktor der Israel Discount Bank, und einem Arbeiter in einer der nach der Staatsgründung neu angelegten Städte nicht gerade gering sein ...
Das ist die Situation! Aber wollen Sie darüber zur Tagesordnung übergehen?
Sicherlich nicht. Aber mir ist nicht klar, ob hier eine Veränderung der Gesellschaftsordnung zur Abhilfe notwendig ist, weil ich nicht weiß, was Sozialismus heute bedeutet. Was hat sich durch fünf Jahre Herrschaft der Sozialisten in Frankreich verändert? Die Sozialisten besaßen dort sogar eine absolute Mehrheit und waren nicht auf eine Koalition angewiesen. Das Präsidentenamt und das Parlament waren in ihren Händen. Natürlich haben die Sozialisten einige ausgezeichnete Dinge erreicht, u.a. haben sie die Todesstrafe in Frankreich abgeschafft. Aber dazu muß man doch kein Sozialist sein. Sie haben die Guillotine abgeschafft, und dafür sollte man ihnen dankbar sein. Aber es ist wohl kaum anzunehmen, daß irgendeine konservative Regierung heute zu der Guillotine zurückkehren wird. Die Abschaffung der Todesstrafe ist eine großartige Leistung, aber sie verlangt nicht unbedingt den Sozialismus. Ich glaube, die sozialistische Regierung hat auch einige wichtige Reformen im Erziehungswesen eingeleitet, aber auch dazu muß man nicht notwendigerweise Sozialist sein.
Wie beurteilen sie die Zukunft im Kampf der kommunistischen Welt mit der freien Welt – wer wird den Sieg davontragen?
Ich glaube, daß der Kommunismus bereits verloren hat. Die Macht, die die Sowjetunion hat, hängt in keiner Weise an dem dort herrschenden Kommunismus. Hier sehen wir eines der Paradoxa in der Geschichte: Wer hat den Sozialismus als treibende Kraft, als Hebel einer Bewegung und als Impuls in der gesellschaftlichen Realität vernichtet?

– Lenin! Und zwar durch sein eigenes Werk. Im 19. Jahrhundert, bis zu Beginn des 20. Jahrhunderts, besaß der Sozialismus eine außerordentliche Kraft in der Kultur der westlichen Gesellschaft. Heute existiert diese Kraft nicht mehr.
Der Kampf zwischen den Blöcken ist heute also ein Machtkampf an sich, ohne einen ideologischen Hintergrund?
So sieht es aus. Macht und Herrschaft sind absolut Wichtiges. Menschen sind bereit zu töten und zu sterben für die Macht. Das gehört auch zu den Dingen, die man nicht begründen kann.
Wie stehen Sie zum Problem der Kernwaffen?
Schwer zu sagen, in welcher Hinsicht?
Liegt darin ein moralisches Problem?
Jeder Krieg ist ein moralisches Problem.
Aber hier ist von Dimensionen die Rede, die in der Geschichte keine Vorläufer haben.
Das ist bereits keine moralische Argumentation mehr. Wenn man sagt, die Einstellung zu einem Krieg, in dem Gefahr für 10 Millionen Menschen besteht, unterscheidet sich von der Einstellung zu einem Krieg, in dem 500 Millionen Menschen in Gefahr sind, so ist das keine moralische Argumentation. Aber in der Sache selbst weiß ich nicht, was die kommenden Generationen sagen werden (wenn es überhaupt zu nachfolgenden Generationen kommen wird). Wahrscheinlich werden sie sagen, es ist wohl nicht zu einem Atomkrieg gekommen, der die Welt hätte zerstören können – wegen der Kernwaffen!

So sieht es möglicherweise in der historischen Perspektive aus. Im ersten Augenblick erscheint die Sache paradox, aber das ist unter Umständen nicht so. Vielleicht wird man später sagen, daß dank der Kernwaffen ein Atomkrieg verhindert worden ist.
Seinerzeit saßen Sie im Komitee zur Freihaltung des Nahen Ostens von Atomwaffen.
Ja. Dabei handelte es sich nicht um einen weltweiten Kontext, sondern um einen lokalen. Wir dachten, es müßte verboten werden, Atomwaffen in unseren Lebensbereich einzuführen. Wenn die Israelis Atomwaffen besitzen, dann werden letztendlich auch die Araber derartige Waffen besit-

zen. Man wollte versuchen, die Aufstellung von Atomwaffen in unserem Gebiet zu verhindern. Diese Ansicht fand breite Unterstützung.

Wenn Sie an Trumans Stelle gestanden hätten, hätten Sie sich auch zum Atombombenabwurf über Hiroshima entschlossen?

Um auf Ihre Frage eine Antwort geben zu können, hätte ich wirklich an Trumans Stelle stehen müssen, dem ja sämtliche Informationen zugänglich waren. Heute wissen wir, daß er aus sicheren Quellen darüber informiert war, daß Japan zu dem damaligen Zeitpunkt bereits besiegt war und für den Einsatz der Atombombe keinerlei Notwendigkeit bestanden hat. Truman behauptete, daß er den Einsatz aufgrund seiner Vermutung befahl, die Atombombe könnte den Krieg verkürzen und Opfer ersparen. Da ich grundsätzlich kein Pazifist bin – das heißt, da ich kein Mensch bin, der meint, es gebe nichts, für das es erlaubt ist, Menschenleben zu opfern und dahinzugeben (auch wenn dieses nur für sehr wenige und scharf eingeschränkte Dinge gilt) –, so muß ich sagen, daß es damals vielleicht gerechtfertigt erschien, den Einsatz der Atombombe anzuordnen, obwohl wir heute wissen, daß es eigentlich ein verbrecherischer Akt war, ein Ausdruck des Hasses und der Rache an Japan, das eh schon am Rand der Kapitulation stand.

Können Sie sich vorstellen, daß die Welt vernichtet werden wird?

Jeder Mensch kann sich das vorstellen. Vielleicht zerstören wir die Welt, vielleicht auch nicht – vielleicht zerstören wir aus Angst vor der Vernichtung die Welt nicht. Es ist doch denkbar, daß die Herren Reagan und Gorbatschow einander noch nicht einmal mit dem kleinen Finger antasten werden, gerade weil jeder von ihnen hundert Millionen Menschen vernichten könnte.

Angesichts des Krieges zwischen dem Iran und dem Irak, in dem unzählige Hunderttausende hingemordet werden, muß man die Theorie einer Störung des Öko-Systems wohl neu überdenken, nach der es mit natürlicher Notwendigkeit zu einem Krieg kommen muß, sobald an einem bestimmten Ort zu viele Menschen leben. Was meinen Sie zu dieser Theorie?

Gab es etwa keine Kriege, als die Erdkugel fast leer war? Nach gewissen Schätzungen zählte die Bevölkerung des Römischen Imperiums in seiner Blütezeit 70 Millionen Menschen und noch viel weniger in den angrenzenden Gebieten. Weshalb gab es dann trotzdem so viele Kriege?

Jedenfalls hört man viel über die Gefahr einer Bevölkerungsexplosion auf der Erde; ist hierbei von einer akuten Gefahr die Rede?

Im Augenblick steigt die Produktionskraft auf allen Gebieten, einschließlich der Produktion von Nahrungsmitteln, viel schneller an als die natürliche Vermehrung der Bevölkerung. Eigentlich wächst die Produktionsrate seit den Zeiten von Malthus, vor 180 Jahren, in größerem Maße als die Bevölkerung. Natürlich sagt der Verstand, daß es irgendeine Grenze geben muß – »geben muß«, aber sie ist noch nicht erreicht. Wenn heute Hunderte Millionen Menschen auf der Welt hungern, dann liegt das nicht an fehlenden Nahrungsmitteln, sondern an dem Charakter der Regime und der Verteilung der Mittel.

Kann man erwarten, daß man einen Nahrungsersatz zur Lösung des Hungerproblems erfinden wird?

Wie kann man das voraussehen? Auf jeden Fall besteht im Augenblick das Problem der Bevölkerungsexplosion nicht, sondern das Problem der Regime.

China schränkt die Geburtenzahl ein. Man darf vermuten, daß einer der Gründe dafür das Nahrungsproblem ist.

Ich glaube, nicht nur das. Hier besteht sicher auch ein Interesse der Regierung. Es gibt 1,1 Milliarden Chinesen, und es ist gut möglich, daß die Regierung an einer Verringerung der Bevölkerungszahl interessiert ist.

Folgende Anekdote kann hier die Dimensionen illustrieren: Ein chinesischer und ein israelischer Diplomat treffen sich im UNO-Gebäude in New York und beginnen ein Gespräch. Der Chinese sagt zu dem Israeli: Sie vertreten Israel. Ich habe gehört, daß es einen solchen Staat in West-Asien gibt. Wie viele Menschen gibt es in Ihrem Staat? Der Israeli antwortet: Drei Millionen. Der Chinese erwidert: Das entspricht ja einem kleinen Fehler bei einer statistischen Erhebung der Bevölkerung in einer der zwanzig Provinzen

Chinas; es ändert nichts am Ergebnis, ob in einer Provinz 120 Millionen Menschen leben, 118 Millionen oder 122 Millionen . . .

Wir dürfen über China nicht in unseren Kategorien denken. Ich weiß aber wirklich nicht, in welchen Kategorien ein chinesischer Herrscher denken muß. Selbst wenn nur von einer Provinz die Rede ist, spricht man von bis zu 150 Millionen Menschen!

Werden wir Zeugen eines Schrumpfungsprozesses der demokratischen Welt?

Wie kommen Sie auf diesen Gedanken?! Die Staaten der Dritten Welt werden nicht alle durchweg kommunistisch. Kommunismus existiert in der Sowjetunion, in China und in Vietnam. In allen anderen Teilen der Welt ist der Kommunismus gescheitert. Es gibt in einigen Entwicklungsländern Diktaturen, die sich jedoch nicht lange halten werden. Dagegen sind die Diktaturen in der westlichen Welt alle verschwunden; in Spanien, in Portugal, in Griechenland und auch in Argentinien. Das ist eine große Überraschung. Wenn man zu sagen pflegte, daß alle Diktaturen stürzen werden, so verband man das immer mit gewaltigen Massakern. Und nun sind die Diktaturen fast ohne Blutvergießen verschwunden. Das ist erstaunlich. Der Kommunismus erlangte die Macht in Rußland durch ein unvergleichliches Blutbad. Das gilt auch für die Kriege Maos in China, aber in den von mir aufgezeigten Fällen – und jetzt auch auf den Philippinen und Haiti – ist der Sturz der Diktaturen fast ohne einen Schuß vollzogen worden. Ich bin erstaunt, daß viele dieser überraschenden Entwicklung keinerlei Beachtung schenken, die doch wider alle Erwartungen abläuft. Ich erinnere mich noch an die Diktatur Francos in Spanien und Salazars in Portugal in den fünfziger und sechziger Jahren. Man vertrat die Ansicht, daß diese Regime nicht lange existieren werden, aber man sprach von einer großen Revolution, die zu ihrem Sturz notwendig sein werde, wie in Rußland, bei der es zu unzähligen Opfern kommen werde. Jetzt sind die Diktaturen alle ohne Blutvergießen verschwunden.

Können Sie sich vorstellen, daß bei uns eine Diktatur errichtet werden kann?

Nein, es wird bei uns nicht zu einer Diktatur kommen, dafür sorgt Reagan in Amerika.

Was geht es Reagan an, wenn in Israel eine Diktatur die Macht in den Händen hält, solange der jeweilige Diktator das tut, was Reagan sagt.
Weil Reagan nicht sicher sein kann, daß der Diktator sich wirklich seinem Willen fügt! Ein Diktator kann sich plötzlich an die Sowjetunion wenden. Unsere verfaulte Regierung dagegen hat Reagan in der Hand, und deshalb ist er an ihrem Fortbestehen interessiert.
Aber auch in den Vereinigten Staaten werden Anzeichen von politischem Extremismus sichtbar.
Sicherlich, das heißt aber nicht, daß diese Situation nicht noch lange Zeit fortdauern wird.
In dem Tempo, in dem sich die Ereignisse in unserer Zeit entwickeln, kann das schicksalhaft sein.
Im Augenblick gibt es in den Vereinigten Staaten ungefähr 250 Millionen Menschen, und mindestens 150 Millionen, wenn nicht 200 Millionen, genießen ihr Leben.
Die Frage ist, ob diese Menschen Macht und Einfluß haben. Auch in Israel leben die Menschen ihr Leben und gehen ihren Vergnügungen nach, trotz der schrecklichen Dinge, die hier geschehen.
Aber ja. Und Sie fragen, wie das möglich ist? Gehen Sie in die Fußgängerzonen der Städte und schauen Sie sich die Leute dort an, die in den Cafés sitzen und das Leben genießen. Aber was wird an dem Tag geschehen, an dem der amerikanische Finanzminister die Zuwendungen an Israel einstellt? Eine derartige Gefahr steht für Amerika nicht in Aussicht. Bei uns aber kann es über Nacht zum totalen Zusammenbruch kommen, und nur wegen der schon bösartigen Dummheit, mit der wir darauf vertrauen, daß die Amerikaner uns weiterhin unterstützen werden. Darüber hinaus haben wir keine Stütze, weder im Innern noch nach außen. Der Staat Israel, auf dessen Seite einst, 1948, fast die gesamte Welt stand – sowohl die Sowjetunion als auch die Vereinigten Staaten! – im Gegensatz zu der billigen Demagogie, »die ganze Welt steht gegen uns« – wobei man nicht betonen muß, daß auf der ganzen Welt eine Idealisierung des Staates Israel stattfand –, dieser Staat Israel ist heute auf der ganzen Welt verhaßt oder jedenfalls verachtet.

Reagan ist doch wohl daran interessiert, hier die israelische Armee als eine amerikanische Söldnertruppe zu unterhalten, die von den Amerikanern im Bedarfsfall eingesetzt werden kann. Wie und wann? – Das ist noch nicht klar, aber es ist gut möglich, daß es sich um Saudi-Arabien handeln könnte, wenn dort eine Revolution ausbricht, oder um Syrien, wenn die Sowjetunion versucht, dort die Macht zu übernehmen. Inzwischen führen wir ein gutes Leben. Darüber hinaus jedoch besitzen wir nichts. Im Innern – Fäulnis, und nach außen – ein verhaßtes Israel. Und nicht nur das, der Staat wird allmählich auch dem jüdischen Volk selbst verhaßt. Das ist das Schwerwiegendste. Viele Juden in der Welt, die sich ihres Judentums aufrichtig bewußt sind, denken, daß der Staat Israel dem jüdischen Volk keine Ehre mehr macht.

Über Leben und Tod

> *»Wenn du nicht damit fertig wirst, in dieser schrecklichen Welt zu leben – dann nimm dir doch das Leben.«*

Der Sinn des Lebens

Sie sagten, Sie hätten von Jugend an »meine Pflicht, Tora und Mitzwot zu erfüllen« anerkannt. Was meinen Sie damit?

Das sage ich im gleichen Sinne, wie viele Menschen von Kindheit anständige Menschen und keine Verbrecher sein wollen.

Das ist doch etwas anderes?!

Durchaus, aber warum fragen Sie nicht die Millionen Menschen, die seit ihrer Kindheit niemals auf den Gedanken gekommen sind, Verbrecher zu werden? Damit habe ich nicht gesagt, daß jeder alle Gesetze immer hundertprozentig erfüllt, aber grundsätzlich akzeptieren es Hunderte Millionen Menschen seit ihrer Jugend, in dem legalen Rahmen des bürgerlichen Gesetzes zu leben.

In diesen Fällen kann man alle möglichen rationalen und moralischen Interpretationen vorbringen.

Das ist überhaupt nicht rational! Aber in bezug auf Ihre Frage muß ich sagen – ich habe mich in der Erfüllung der Tora und der Mitzwot nicht anders verhalten als Hunderttausende anderer Juden, die sich niemals mit der Frage herumgeschlagen haben, Juden zu sein oder nicht.

Sie haben erzählt, daß Sie sich in Kreisen aufhielten, in denen es schon viele Juden gab, die ganz öffentlich das Joch der Tora abgelegt hatten.

Natürlich gab es solche in Massen, aber ich gehörte nicht zu ihnen. Ich lebte nicht in einer nicht-jüdischen Umwelt. Jedenfalls fühlte ich nicht, daß ich in einer nicht-jüdischen Welt lebte.

Sind Sie nicht zu der Einsicht gekommen, daß sich die Verpflichtung zur Einhaltung der Mitzwot aus einer rationalen Erklärung ergibt?

Nein.

Wenn einem Menschen eine schwere Katastrophe zustößt – wie es Ihnen durch den Tod Ihres Sohnes Uri widerfahren ist –, erschüttert das nicht die Grundfesten des Lebens?

Das ist ein Beispiel für das Wesen des Lebens. In einer gewissen Weise gehört das zu den Normen des Lebens.

Handelt es sich hier um das, was im Talmud mit den Worten »die Welt folgt ihrem eigenen Lauf« beschrieben wird?

Richtig. Auch wenn wir uns meistens wünschen, die Kinder würden ihre Eltern bestatten, und nicht die Eltern ihre Kinder. Aber auch das geschieht eben im Rahmen der Wirklichkeit der Natur.

Wenn Sie das so sagen, ist das sicherlich in philosophischer Sicht richtig. Aber wie sieht es in der persönlichen Dimension aus?

Nicht in philosophischer Hinsicht! Sehr im Gegenteil. Ohne jede Philosophie. Ich finde mich damit ab, daß die Welt eben ihren natürlichen Lauf nimmt. Ich sage das nicht als Philosoph. Aber ich lebe in der Welt, die nach ihren eigenen Gesetzen abläuft. Das ist das Leben! Wenn man das nicht will, dann muß man sich umbringen. Wenn man damit nicht einverstanden ist, in dieser schrecklichen Welt zu leben – dann kann man sich auch das Leben nehmen.

Hatten Sie jemals Selbstmordgedanken?

Ich kann für mich persönlich sagen, daß ich darauf noch nicht einmal im Traum gekommen bin.

Auch nicht in Ihrer Jugend?

Nein, niemals.

Sie sagen, der Mensch weiß, daß er sterben wird, glaubt aber nicht, daß er sterben wird – wie meinen Sie das?

Mit den Worten »er glaubt nicht, daß er sterben wird« meine ich, daß der Mensch sich niemals seinen Tod vorstellen kann, obwohl er mit Sicherheit weiß, daß er sterben wird. Warum unterscheiden wir alle – jeder Mensch, ohne philosophische Analyse – zwischen belebten und unbelebten Dingen? Weil der Mensch sich seines Todes bewußt ist. Er weiß, daß es etwas gibt, das aufhören wird – das Leben, und genau hier liegt der Unterschied zur unbelebten Natur. Die Gravitation wird nicht aufhören, die Elektrizität hat kein Ende, und auch das Licht wird niemals aufhören; aber sein Leben gelangt an eine Grenze.

Sie benutzen hier den Begriff »Glauben«. Ist das nicht nur eine Angelegenheit von Wissen?

Nein. Jeder Mensch lebt, als ob er nicht weiß, daß er sterben muß. Anders wäre er nicht fähig zu leben. Nicht nur Menschen mit philosophischen Gedanken, sondern jedermann. Der Mensch weiß, daß er sterben muß, ohne jeden Zweifel. Wie ist er dann aber fähig zu leben? Weil er eigentlich nicht an seinen Tod glaubt. Das bedeutet: Obwohl ihm die Tatsache, daß er sterben wird, bekannt ist, stellt der Tod für ihn dennoch keine psychologische Erfahrung dar. Das meinte ich, als ich in diesem Zusammenhang den Begriff »Glauben« benutzte.

Ist das vielleicht der einzige Faktor, der dem Leben einen Sinn gibt?

Der Sinn des Lebens ermöglicht das Leben. Anders wären wir nicht fähig zu leben.

Glauben Sie an ein »Leben« nach dem Tode?

Ich habe keine Vorstellung von dem, was jenseits des Lebens liegt. Damit habe ich nicht gesagt, daß nach dem Leben nichts kommen wird, aber ich habe davon eben keine Vorstellung.

Interessiert es Sie, wo Sie begraben werden, oder kümmert Sie das nicht?

Die Bestattung ist eine Mitzwa für die Lebenden. Für die Lebenden besteht die Mitzwa, die Toten zu bestatten. Der Tote kennt keine Mitzwot.

Bereitet es Ihnen keine Sorge, daß Sie neben einem Christen zu liegen kommen könnten?

Alle Bestattungsgebote sind nur für die Lebenden verpflichtend.

Aber wenn Sie von vornherein gefragt werden – interessiert Sie Ihr Nachbar auf dem Friedhof?

Ich sagte doch schon, daß ich keinerlei Vorstellung von einer Fortsetzung nach dem Leben habe. Ich existiere dann nicht mehr – aus. Ich weiß, daß meine Söhne die Pflicht haben, mich nach dem jüdischen Ritus zu bestatten. Dazu sind sie verpflichtet. Ich aber existiere schon nicht mehr. Ich habe keinerlei Interessen mehr.

Das verstehe ich, aber nehmen wir einmal an, Sie würden heute Ihr Testament schreiben – es gibt ja Menschen, die das tun –, schrieben Sie, daß Sie an einem bestimmten Ort begraben werden möchten?

Das käme mir überhaupt nicht in den Sinn!

Warum? Weil Sie denken, die Angelegenheit sei damit beendet?

Ich existiere nicht mehr – von jenem Augenblick des Todes an und darüber hinaus. Richtig. Meine Kinder müssen während der sieben Trauertage »Schiwa« sitzen *(jüd. Trauerritus)*. Trauern ist eine Mitzwa, und das Bestatten der Toten ist eine Mitzwa, aber den Toten berührt das nicht mehr, nur die Lebenden.

Sterbehilfe (Euthanasie)

Was ist Ihre Meinung zur Sterbehilfe (Euthanasie)?
Das ist kein medizinisches Problem. Ich lehne Euthanasie ab, weil es unmöglich ist, sich dem Leben gegenüber in rationaler Weise zu verhalten und zu fragen: Hat dieses Leben einen Wert? Nehmen wir einmal an, wir beide kämen darin überein, das Leben eines bestimmten Menschen sei nichts wert, und wir sollten ihm ein Ende setzen. Aber in meinen Augen wäre plötzlich auch Ihr Leben ganz und gar nicht lebenswert, ja – warum sollte ich Sie dann nicht auch gleich vernichten?

Ich will anders fragen: Sind Sie für eine Verlängerung des Lebens mit künstlichen Mitteln, wenn in ihm kein Sinn mehr liegt?
Das ist das bekannte Problem der Unterscheidung zwischen aktiver und passiver Euthanasie. Es gibt Fälle, bei denen ich das sichere Gefühl habe, daß es gut wäre (in jedem Bedeutungsaspekt von »gut«), den betreffenden Menschen sterben zu lassen und nicht sein elendes »Leben« mit künstlichen Mitteln zu verlängern. Es kann sogar »gut« sein, eine Handlung vorzunehmen, um das bißchen Leben, das noch in einem Menschen erkennbar ist, zu beenden – dennoch halte ich es für mich selbst und auch für andere für verboten, das eine oder das andere zu tun, weil es keinen Begriff der »Nützlichkeit« gibt, der auf das Faktum Leben zutrifft.

Das gilt nach der jüdischen Halacha?

Ich spreche nicht über das Judentum. Wissen Sie, daß Rabbi Moses Isserles die Halacha zugunsten einer Nicht-Verlängerung des Lebens mit künstlichen Mitteln entschieden hat? In den Halachot über die Sterbenden bestimmt der »Schulchan-Aruch«, daß »ein Sterbender wie ein Lebender zu behandeln ist«. Deshalb ist es verboten, den Prozeß des Sterbens zu verkürzen, denn das ist nach dem »Schulchan Aruch« tatsächlich eine Art Mord. Hier nun fügt Rabbi Moses Isserles hinzu: »Wenn aber irgend etwas das Sterben verzögert, so ist es erlaubt, das (den Störfaktor) zu beseitigen« – was letztendlich heißt, es ist erlaubt, das Leben nicht mit künstlichen Mitteln zu verlängern. Ich bin mit dieser Entscheidung nicht ganz einverstanden. Nein, absolut nicht.

Das heißt also, daß Sie in jedem Fall für eine Verlängerung des Lebens eintreten? – Warum?

Ja. Und zwar aus dem bereits genannten Grunde. Die Trennlinie zwischen einem Menschen und der Ermordung eines andern Menschen ist sehr dünn. Es ist verboten, sie zu durchbrechen, weil man keine Grenzen überschreiten darf. Heute ist das Leben eines Menschen, der zu einer dahinvegetierenden »Pflanze« geworden ist, nicht lebenswert, und morgen – das Leben eines Greises, der völlig funktionsunfähig geworden ist und zu nichts taugt. Wir haben von dem bekannten Fall eines jungen Mädchens in Amerika gehört, das zu einer »Pflanze« geworden ist, und deren Leben im Krankenhaus durch allerlei künstliche Geräte verlängert wird. In diesem Falle, so scheint es, gibt es keinen Grund, sie am Leben zu erhalten. Denn als Person wird sie nie wieder existieren können, und für ihre Umwelt stellt sie eine furchtbare Belastung dar, sowohl in seelischer als auch in materieller Hinsicht. Das Problem besteht in der Entscheidung, die Geräte abzuschalten oder nicht.

Angenommen, wir alle stimmen darin überein, daß es in diesem Falle das beste wäre, die Geräte abzuschalten (auch hier ist das Adjektiv »gut« nicht im objektiven Sinne zu verstehen) – die Eltern des Mädchens haben sogar darum gebeten, damit die Tochter »mit Würde sterben könne«; dann aber kann es morgen einen weiteren Fall geben, ebenfalls einer Vergiftung des Gehirns, aufgrund derer der Betroffene alles verliert – das Gefühl, das Bewußtsein, die

Sinne und die Fähigkeit zu spontanen Handlungen – aber weiterhin in der Lage ist, selbständig zu atmen. In diesem Fall trifft alles, was wir bei dem jungen Mädchen als Argument vorgebracht haben, ebenfalls zu. Sicherlich liegt auch hier kein »lebenswertes Leben« mehr vor. Der Betroffene wird nie wieder als eigenständige Person existieren können, und auch die Belastung für die Umgebung ist eine schreckliche. Aber hier ist es bereits unmöglich, ihm passiv zum Tode zu verhelfen, hier muß schon etwas aktiv getan werden. Man muß ihm eine Spritze geben, es müssen sich Menschen finden, die dazu bereit sind. Vielleicht kann man ihnen sagen, das Zögern sei nicht rational zu begründen. Man kann ihnen erklären, daß, wenn sie wirklich davon überzeugt sind – und ich spreche ganz aufrichtig –, es sei gut, ihm eine Spritze zu geben, diese Handlung auch vornehmen sollten. Und dann gibt es übermorgen einen dritten Fall. Auch hier soll es sich um eine Gehirnvergiftung handeln, in deren Folge der Mensch das Bewußtsein verloren hat, aber nicht die spontane Bewegungsfähigkeit. Dieser Mensch ist nicht zur »Pflanze« geworden, sondern zu einem Tier. Auch hier kann man fragen, welchen Wert dieses Leben noch hat. – Die Belastung für die Umgebung ist vielleicht noch schrecklicher als in den anderen Fällen. Dann müssen wir uns wohl auch hier dazu entschließen, dieses Leben zu beenden. Dann steht der Fall des idiotischen Kindes zur Debatte, und was nun? Es gab einmal einen sehr bekannten Mann – Adolf Hitler mit Namen – der gesagt hat: »Das Leben von geistig und chronisch Kranken ist nicht lebenswert, es gibt keinen Grund, dieses Leben zu erhalten – auch wenn man sie behandeln könnte, sind sie zu vernichten.« Tatsächlich sind 70tausend geistig Behinderte ermordet worden! Keine Juden, sondern Arier. Aber hier hat sich die Kirche dann eingemischt, und Hitler gezwungen, diese Euthanasiemaßnahmen einzustellen. Bei der Ermordung der Juden hat die Kirche geschwiegen, in den anderen Fällen hat sie sich eingemischt! Man kann auch noch einen Schritt weiter gehen: Das Leben von Juden ist nicht lebenswert, und sie stellen für die ganze Welt eine unerträgliche Belastung dar (das ist auch noch richtig . . .) und deshalb – Auschwitz!

Natürlich bin ich kein gemeiner Demagoge, der keinen Unterschied zwischen Menschen, die aufrichtig und aus tiefem humanitären Bewußtsein heraus für die Euthanasie eintreten, und Auschwitz sieht. Aber ich frage doch, wo die genaue Trennlinie dazwischen verläuft. Darauf kann ich keine Antwort geben. Deshalb habe ich das Problem der verschiedenen Grenzfälle aufgezeigt und muß zu der Schlußfolgerung kommen: Es ist verboten, jemandem das Leben zu nehmen! Die Frage, ob ein Leben lebenswert ist, darf es nicht geben. Man kann über alles im Leben nachfragen, ob es wert und würdig ist. Ist es würdig in einem Haus oder einer Höhle zu wohnen? Ist es wert, in den Krieg zu ziehen oder zu kapitulieren? Das kann man alles fragen, aber über das Leben selbst kann man nicht fragen, ob es wert und würdig ist. Wenn diese Frage gestellt wird, dann sage ich mir, daß die Hälfte der Menschheit aus Menschen zu bestehen scheint, deren Leben wertlos ist, und die für mich eine große Last darstellen. Bereits die Existenz irgendeines Menschen stört mich vielleicht und sein Leben hat keinen Wert. Warum soll man ihn nicht vernichten?

Ganz allgemein möchte ich sagen: Bei dem Problem der Euthanasie pflegen wir bewußt zu behaupten, daß wir einem elend leidenden Menschen Gunst und Gnade erweisen wollen, indem wir ihn von einem wertlosen und qualvollen Dasein erlösen; aber in Wirklichkeit kann dahinter unbewußt die Absicht stecken, uns selber einen Gefallen zu erweisen, indem wir uns von einer schweren seelischen und materiellen Belastung befreien. Das ist ein moralischer Selbstbetrug.

Wie also hat sich der Arzt im Falle eines Patienten, der sich in einem qualvollen aussichtslosen Zustand befindet, zu verhalten?

Wenn der Arzt in diesem Fall zur Sterbehilfe bereit ist, so verurteile ich ihn dafür nicht. Aber wenn er mich fragt, muß ich ihm sagen, daß es verboten ist. Und das fällt mir nicht leicht. Ich frage mich sogar selbst – und kann auf meine Frage keine Antwort geben –, was ich als Arzt tun würde. Ich würde mit Sicherheit nicht zu jemandem gehen und ihn um Rat fragen, ob Sterbehilfe erlaubt ist. Aber es mag wohl sein, daß ich es auf meine eigene Verantwortung tun würde.

Sie sagten aber doch, daß Sie auf das Verbot verweisen würden, wenn man sie fragte.

Wenn man mich fragte, würde ich natürlich auf das Verbot verweisen. Dennoch würde ich es vielleicht selber machen. Ich bin mir nicht sicher. In den Fällen von Euthanasie, in denen es sich um einen Menschen handelt, der schwere Qualen zu erleiden hat, die man selbst durch Morphium nicht vermindern kann, es jedoch möglich ist, ihn noch für Tage oder Wochen am Leben zu halten, und ich bin der Arzt ...

Es könnte die Situation eintreten, daß er Sie selbst bittet, sein Leben nicht zu verlängern.

Das kann auf mich keinerlei Eindruck machen. Die Frage ist, ob ich dazu berechtigt bin, seinem Leben ein Ende zu setzen.

Vielleicht würde ich es tun – ich weiß es nicht. Aber ich würde niemanden danach fragen, ob es erlaubt ist, denn sobald ich frage, ist das Verbot auch schon ausgesprochen. In dem Moment, in dem ich zu zweifeln beginne, ob es erlaubt ist oder nicht, bin ich nicht mehr befugt, die Zustimmung eines anderen Menschen einzuholen. Ich bin auch nicht befugt, einem anderen Menschen die Zustimmung zu erteilen. Ich muß völlig selbständig entscheiden und die moralische oder religiöse Verantwortung ganz persönlich auf mich nehmen. Deshalb liegt im Falle des jungen Mädchens bereits ein moralischer Fehler vor, als die Ärzte vom Gericht Weisung für ihr Verhalten verlangten. Es gab einige, die sagten, sie hätten als Ärzte nur eine Aufgabe: das Leben zu verlängern, und das Urteil, ob es sinnvoll oder gar gut ist, dies zu tun, stünde ihnen nicht zu. Die Frage, ob die Verlängerung des Lebens in einem solchen Falle eine gute Tat sei, so wird gesagt, sei eine ethisch-moralische und philosophisch-religiöse Frage, aber als Arzt sei man verpflichtet, ein Leben bis zum Maximum zu verlängern. Ich kann auch dem nicht zustimmen, aber ich verstehe das Dilemma sehr gut. Wenn ein Arzt also diese Entscheidung trifft, so akzeptiere ich es. Und umgekehrt – wenn ein Arzt sagt, er sei tief davon überzeugt, es sei in einer derartigen Situation das Beste, dem Menschen eine Spritze zu geben, die ihm in zwei Minuten den Tod bringt, und dies dann auch tut – so kann ich ihn ebenfalls nicht verurteilen, auch wenn ich in meinem Herzen damit nicht einverstanden bin. Wenn aber ein Arzt eine Zustimmung oder Erlaubnis einholt, so ist das eine Flucht vor der Verantwortung.

Organtransplantation

Was ist Ihre Meinung zum Thema Herztransplantation – wo liegt hier die Grenze des Erlaubten?

Für sich betrachtet ist die Herztransplantation eine wunderbare Sache, aber in bezug auf die menschliche Verantwortung ist sie sehr gefährlich. Wenn ein Mensch im Sterben liegt, und man sicher weiß, daß er bald sterben wird – erlauben wir uns, wenn man sein Herz zu einer Transplantation verwenden will, seinem Leben sofort und auf der Stelle ein Ende zu setzen. Dann kann man sein Herz entnehmen und durch dieses Herz das Leben eines anderen Menschen, der so noch einige Jahre leben kann, retten. Aber jetzt erhebt sich auch hier die Frage, wo denn die Grenze liegt. Wann kann man sagen, dieser Mensch lebt eigentlich nicht mehr? Wenn man von jemandem spricht, der im Sterben liegt, und sein Tod wohl eine Angelegenheit von einer viertel oder einer halben Stunde ist – soll man dann warten, bis er eines natürlichen Todes gestorben ist? Aber dann ist auch sein Herz tot und man kann es nicht mehr zur Transplantation benutzen. Das bedeutet also, daß man das Herz entnehmen muß, solange der Sterbende noch »lebt«. Wenn man sagt, er liegt eh im Sterben und ist so gut wie tot, dann gelangt man vielleicht zum allgemeinen Konsens, daß es sinnvoll ist, seinem Leben ein Ende zu setzen, um sein Herz zur Transplantation verwenden zu können – morgen aber werden wir mit dem Fall eines Menschen konfrontiert, den man möglicherweise durch das Herz eines Menschen, der nur noch einen Tag zu leben hat, auf viele Jahre hinaus retten kann!

Und wenn es sich nun nicht um das Herz eines Sterbenden handelt, sondern um das Herz eines unnützen Greises, der das Bett hütet, oder im Rollstuhl sitzt und schon völlig senil ist, aber durchaus noch etliche Zeit leben kann, und man das Herz dieses Greises dazu benutzen kann, einen jungen Menschen zu retten, der noch Jahre über Jahre leben und vielleicht eine Familie haben wird – was dann? In dem Moment, in dem ich der Möglichkeit Raum gebe, einem Menschen das Leben zu nehmen – ein Leben, das eh nichts mehr wert ist, und ich sage das weiß Gott nicht aus mangelndem Respekt vor dem Leben – und die Meinung vertrete, um der Rettung eines Menschenlebens willen, das vielleicht noch viele Jahre währen kann, ist diese Tat erlaubt, dann gibt es keine Grenze mehr.

Wie hat man sich zur Herztransplantation vom halachischen Gesichtspunkt zu verhalten?

Was die Halacha betrifft, so ist die Angelegenheit äußerst kompliziert. Ich glaube, hier ist noch nicht alles durchdacht worden. Die Halacha bezieht den eindeutigen Standpunkt, daß ein »Leben für den Augenblick« so wie das ganze Leben gilt! Das heißt, wenn wir »Leben für den Augenblick« oder wie es im Hebräischen wörtlich heißt »Leben für eine Stunde« – in ganz elementaren Sinne von 60 Minuten verstehen, so ist es nichts wert, und das gilt auch für zweimal 60 Minuten (null multipliziert mit zwei bleibt null), und wie sieht es dann mit 70 Lebensjahren aus? Man existierte nicht, und man wird nicht mehr existieren, und eigentlich ist es überhaupt nicht wichtig. Deshalb stellt die Halacha die große Regel auf, daß ein »Leben für eine Stunde« wirkliches Leben sei, d.h. selbst dem Sterbenden muß man also nach der Halacha in juristischer Hinsicht so gegenübertreten, als ob er immer noch ein lebender Mensch ist. Darin liegt zweifellos etwas Vernünftiges. Aber bei einer Transplantation steht die Lebensrettung eines Menschen zur Debatte und nicht das Problem der Euthanasie. Das bedeutet, um einen Menschen retten zu können, muß das »Leben für einen Augenblick« eines anderen geopfert werden. Aber ich denke, auch dann gilt das Verbot, denn man kann nicht wissen, wo die Grenze liegt.

Und wenn jemand bereit ist, ein Organ für einen anderen zu opfern?

Meiner Meinung nach sollte es verboten sein, einem solchen Wunsch nachzugeben. Ich verstehe, daß ein Mensch sich für einen anderen opfern möchte. Darin liegt keine Übertretung des Grundsatzes »Man soll kein Leben für ein anderes dahingeben«, der meint, kein Dritter soll über das Leben eines Menschen zugunsten eines anderen entscheiden. Man kann sich jedoch für einen anderen Menschen opfern. Das ist nicht anzuzweifeln. Aber ich weiß nicht, ob ein Dritter berechtigt ist, dabei Hilfestellung zu leisten. Zumindest habe ich sehr große Bedenken.

Die Familienangehörigen sollen bei diesem Thema kein Mitspracherecht haben?

Nein, sie haben dabei keinerlei Position einzunehmen, weder juristisch noch moralisch. Das ist ganz allein die Frage einer persönlichen Entscheidung. Vielleicht – und das sage ich mit äußerster Skepsis – darf die Frau des Betroffenen sagen, sie stimme nicht zu, daß ihr Mann ein Organ zur Transplantation hergibt. In demselben Maße ist es meiner Meinung nach verboten, die Niere eines behinderten Kindes für seinen kranken Vater zu benutzen. Das kann keine Angelegenheit einer juristischen Entscheidung darstellen.

Das Gesetz kann entscheiden, das jeder Mensch, der das Alter von 70 Jahren erreicht hat, umzubringen sei, weil sein Leben nicht mehr nützlich ist. Das ist eine schreckliche Sache. Als die Studentenrevolution in Frankreich in den sechziger Jahren ausbrach, ging der Ausspruch um, man müsse jeden im Alter von 35 Jahren umbringen, weil es nur bis zum 35. Lebensjahr einen Grund zum Leben gebe. Danach beginne das Greisenalter, das die Jungen, die noch leben müssen, nur belaste ...

Lebensgrenzen

Stimmt es, daß diese Themen nur eine Streitfrage zwischen Ärzten und Rabbinern darstellen?
Nein, das ist nicht richtig. Es gibt auch eine eingehende Diskussion unter den Ärzten. Die Meinung, die ich hier vertrete – daß es nämlich absolut verboten ist, ein Menschenleben zu opfern – findet ihre Vertreter auch innerhalb eines großen Teiles der Ärzteschaft.

Wären Sie für eine Beteiligung der halachischen Autoritäten bei der Feststellung des Todes?
Das ist eine sehr schwierige Frage, und ich weiß nicht, ob die Halacha darüber entscheiden kann. Wie kann Halacha definieren, was der Tod ist?

Es gibt ein halachisches Kriterium für den Tod, auch wenn es vielleicht kein wissenschaftliches Kriterium ist.
Aber es ist eindeutig, daß dieses Kriterium nicht richtig ist. Es entspringt einem mangelnden Wissen. Nach der Halacha ist das Kriterium für den Tod das Aussetzen des Atems, aber das ist sicher kein korrektes Zeichen für den Tod. Hier ist von einer Tatsachenfeststellung die Rede, und über Tatsachen kann man keine Entscheidung fällen. Man kann sie nur wissen oder nicht wissen. Das hält den Staat natürlich nicht davon ab, ein Gesetz zu verabschieden, das besagt, daß ein Mensch, der sich in einer bestimmten Situation befindet, in gesetzlicher Hinsicht tot ist. Aber darüber fällen

wir ja kein Urteil. Die Frage ist sehr schwer. Ich muß sagen, daß gerade die halachischen Autoritäten dies verstehen. Es handelt sich hier um Fragen, auf die man keine klaren Antworten der Halacha erhalten kann. Man muß fragen, wie die Sache angesichts der Realität aussieht.

Der Laie sagt, daß der Streitpunkt darin besteht, daß man zu einer Herz- oder Nierentransplantation die Organe einem Menschen entnehmen muß, der nach der wissenschaftlichen Definition noch nicht tot ist.

Das ist nicht so eindeutig. Mit dem Aufhören der Gehirnfunktionen, so wird allgemein angenommen, ist der Mensch tot, auch wenn das Herz noch einige Minuten schlägt. Aber meine Einstellung zu allen diesen Dingen resultiert aus etwas völlig anderem. In dem Augenblick, in dem wir selbst überhaupt Erwägungen anstellen, ob ein Leben lebenswert ist, findet die Sache kein Ende.

Kann man die Problematik der Definition des Todes zusammenfassend in der Frage formulieren, ob der Tod in dem Augenblick eintritt, in dem das Gehirn aufhört zu arbeiten, oder erst bei Herzstillstand?

Ja. Bis in die jüngste Zeit hinein ist diese Frage fast nicht gestellt worden. Es handelt sich ja nur um einen Unterschied von einigen Minuten, dann ist der Mensch eh nach Meinung aller tot.

Aber gerade Ihrer Meinung nach kommt diesen wenigen Minuten die Bedeutung eines ganzen Lebens zu!

Deshalb habe ich die größten Zweifel. Interessant, daß gerade in diesem Zusammenhang nahezu eine Einstimmigkeit zwischen mir und den praktizierenden Ärzten besteht, die am Krankenbett stehen.

Die große Gefahr besteht darin, daß wir uns Erwägungen anmaßen, ob man ein Leben noch als Leben betrachten soll. Die Ärzte sind der Ansicht, daß der Tod einen Menschen im Augenblick des Gehirntodes fest ergriffen hat, und auch ich komme mit meiner Ansicht dieser Auffassung sehr nahe.

Dieses Problem findet seine Analogie in der Problematik des Schwangerschaftsabbruches, dessen Bedeutung in vieler Hinsicht viel schwerwiegender ist. Bei uns werden ungefähr 40- bis 50tausend Schwangerschaftsabbrüche jedes Jahr vorgenommen. Im entsprechenden Verhältnis kommt es auf der ganzen Welt also jedes Jahr zu 100 Millionen Schwangerschaftsabbrüchen! Hier erhebt sich die Frage, wann der Mensch anfängt, Mensch zu sein – so wie er mit dem Tode aufhört, Mensch zu sein, nicht im biologischen Verständnis, sondern im Sinne der Bezugnahme auf ihn als Mensch. Auch zu dieser Frage gibt es keine Antwort. Die Halacha gewährt in dieser Angelegenheit gewisse Erleichterungen, was ich eigentlich nicht akzeptieren möchte.

Wie stehen Sie zu Verhütungsmitteln?

Das ist etwas völlig anderes. Weder die Samen- noch die Eizelle haben allein die Fähigkeit, zu einem Menschen zu werden. Diese Möglichkeit entsteht erst in dem Augenblick, in dem sich die beiden vermischen. Deshalb können wir hier in eindeutiger Weise sagen, daß der Beginn des individuellen Lebens im Augenblick der Befruchtung liegt und nicht vorher.

Dann besteht hier nur ein religiöses Verbot, aber kein moralisches Problem?

Auch das religiöse Verbot ist sehr zweifelhaft. Zuallererst ist der Frau nicht geboten, fruchtbar zu sein. Gerade hier öffnen sich verschiedene Möglichkeiten, Verhütungsmittel zu erlauben. Nun ist sie natürlich auch nicht dazu berechtigt, ihren Mann an der Erfüllung der Mitzwa zu hindern. Aber auch hier gibt es halachische Autoritäten, die die Meinung vertreten, ein Mann sei nicht mehr zu der Erfüllung der Mitzwa verpflichtet, sobald er und seine Frau einem Jungen und einem Mädchen das Leben geschenkt haben. Soweit mir bekannt ist, sind die Entscheidungen in dieser Frage widersprüchlich. Mir ist zu Ohren gekommen, daß gerade Rabbi Moses Feinstein *(1895-1985; ultra-orthodoxer Rabbiner in den USA; größte halachische Autorität der letzten Generation)* diese Angelegenheit sehr leicht genommen hat.

In den Fällen, in denen bekannt wird, daß der Embryo krank ist, erlauben einige Rabbiner – und auch Rabbi Feinstein gehört dazu – einen Schwangerschaftsabbruch. Was meinen Sie dazu?

Ich bin damit eigentlich nicht gänzlich einverstanden, weil ich wiederum nicht weiß, wo die Grenze verläuft. Die Trennlinie zwischen einem Menschen und Mord ist so dünn – weil sie absolut nicht rational zu verstehen ist –, so daß es verboten ist, sie anzutasten. Auch in den Fällen, in denen ich zu einer Handlung in den Grenzbereichen bereit bin, kann ich dem eigentlich nicht mit ganzem Herzen zustimmen.

Sind Sie daher auch gegen Untersuchungen während der Schwangerschaft, um eine Schädigung des Embryos festzustellen?

Ja. Ich weiß, daß es auch nach der Halacha Fälle gibt, in denen ein Schwangerschaftsabbruch erlaubt ist, aber auch damit bin ich nicht einverstanden.

Grete Leibowitz: Im Judentum ist es so festgesetzt, daß man bei einem Kind, das innerhalb von dreißig Tagen nach der Geburt stirbt, keine Trauerrituale einzuhalten braucht. Nach dieser Auffassung lebte das Kind also noch nicht wirklich. Warum also meinst Du, das Leben beginnt neun Monate vor der Geburt?

Dadurch will die Halacha den Lebenden das Leben erleichtern. Man will die Pflicht zur Trauer so weit wie möglich einschränken. Daher gilt auch die Regel »ein Teil des Tages ist wie ein ganzer« in bezug auf das »Schiwa«-Sitzen. Das ist verständlich. Aber bei einer Fehlgeburt, der gegenüber es noch keine Gefühle gibt – da sind die Lebenden von dem »Schiwa«-Sitzen gänzlich befreit. Hiermit wird jedoch noch keine Grenze gesteckt. Das ist eine Angelegenheit der Gesetze – das Leben wird im Hinblick auf die Gesetze, die Trauerbestimmungen, erleichtert. Ein Schwangerschaftsabbruch kommt aber nach der Halacha und den Bestimmungen der Tora einem Mordfall gleich, nur daß jemand, der dieses Verbot übertritt, vor dem Menschengericht unschuldig ist. In einer Welt, die auf der Anerkennung der Tora-Gesetze beruht, ist der Übertreter dieses Verbotes vor dem Menschengericht frei, vor dem göttlichen Gericht aber schuldig. In der säkularen Gesellschaft aber legt das Gesetz die durch Menschen zu vollziehende Strafe fest; wenn die Übertretung eines Gesetzes nicht bestraft wird, ist es kein Gesetz, sondern nur ein Wunsch. Deshalb ist es absurd, daß gerade diejenigen, die sich dem »religiösen Judentum« zurechnen, fordern, daß ein staatliches Gesetz den Schwangerschaftsabbruch verbieten soll (außer in Fällen bestehender Lebensgefahr); das bedeutet, daß der Staat die Mutter oder den Arzt bestrafen soll, obwohl das gegen die Tora wäre! Denn nach der Halacha gehört dieser Fall in die Kategorie der Angelegenheiten, »bei denen man vor den Menschen frei ausgeht«.

Über dieses Thema hatte ich viele Streitgespräche mit Menachem Alon, dem Richter am Obersten Gerichtshof, geführt, der sich viel intensiver mit der Gesetzgebung in der Tora beschäftigt hat als ich. Ich habe ihm jedoch immer gesagt, daß es unmöglich ist, die Kategorien der Halacha auf eine säkulare Gesellschaft zu übertragen. Hier haben wir eines der Beispiele. Jedes Gesetz, das der Staat gegen einen Schwangerschaftsabbruch verabschiedet, ist gegen die Tora: Wenn der Schwangerschaftsabbruch nach dem Gesetz erlaubt ist – dann ist das natürlich gegen die Tora, denn nach den Bestimmungen der Tora ist der Schwangerschaftsabbruch Mord. In diesem Falle legalisiert der Staat also einen Mord; wenn der Schwangerschaftsabbruch aber vom Gesetz verboten wird – d.h. wenn er unter Strafe steht, weil man Übertreter des Gesetzes bestrafen muß – so ist der Gesetzesübertreter dennoch nach der Tora »frei vor dem Menschengericht und schuldig vor dem göttlichen Gericht«. Das heißt aber, daß man die Kategorien der Halacha nicht auf die säkulare Gesellschaft übertragen kann; gerade das versucht Alon. Natürlich steht uns ein gewaltiges Korpus von juristischem Material in der Tora zur Verfügung, aber ich mußte ihm sagen, er solle sich stets das Hindernis vor Augen halten, das darin besteht, daß er es mit Angelegenheiten zu tun hat, die nur in einer Welt von Bedeutung sind, die die Annahme eines göttlichen Gerichtes akzeptiert. Wenn wir die Annahme eines göttlichen Gerichts nicht akzeptieren – dann stehen wir vor einem Absurdum. Auch hierbei handelt es sich um Probleme der Meta-Halacha.

Die Gesellschaft und der Tod

Welche Probleme ergeben sich beim Suizid? Hier entscheidet doch der Mensch wahrlich selbst über die Beendigung seines Lebens?

Aus der Sicht der Halacha ist der Suizid verboten. Aber ich kann nichts gegen einen Menschen, der Suizid verübt hat, vorbringen.

Die Gesellschaft steht diesem Phänomen jedoch negativ gegenüber!

Wer gibt ihr dazu das Recht? Ich spreche nicht über die Gesetze des Staates, sondern über das moralische Problem. Hierüber kann man bei Kant in einem großartigen Kapitel lesen, warum der Suizid unmoralisch ist. Aber ich kann Kant hier ganz und gar nicht zustimmen. In Israel begehen jährlich 300 Menschen Suizid, die meisten dieser Fälle werden nicht veröffentlicht. Suizid stellt kein Problem dar, das uns bedrückt.

Nehmen wir einmal an, ein Mensch kommt zu Ihnen und sagt, er sehe keinen Sinn im Leben und wolle sich daher selbst töten. Welchen Grund könnten Sie ihm nennen, den Suizid nicht zu begehen?

Ich kann ihm lediglich sagen, daß diesbezüglich ein strenges Verbot der Tora besteht, aber ich kann keine rationale Begründung für das Leben geben. So verstehe ich die Worte der Mischna in den Sprüchen der Väter: »Unabhängig von deinem Willen bist du gezeugt und geboren worden, unabhängig von deinem Willen mußt du leben und sterben.« Der Suizid ist ein Problem für den, der Suizid verüben will, er ist nicht mein Problem. Der Mensch, der sich mit dem Gedanken an Suizid trägt, befindet sich in einer seelischen Verfassung, die von meiner seelischen Verfassung verschieden ist.

Müssen die Gesetze des Staates nicht darauf Bezug nehmen?

Was denken Sie? Daß man Bestimmungen erlassen soll, einen Selbstmörder hinter der Friedhofsmauer zu begraben?

Aber hieraus ergibt sich doch eindeutig, daß die Gesellschaft Stellung zum Problem des Suizides nimmt. Sie sagen doch eigentlich, man solle einen Menschen nicht vom Suizid abhalten, ja noch nicht einmal versuchen, ihn abzuhalten. Warum aber versucht man zu verhindern, daß ein Mensch aus dem zehnten Stock springt?

Aus Mitgefühl für die Leute und, wenn Sie wollen, weil man seinen Nächsten wie sich selbst lieben soll. Ich meine das ehrlich und bin dabei nicht sarkastisch: da ich nicht Suizid begehen will und auch sehe, daß der Tod keine gute Sache ist – deshalb will ich auch diesen Menschen vor dem Tod bewahren. Wenn ich sehe, wie ein Mensch in einem Fluß ertrinkt, unternehme ich alles, um ihn zu retten. Worin besteht denn der Unterschied zwischen ihm und jemandem, der vom Dach springen möchte?

Der eine will nicht ertrinken, der andere aber will vom Dach springen!

Aber meine Einstellung muß in beiden Fällen gleich sein. Ich will das Leben beider Menschen retten.

Lassen Sie uns einen Schritt weitergehen und annehmen, der Staat verabschiedet ein Gesetz gegen den Suizid. Ich denke, Sie sind in Ihrer Ansicht nicht konsequent.

Ein Gesetz gegen den Suizid ist lächerlich.

Und wie ist Ihre Haltung in der Frage der Todesstrafe?

Ich bin dagegen. Ich will kein Justizsystem, das einen Menschen dem Henker übergibt, auch wenn ich kein absoluter Pazifist bin.

Warum eigentlich nicht – die Hinrichtung als Instrument der Bestrafung?
Ich will kein derartiges Justizsystem, und in der Tat legt das auch die Halacha fest.
In der Feststellung, daß ein Sanhedrin *(Gericht)*, der einmal in siebzig Jahren die Todesstrafe verhängt, mörderisch ist?
Nicht nur das. Sämtliche Bestimmungen des Talmud, wie zum Beispiel die wiederholte Verwarnung vor der Tat und zwei notwendigen Zeugen als Bedingung für ein eventuelles Todesurteil bei dem Prozeß, verhindern de facto jede Möglichkeit der Verhängung der Todesstrafe. Hier ist die Angelegenheit klar – obwohl es in der Tora 36 Übertretungen gibt, für die die Todesstrafe gilt; ich meine – obwohl das nirgends so ausgesprochen wird –, daß es uns verboten ist, die Todesstrafe zu verhängen.
Auch gegenüber Terroristen?
Sie auf frischer Tat erschlagen – ja; aber nicht nach der Tat, nicht sie vor Gericht stellen und dem Henker übergeben. Dem Gericht ist es ja verboten, die Todesstrafe in Betracht zu ziehen.
Was bedeutet Ihres Erachtens der Kampf der ultra-orthodoxen Kreise gegen medizinische Eingriffe post mortem?
Was im Herzen vieler Menschen an transzendenten Inhalten übriggeblieben ist, das ist die Angst vor dem Tod und dem toten Körper und dem Grab und allerlei derartige Dinge. Es gibt zahlreiche Menschen, deren gesamter religiöser Inhalt aus nichts anderem als Tod und Leiche, Grab und Totengebet, das nach ihrem Tode zu sprechen ist, und dem mythologischen Begriff der Auferstehung der Toten besteht. Das ist eigentlich ein fast magischer Atavismus. Im Zusammenhang damit steht das Thema der Gräber der Heiligen. Wir wissen doch wahrlich, daß ein Grab *(rituell)* unrein ist! Einem Priester, einem Cohen, ist es überhaupt verboten, einen Friedhof zu betreten. Aber das verhinderte in Israel nicht die Stürme der Entrüstung, die ausbrachen, als an irgendeinem Ort (in Tiberias) ein Hotel auf dem Platz eines antiken Friedhofs gebaut werden sollte. Das erregte die Gemüter mehr als die Entweihung des Schabbat! Natürlich

ist es nach der halachischen Vorschrift verboten, auf einem Friedhof zu bauen, aber was bedeutet das gegenüber der Entweihung des Schabbat?

Hätte man in Ihren Augen nicht dagegen demonstrieren sollen?

Nach den halachischen Vorschriften ist es verboten, natürlich. Aber wenn man damit einverstanden ist, daß das jüdische Volk den Schabbat entweiht, dann soll man keinen Bürgerkrieg beginnen, nur weil ein 2000 Jahre alter Friedhof verletzt wurde. In Leichenfragen herrscht gerade in religiöser Hinsicht viel Unsinn. Es gibt eine erstaunliche Response des sog. Chatam Sofer *(Moshe Sofer (1762-1839), orthodoxer Rabbi in Ungarn)*. Dort heißt es: Lernen die Ärzte nicht die Medizinalkunst an Leichen, und auch die jüdischen Ärzte studieren Medizin an Leichen von Nicht-Juden. Der Körper eines Juden aber unterscheide sich nun in biologischer Hinsicht von anderen Körpern, weil wir keine unreinen Speisen, keine Kriechtiere und sonstiges essen. Wie aber könne man dann überhaupt bei der Behandlung von Juden Ärzten vertrauen, die ihre medizinischen Kenntnisse an Leichen von Nicht-Juden erworben hätten? Nun setzt die Halacha aber manchmal fest, daß man sich in Übereinstimmung mit der Meinung der Ärzte so oder so zu verhalten habe. Aber was wüßten denn die Ärzte über den Körper eines Juden? Chatam Sofer forscht dann in der Halacha nach und schreibt, daß man bei der Frage der Ausnahme eines Kranken vom Fasten am Jom Kippur – wo man auch nach der Halacha einem nicht-jüdischen Arzt vertrauen könne, um wieviel mehr dann einem jüdischen – man durchaus sagen kann, daß es sich hier eventuell um eine Frage der Rettung aus Lebensgefahr handelt, die – nach der Halacha – das Fasten am Jom Kippur verdrängt. Das gilt trotz der Tatsache, daß der nicht-jüdische Arzt die biologische Beschaffenheit des Juden nicht versteht. Demgegenüber bleibt ihm ein Abschnitt im Talmudtraktat »Nida« unverständlich. Dort wird erzählt, daß man das Blut einer Frau ins Lehrhaus brachte, und die Frage stellte, ob es sich um Menstruationsblut handele, oder um Blut aus einer gewöhnlichen Wunde. Wenn es sich um Blut aus einer gewöhnlichen Wunde handele, sei die Angelegenheit nicht weiter relevant. Handele es sich jedoch um Blut einer Menstruierenden, so müssen sieben reine Tage abgezählt werden, bis die Frau wieder zum ehelichen Verkehr zugelassen ist. Hier wird nun erzählt, daß man Ärzte in der Frage konsultierte (ich weiß nicht, welche Methode man damals hatte, um dies festzustellen), die die Diagnose stellten, es handle sich um Blut aus einer normalen Wunde, so daß die Frau sofort wieder von ihrem Mann berührt werden könnte.

Darüber sagt der Chatam Sofer, er verstünde die Sache schlechtweg nicht: Es sei von einem Verbot die Rede, dessen Übertretung mit dem Tod als Gottesstrafe geahndet werde, von einer Rettung aus Lebensgefahr könne absolut nicht die Rede sein, und wenn Zweifel an der Menstruation bestünden, warum sei es dann eine Katastrophe, wenn die Frau sich sieben Tage des ehelichen Umgangs enthalte. Dennoch erteilten die Ärzte eine Erlaubnis?! – Und er faßt zusammen: Die Angelegenheit bedarf eines eingehenden Studiums! Das Problem liegt hier in der Tatsache, daß die Rabbinen Ärzte konsultierten und nicht selbständig entschieden haben, obwohl die Ärzte sich vielleicht nicht in den biologischen Gegebenheiten der jüdischen Frau auskannten. Aber beim Chatam Sofer findet sich eine noch schwerwiegendere Sache. Er schreibt, daß in der Leiche eines Juden etwas Sakrales stecke. Und das ist doch nun wirklich Götzendienst und außerordentlich primitiv!

Kommt es aufgrund der unterschiedlichen Nahrung tatsächlich zu biologischen Veränderungen in dem Körper eines Juden?

Nein, auf keinen Fall. Ob man Vegetarier oder Fleischesser ist – und es ist sicherlich nicht entscheidend, ob es sich um Kalbfleisch oder Fleisch vom Schwein handelt – das macht keinen Unterschied. Auch die Frage, wie das Tier geschlachtet worden ist, spielt dabei keine Rolle.

Sie sagten, Sie seien kein Pazifist. Aber dachten Sie jemals daran, Vegetarier zu sein?

Nein.

Das hat in Ihren Augen keine Bedeutung?

Nein.

Obwohl in der Tora steht, daß es dem Menschen anfangs verboten war, Fleisch zu essen?

Es entsteht der Eindruck, daß die Erlaubnis, Fleisch zu essen, erst nach der Sintflut erteilt wurde, aber das ändert nichts an meiner Ansicht. Ich habe nicht das Gefühl, daß es verboten ist, Tiere zu schlachten. Dieses Gefühl fehlt mir völlig. Was das Gesetz für den Menschen »von Adam bis Noah« ist, interessiert mich überhaupt nicht.
Viele Menschen telefonieren bei Ihnen an und bitten um ein Gespräch. Sie verweigern sich niemandem. Warum?
Warum soll ich mich zu den Menschen unfreundlich verhalten? Wenn die Leute wirklich etwas erbitten – und in den meisten Fällen ist meine Hilfe von wenig Nutzen, und ich wundere mich, warum die Leute mich befragen – dann werde ich nicht sagen, daß ich mich einem Gespräch mit ihnen entziehe.

Manchmal kommen sogar junge Studenten der Talmudschulen zu mir und stellen Fragen zu meinen Aufsätzen, die sie gelesen haben. Das erstaunt mich doch sehr.
Ich habe einmal ein Interview mit einem Studenten aus einer Jeschiwa in Bnei-Brak gelesen. Auf die Frage, was man in den Jeschiwot dort lesen würde, antwortete er – Leibowitz!
Einmal kam jemand aus denselben Kreisen zu mir und sprach mit mir frei heraus über Dinge, die ich über das Gebet geschrieben hatte. Er erzählte, er habe von mir gelernt, daß das Gebet kein Mittel sein könne, etwas zu erreichen, sondern nur die Erfüllung der Gebetsgebote darstelle, und sagte, das habe ihm wahrlich die Augen geöffnet und ihm die Lösung für viele Probleme gegeben, mit denen er sich beschäftigte. Er habe immer gedacht, daß Gebet sei mit den Bedürfnissen des Menschen verknüpft. Es hätten sich schwere Probleme für ihn ergeben: Warum gibt es festgelegte Gebete, wozu besteht die Pflicht zum Gebet und warum wird kein Gebet beantwortet. Von mir aber habe er gelernt, daß das Wesentliche des Gebetes die Erfüllung der diesbezüglichen Mitzwot ist – und das hat mich dann doch sehr zufriedengestellt.

Leibowitz über Leibowitz

> »Ich glaube nicht, daß ich einen
> außergewöhnlich originellen
> Gedanken hatte.«

Bestrebungen

Sie haben Ihr Leben auf zwei Gebiete verteilt: Die jüdische Philosophie ist das eine Gebiet, auf der anderen Seite steht Ihre spezifisch wissenschaftliche Arbeit im Bereich der Naturwissenschaften; welches Gebiet halten Sie für das wichtigere?

Dem Begriff »Verteilung« fehlt in diesem Zusammenhang jegliche Berechtigung. Man kann hier nicht von »zwei nebeneinanderstehenden Bereichen« sprechen. Mein Jude-Sein und mein jüdisches Denken sind tief in meiner jüdischen Lebensweise verankert. Vielleicht ist die Naturwissenschaft der Beruf, den ich im Leben erwählt habe. Das sind nicht zwei Bereiche auf einer Ebene; sie haben keinen gemeinsamen Nenner. In begrifflicher Hinsicht ist hier kein Raum für eine Beurteilung oder einen Vergleich von »Bedeutungen«. Was kann das Kriterium für die Definition der Wichtigkeit sein?

Was halten Sie für wichtiger?

Ich verstehe nicht, was Sie mit dem Wort »wichtiger« meinen.

Im Hinblick auf Einfluß und Originalität Ihrer Arbeit.

Ich weiß nicht, ob in meiner Arbeit Originalität liegt.

Auch nicht in Ihrem jüdischen Denken?

Ich glaube nicht, daß ich einen außergewöhnlich originalen Gedanken hatte.

Alles kann man schon bei Ihren Vorgängern lesen?
Ja. Aber die Hauptsache ist doch, daß man zunächst den »Abfall« aus dem philosophischen Denken forträumt. Es gibt einen wunderbaren Ausspruch von Goethe: »Alles was klug ist, ist bereits gedacht worden, man muß es nur noch ein zweites Mal denken.«
Meinen Sie, Sie haben Einfluß auf die Öffentlichkeit?
Ich weiß, daß ich erfolgreich die Gefühle und Gedanken vieler Menschen zum Ausdruck bringe. Sie freuen sich dann sehr, wenn sie von mir die richtige Formulierung ihrer Gefühle oder Meinungen hören, die sie selbst nur nicht formulieren oder zum Ausdruck bringen können. Das weiß ich, aber ich denke nicht, daß jemand meinetwegen seine Meinung jemals geändert hat.
Denken Sie überhaupt, daß Menschen ihre Meinungen ändern können?
Aber sicher. Das nennt man dann »Umkehr«.
Im religiösen Sinne?
Nicht nur. Wenn ein Mensch ein Faschist war und später Demokrat geworden ist – auch das ist Umkehr. Wenn ein Mensch in üble Taten verstrickt war und diesen Weg verlassen konnte – so ist das Umkehr.
Haben Sie manchmal in Diskussionen nicht das Gefühl, daß jede Seite ihre Meinung vorträgt und die Angelegenheit damit beendet ist, gewissermaßen das Gefühl, es gibt keinen objektiven Maßstab, um zu entscheiden, wer Recht hat?
Das ist unterschiedlich. Wenn jemand sagt, die Entfernung der Sonne von der Erde beträgt 149 Millionen Kilometer und der zweite sagt: 148 Millionen Kilometer, so kann man eine Lösung für dieses Problem finden. Ich kann den Zweiten davon überzeugen, daß er im Irrtum ist. Wenn aber jemand sagt: »Es ist gut, für das Vaterland zu sterben«, und der andere sagt: »Es ist gut, Kuchen mit Schlagsahne zu essen«, dann kann ich nicht sagen, wer »Recht« hat. Über Werte kann man nicht streiten. Wenn jemand einen bestimmten Wert für sich akzeptiert, dann ist er auf keine Argumentation angewiesen und für keine Argumentation zu-

gänglich; das ist für ihn schlechthin der Wert. Wenn etwas für ihn keinen Wert darstellt, dann kann ihn auch kein Argument dahin bringen, in dieser oder jener Sache einen Wert zu erblicken.
Hatten Sie jemals politischen Ehrgeiz?
Ja. Aber mit wem hätte ich meine politische Meinung teilen sollen?
Kann man sagen, daß Sie in dieser Hinsicht eine schwere Niederlage erlitten haben?
Selbstverständlich. Gibt es in Israel irgendeine öffentliche Institution – von Einzelnen oder Randgruppen einmal abgesehen –, die ausdrücklich sagt, daß die besetzten Gebiete zu räumen sind, so wie wir den Sinai geräumt haben? Oder wer sagt, daß Kiryat-Arba, die jüdische Siedlung in Hebron, so enden wird wie die Stadt Yamit auf dem Sinai – es sei denn, Kiryat-Arba ist bereit, als jüdische Stadt in einem Staat Palästina zu existieren?
Auch Ihre politischen Versuche vor 1967 waren nicht besonders erfolgreich.
Natürlich nicht. Aber bis zum Krieg 1967 hätte man annehmen können, der Staat stelle ein Forum für die Diskussion jüdischer Probleme und ihrer Lösungsversuche dar.
Worin bestanden Ihre politischen Versuche vor 1967?
In den vierziger Jahren gab es den Versuch, in der Histadrut eine unabhängige religiöse Bewegung unter der Bezeichnung »Ha-Oved ha-dati« (»der religiöse Arbeiter«) aufzubauen, weil die Histadrut Tausende Mitglieder hatte, die die Tora und Mitzwot hielten. Bei den Wahlen 1946 erhielten wir ungefähr 2000 Stimmen (1%), aber der Versuch hatte keinerlei Bestand. Von der »Mapai« erreichten die Genossen irgendwie eine Befriedigung ihrer Bedürfnisse, nicht aber vom »Oved ha-dati«, so daß letztendlich die »Mapai« die Mehrheit der religiösen Mitglieder absorbierte.

Nachher war ich in der »Shurat ha-Mitnadwim« (»Gruppe der Freiwilligen«) tätig, auch wenn man kaum behaupten kann, daß das eine politische Körperschaft war. Wir bewegten uns zwischen zwei Zielen: Zum einen strebten wir nach einer Reform des politischen Systems, zum anderen wollte man gegen die Korruption und bestimmte Persönlichkeiten im Staat vorgehen. In diesem zweiten Punkt habe ich keinen Sinn gesehen. Die Errichtung der »Shurat ha-Mitnadwim« erregte damals große Aufregung, man kann auch sagen, daß Ben-Gurion der Schrecken packte.

Eines der Gespräche, zu denen Ben-Gurion mich einlud, drehte sich um die »Shurat ha-Mitnadwim«. Irgendwie betraf die Sache ihn persönlich – wegen seines Sohnes Amos, der in die verschiedensten Angelegenheiten verwickelt war, und aufgrund der Tätigkeit der »Shurat ha-Mitnadwim« gezwungen war, aus dem Blickfeld der Öffentlichkeit zu verschwinden: Er befand sich damals auf dem Wege zum Generalinspektor der Polizei und hätte noch eine glänzende Karriere vor sich gehabt. Die »Shurat ha-Mitnadwim« hat ihn sozusagen »begraben«.

Ben-Gurion war davon überzeugt, daß unser Platz in der »Mapai« sei. Er schlug mir selbst vor, mich der »Mapai« anzuschließen.

Später kam es zu dem »Mishtar ha-chadasch« (»Das neue politische System«), der gegen Ende der fünfziger Jahre gegründet wurde. Das war ein ernsthafter Versuch, der mit sehr großem Schwung begonnen wurde. Das erste Echo war gewaltig. Bei den ersten Versammlungen in der Mograbi-Halle in Tel Aviv war die Polizei gezwungen, die Türen der Halle wegen Überfüllung zu schließen. Zwischen der heutigen »Tenuah demokratit le-shinui« (»Demokratische Reformbewegung«) und dem »Mishtar ha-chadasch«, der zwanzig Jahre vorher gegründet wurde, besteht durchaus eine Analogie.

Wer gehörte zu den Gründern?

Neben anderen: Elieser Livne *(1902-1975; Vertreter der Arbeiterpartei und später einer der Ideologen der »Groß-Israel«-Bewegung)*, Shmuel Tamir *(1923-1987; revisionistischer Politiker; Justizminister unter Begin)* und ich. Auch diese Bewegung trennte sich bald, und zwar über der Frage, ob man sogleich an den Knessetwahlen teilnehmen solle oder nicht. Livne und ich waren dagegen. Wir waren davon überzeugt, daß wir uns erst an den Wahlen beteiligen sollten, wenn wir eine Bewegung aufgebaut haben, die Chancen hat, mindestens zwanzig Mitglieder in die Knesset zu bringen. Zum damaligen Zeitpunkt hätte man mit zwei oder drei Mitgliedern in die Knesset einziehen können. Aber wir waren uns sicher, daß wir so zu den kleinen Fraktionen in der Knesset gehören würden, die zwischen den Fragen untergehen, was man von diesen und was man von jenen erhalten könnte. Anfangs wollten wir also eine große außer-parlamentarische Bewegung gründen. Shmuel Tamir bestand auf dem übereilten Weg und verlangte eine sofortige Beteiligung an den Knesetwahlen. Über dieser Streitfrage ging die Bewegung auseinander.

Waren Sie mit Elieser Livne befreundet?

Ja. Unsere tiefe persönliche Freundschaft hatte Bestand bis zu seinem Tod, trotz der Wende in seinen politischen Anschauungen gegen Ende seines Lebens. Fast 30 Jahre war Livne eine der zentralen Persönlichkeiten der »Mapai«. Als er jedoch begann, scharfe Kritik an den üblen Zuständen und der Korruption innerhalb der Parteiführung zu üben, kam es zur Trennung zwischen ihm und dem Establishment. Er distanzierte sich von jeder Position in der Partei und der Knesset. Er war ein glänzender Publizist, und seine kritischen Artikel aus den fünfziger und sechziger Jahren stellen ein bedeutendes historisches Zeugnis zum Verständnis des Staates Israel und der israelischen Gesellschaft jener Zeit dar. Es bestand eine große ideologische Nähe zwischen ihm und mir. Später war er dann der Initiator der Bewegung »Ha-Mishtar ha-chadasch«. Nach dem Sieg im Sechs-Tage-Krieg und der Eroberung der West-Bank verlor er – gegen Ende seines Lebens – einfach die Fassung, was eine sehr interessante psychologische Erscheinung war. Er sah in den Ereignissen jener Tage eine Verwirklichung eschatologischer Vorstellungen und wurde von einer unverständlichen Begeisterung für ein »Groß-Israel« ergriffen. Die Nähe zwischen uns bestand vorher nicht nur in politischer, sondern gerade auch in ideologischer Hinsicht. Livne war einer der wenigen – ja nahezu der Einzige – unter den Mitgliedern der »Mapai« und der zionistischen Bewegung, die verstanden, daß das Wesen des Zionismus nicht das Problem des Staates, sondern das Problem des jüdischen Volkes ist, und daß die Umstellung des Zionismus auf die jüdische Staatlichkeit – im Geiste Ben-Gurions – ein schwerwiegender Irrtum in historischer Perspektive war. Er verstand auch, daß die Zukunft des jüdischen Volkes, und die Zukunft des Staates Israel überhaupt, an der Herstellung einer Verbindung zu seiner Vergangenheit hängt – an einer tiefen ideologischen und seelischen Auseinandersetzung mit dem Judentum und seinen historischen Inhalten.

Als Livne starb, kam niemand von den alten »Mapai«-Genossen zu seinem Begräbnis. Auch aus dem »nationalen Lager«, zu dem er sich ja bis zu seinem Tode nicht zählte, erschienen nur wenige. Ich mußte an seinem Grab sprechen und seiner in einem öffentlichen Nachruf gedenken.

Rechnen Sie sich dem religiös-zionistischen Lager zu?

Ich denke nicht, daß es dieses Lager gibt. Es gibt nur einen Zionismus, der allen gemeinsam ist, die sich Zionisten nennen, auch wenn zwischen ihnen über die zionistische Idee hinaus gewaltige Unterschiede oder selbst die tiefsten Wertgegensätze existieren. Dennoch sind sie aber doch alle gleichwertige Zionisten. Nehmen Sie Shulamit Aloni und mich. Wir sind beide in ein und demselben Verständnis Zionisten, d.h.: wir wollen eine nationale politische Unabhängigkeit des jüdischen Volkes in seinem Land. Ich denke, das ist die zionistische Idee aller Zionisten, und wer das nicht akzeptiert, ist kein Zionist. Darüber hinaus bestehen gewaltige Meinungsunterschiede im Hinblick auf die Identität dieses jüdischen Volkes, für das wir diese nationale Unabhängigkeit fordern. Aber ein Meinungsunterschied im Verständnis von Judentum hat nichts mit der Auffassung von Zionismus zu tun.

Waren Sie jemals Mitglied des »Poel ha-Mizrachi« (zionistisch-religiöse Arbeitervereinigung)?

Ich war vor 60 Jahren in Deutschland Mitglied bei den »Zeirei ha-Mizrachi«. Aber den Begriff »religiösen Zionismus« habe ich niemals begriffen. Es gibt Juden, die die Tora und die Mitzwot erfüllen, und dabei Zionisten sind, und es gibt Juden, die das Joch der Tora und der Mitzwot abgelegt haben, und auch Zionisten sind. Beide Gruppen stellen in gleicher Weise Zionisten dar. Wenn der Zionismus in religiösen Kategorien verstanden wird, dann handelt es sich bereits nicht mehr um Zionismus. Der Glaubende hat eine religiöse Auffassung der wesentlichen Inhalte des Judentums, aber das berührt den Zionismus nicht. Das bedeutet: Ich habe keine gemeinsame Sprache mit Shulamit Aloni in allen Dingen, die das jüdische Volk, das Judentum und die jüdische Identität betreffen. Abgesehen davon sind wir beide in gleicher Weise Zionisten.

Sie kamen 1934 mit der fünften Aliya, der Einwanderung der »Jecken«, nach Eretz Israel. Können Sie diese Aliya charakterisieren?

Es handelte sich um eine der Einwanderungsgruppen, die fast in idealer Weise integriert wurde und eine große Bereicherung für den Jischuw, die jüdische Gesellschaft in Palästina, darstellte. Es ist allerdings wahrscheinlich, daß nicht alle Möglichkeiten, die diese Einwanderergruppe mitbrachte, gänzlich ausgeschöpft werden konnten, weil man es ihnen nicht ermöglicht hat.

Die Einwanderer der zweiten und dritten Aliya wollten diese Neuankömmlinge nicht. Vielleicht ist das verständlich, aber dadurch ist ihr Beitrag und ihre Bedeutung für den Jischuw nicht verringert worden. Man muß wirklich betonen, daß die Juden aus Deutschland sich in wirklich vorbildlicher Weise integrierten, wahrhaft erstaunlich. Sie unternahmen noch nicht einmal den Versuch, hier ein deutsches Erziehungswesen zu errichten. Auf diesen Gedanken sind sie absolut nicht gekommen, obwohl er sicher sehr nahe lag. Es handelte sich schließlich um Tausende Familien, die von deutscher Kultur geprägt waren, fast ausschließlich diese Kultur kannten, nur Deutsch sprachen und dennoch kamen sie nicht auf den Gedanken, hier deutsche Schulen für ihre Kinder zu errichten. Sie hätten dies durchaus erreichen können. Daß sie sich aber in dieser Beziehung ziemlich zurückhielten, ist großartig und sagt eigentlich eine Menge aus.

Waren diese Einwanderer wirkliche Zionisten?

Ja. Vielleicht in einer ihnen selbst unbewußten Weise.

Jugend

Sie sind seit Ihrer Jugend Zionist, weil Sie in einem zionistischen Elternhause geboren worden sind. Wollen Sie so gut sein und etwas über die Zeit Ihrer Jugend in Riga erzählen?

Es ist sehr schwer für einen alten Menschen – und ich glaube, das trifft nicht nur auf mich zu –, ein Selbstbildnis seiner Jugend zu zeichnen. Ich denke, ich werde dazu kaum in der Lage sein. Ein Mensch kann nicht selbst die Faktoren und die Menschen rekonstruieren, die ihn geprägt haben. Ich tue mich damit wahrlich sehr schwer – denken Sie nicht, ich möchte mich weigern, oder ich habe keine Lust, über meine Kindheit und Jugend nachzusinnen. Ich denke überhaupt, ein Mensch kann keine Selbstanalyse durchführen; es ist schon schwierig, einen anderen Menschen zu analysieren, aber eine Selbstanalyse – sicherlich ist das kaum möglich. Manchmal werde ich gefragt: Wodurch wurden Sie beeinflußt? Auch auf diese Frage kann ich nicht antworten, obwohl mir deutlich vor Augen steht, daß ich wie jeder Mensch durch die unterschiedlichsten Faktoren geprägt und beeinflußt wurde. Das ist ja selbstverständlich. Ich bin kein Produkt meiner selbst, weil kein Mensch ein Produkt seiner selbst ist. Auch wenn man mich fragt, von wem ich erzogen wurde, kann ich kaum eine Antwort geben. Natürlich wurde ich von meinen Eltern erzogen, aber schon in sehr jungem Alter hatte ich Kontakt zu der Welt außerhalb meines Elternhauses.

Wuchsen Sie bereits als Kind mit der hebräischen Sprache auf?
Ich erinnere mich kaum an eine Zeit, in der ich nicht drei Sprachen beherrschte – Hebräisch, Jiddisch und Deutsch. Ich weiß nicht mehr, welches meine erste Sprache war. Ich erinnere mich nicht mehr an die Zeit, als ich zwei Jahre alt war und das Sprechen lernte. Ich denke, daran kann sich doch niemand mehr erinnern. Aber in der Zeit, an die ich mich zurückerinnern kann, als ich vier oder fünf war –, konnte ich bereits drei Sprachen, und bereits als kleiner Junge lernte ich zusätzlich Russisch und Französisch. Darin war ich kein Einzelfall. In unser Welt – der jüdischen Welt, in der sich Judentum und europäische Kultur zusammengefunden hatten – war das weitgehend der Normalfall.

In welcher Sprache unterhielten Sie sich mit Ihren Eltern?
Mit Vater meistens Hebräisch, mit Mutter – Jiddisch oder Deutsch.

Steht Ihnen die jiddische Sprache nahe?
Ich muß gestehen, daß sie mir im Laufe der Zeit immer fremder geworden ist.

Würden Sie heute eine jiddische Zeitung lesen?
Sicherlich, außerordentlich gerne. Das Jiddische ist mir in der Hinsicht fremd, daß es für mich persönlich keine gesprochene Sprache im alltäglichen Gebrauch ist. Aber das trifft auch auf das Russische zu. Ich spreche natürlich Russisch, aber heute ist das Russische für mich eine Fremdsprache, die ich einst sehr gut gelernt hatte. Das ist doch kein Wunder: Seit fünfzig oder sechzig Jahren habe ich keine Gelegenheit mehr, Jiddisch zu sprechen.

Haben Sie jiddische Literatur gelesen?
Wer hat nicht Scholem Aleichem gelesen, aber das war natürlich keine Literatur. Bialik war Literatur. Zweifellos war die jiddische Sprache tatsächlich die Nationalsprache der Masse der osteuropäischen Juden. Das muß man als Tatsache anerkennen. Sieben oder acht Millionen Juden sprachen Jiddisch. Diese Sprache war viel stärker die Sprache der Juden als das Hebräische.

Sprach man in ihrem Elternhaus auch Russisch?

Russisch sprachen nur wenige Juden. Deutsch war die Sprache der gebildeten Juden auch in Rußland. Denken Sie daran, daß Pinsker die »Autoemanzipation« auf Deutsch geschrieben hat, obwohl er in Odessa lebte und sicherlich niemals in Deutschland gewesen ist.

Die deutsche Sprache war entsprechend verbreitet. Ich erinnere mich noch, daß wir daheim während meiner Kindheit jeden Tag drei Zeitungen erhielten: »Ha-Zefira« von Nachum Sokolow, die aus Warschau kam, die »Heint« *(Heute)* in Jiddisch, die eine der verbreitetsten Zeitungen in Rußland war, und die »Riga'sche Rundschau«, die deutsch-liberale Zeitung.

Sie kamen aus keiner armen Familie.

Nein, meine Familie war eine wohlhabende bürgerliche Familie.

Gingen Sie auf eine allgemeine oder auf eine jüdische Schule?

In unserer Kindheit gingen weder meine Schwester Nechama noch ich selbst in die Schule. Wir hatten Privatlehrer. Erst in späterem Alter gingen wir auf allgemeine Schulen.

Warum? Gab es keine jüdischen Schulen?

Die jüdische Schule war nicht sehr gut. Natürlich gab es auch zahlreiche »Cheder« und Talmudschulen. Es fand sich auch eine jüdische Mittelschule in Riga, in der die Unterrichtssprache jedoch Russisch war, selbst wenn man dort natürlich Hebräisch lernen konnte.

Wo erhielten Sie Ihre jüdische Erziehung?

Meine jüdische Erziehung verdankte ich zeit meines Lebens meinem Vater, der in der Tora gelehrt war. Er sorgte schon früh für meine jüdische Bildung.

Lernten Sie direkt von ihm oder hatten Sie Lehrer?

Ich lernte auch direkt von ihm, aber nicht sehr systematisch. Außerdem sorgte er für Lehrer und Erzieher.

Ich erinnere mich noch gut – nach fast 75 Jahren –, daß mich Vater als Kind in den »Halachot Deot« des Maimonides, den Verhaltensregeln des täglichen Lebens, unterwies.

Schon in diesem Alter?

Aber sicher. Darin kann man jedes Kind unterrichten. Natürlich darf man ihm nicht den aristotelischen Hintergrund der Dinge erklären. Aber wenn Maimonides schreibt, »Es gibt verschiedene Wesenszüge des Menschen – der eine ist jähzornig, der andere friedfertig im Umgang mit anderen Menschen, der Mittelweg aber ist der beste« – so kann man das jedem einigermaßen gescheiten Kind verständlich machen.

Vater hat mich nicht die »Gesetze der Prinzipien der Tora« gelehrt. Dort schreibt Maimonides, daß alle kontingenten Dinge, die sich im Himmel oder auf der Erde oder dazwischen finden, nur aufgrund der wahren Existenz Gottes existieren – auf den Gedanken, das zu unterrichten, wäre Vater wohl niemals gekommen. Das habe ich eh erst zu einem späteren Zeitpunkt verstanden. Aber die »Halachot Deot« – warum soll man das nicht unterrichten?

Da muß ich Ihnen etwas erzählen. Als eines meiner Kinder noch in den Kindergarten ging, lernte es vor Rosh-Ha-Shana, daß im Himmel drei Bücher geöffnet würden: eines für die Gerechten, eines für die Mittelmäßigen und eines für die Übeltäter. Es kam heim und fragte mich, ob es richtig sei, daß wir zu den Mittelmäßigen gehören würden...

Ein fabelhafter Beweis! Ein kluges Kind. Das meinten doch die Talmudweisen, wenn sie sagten, daß jeder Mensch in sich gespalten sei, und durch eine einzige Tat in dieser oder jener Richtung seine Linie festlegen würde; deshalb sei er auch für jede einzelne Tat verantwortlich.

Wie alt waren Sie, als Sie Riga verließen?

Ich war schon ein erwachsener Mensch. Ich zählte sechzehn Jahre und kam als russisch-jüdischer Flüchtling nach Berlin. Ich bin aus Riga während des russischen Bürgerkrieges geflohen – 1919. Riga wurde damals mehrere Male abwechselnd von den Weißen und von den Roten erobert. Zu jener Zeit sind ungefähr 100tausend Juden aus Litauen und Lettland und den angrenzenden Gebieten geflohen. Die Weimarer Republik hat alle aufgenommen.

Sie waren Student an der Universität in Berlin?

Ich hatte die Gelegenheit und das Vorrecht, mich in der Welt bedeutender Wissenschaftler zu bewegen. Vier meiner Lehrer – Haber, Nernst, Meyerhof und Warburg – waren Nobelpreisträger. Abgesehen von Nernst waren alle

Juden oder getaufte Juden. Von Haber wurde ich geprüft. Ich erinnere mich, daß wir zuweilen in einem Kolloquium der Universität saßen, und dort befanden sich in der ersten Reihe fünf oder sechs Nobelpreisträger. In eben jenen Jahren, den Zwanziger Jahren, war auch Einstein in Berlin, aber gerade ihn habe ich nicht getroffen.
Wie lange waren Sie in Berlin?
Ungefähr zehn Jahre.
Meinen Sie, daß Sie auch nach Eretz Israel gekommen wären, wenn Hitler nicht in Deutschland die Macht erlangt hätte, und Sie eine Professur hätten erhalten können?
Ich denke ja, denn ich habe schon in meiner frühen Jugend daran gedacht, nach Eretz Israel zu kommen. 1928 war ich bereits einmal hier.
War das nur anläßlich eines Besuches, oder dachten Sie schon damals daran, nach Eretz Israel einzuwandern?
Ich dachte schon damals daran, eventuell zu bleiben, und wäre auch sofort an der Universität in Jerusalem angenommen worden. Ich hatte zwar damals schon mein Doktorat in Chemie abgeschlossen und einige Arbeiten über Themen innerhalb der Chemie veröffentlicht, aber aus irgendeinem Grund hatte ich gerade begonnen, Medizin zu studieren – das stellte eigentlich eine Art intellektuellen Sport dar –, und wollte dieses Studium auch zum Abschluß bringen. In Jerusalem gab es zu damaliger Zeit noch keine medizinische Fakultät, so daß ich also zeitweilig nach Deutschland zurückkehren mußte.
Waren Sie auch in der Schweiz?
Nur einige Monate, in Basel, um meine medizinischen Doktoratsstudien zu beenden, was ich in Deutschland wegen der Nazis schon nicht mehr konnte. Eigentlich stand ich in Deutschland schon kurz vor der Prüfung. Den Doktor in Philosophie – die Chemie war, wie alle Naturwissenschaften, in der philosophischen Fakultät beheimatet – hatte ich schon lange Zeit vorher erhalten. Medizin aber studierte ich nur so nebenbei – wenn man das so sagen kann.
Dachten Sie niemals daran, Arzt zu werden?

Nein. Ich beschäftigte mich mit der medizinischen Forschung, aber wirklich als Arzt tätig zu sein, daran habe ich niemals gedacht. Ich studierte Medizin, um mich auf diesem Gebiet auszukennen. Das Studium war für mich sehr leicht. Naturwissenschaften brauchte ich bereits nicht mehr zu studieren, die Dozenten kannten mich schon, ja, es gab einige unter ihnen, die meine Arbeiten bereits gelesen hatten. Ich begann in Berlin zu studieren, später wechselte ich nach Köln. Ich war Assistent bei Bruno Kisch. Ich denke, Sie haben nicht mehr von ihm gehört. Er war ein sehr interessanter jüdischer Mann, ein Experte für die Physiologie des Herzens und einer der wichtigsten Kardiologen in Deutschland.

In der Zeit, in der ich mit ihm zusammenarbeitete, begann ich mit dem Parallelstudium der Medizin. Meine Assistenzstelle bei Kisch hat mir bei diesem Studium sehr geholfen.

Kisch kam aus einer völlig assimilierten Prager Familie. Er erzählte mir, in seiner Jugend, im Gymnasium, habe er geglaubt, das Judentum existiere bereits nicht mehr. Er wußte natürlich, daß es ein Judentum in der Geschichte gegeben hatte und daß wir Juden seien, so wie die Kennedys wissen, daß sie Iren sind. Aber die jüdische Religion – so glaubte er – existiere nicht mehr. Später ist er zum Medizinstudium nach Frankfurt gegangen. Dort entdeckte er plötzlich, daß es immer noch Juden gab, daß das Judentum lebte. Schließlich schloß er sich der »Aguda« an, wurde orthodox und Antizionist. In diesem Punkte gab es zwischen uns harte Auseinandersetzungen. Ich besitze einige Aufsätze von ihm, die er über Probleme des Glaubens geschrieben hat, in primitiv-orthodoxem Sinn abgefaßt, wenn man das sagen kann. Aber dennoch war er einer der wichtigsten Kardiologen in Deutschland, von höchstem Niveau und außerordentlich bekannt.

Studierten Sie in Berlin auch in Hildesheimers Rabbinerseminar?

Nein. Manchmal ging ich dorthin, aber ich habe dort niemals studiert. Ich denke, es gab dort auch nichts für mich zu lernen. Es war zwar eine sinnvolle Institution, die Studien dort wären jedoch für mich von geringem Nutzen gewesen.

Zwischen Kunst und Pornographie

Begleitet die gewaltige Neugierde, die Sie auszeichnet, Sie schon seit Ihrer Kindheit?
Ja. Ich besaß die Anlage dazu, schon seit früher Jugend. Heute betrete ich den Zeitschriftenlesesaal der Nationalbibliothek und wende mich zunächst den Bereichen der rabbinischen Literatur zu, die heute sehr umfangreich und vielfältig ist; ich kenne mich in allen diesen Themen aus, in den nutzlosen Spitzfindigkeiten ebenso wie in den grundsätzlichen Diskussionen. Im allgemeinen stimme ich den Sachen nicht zu, aber ich kenne mich trotzdem in den Angelegenheiten aus, kenne die Terminologie und weiß, wovon die Rede ist. Von dort gehe ich zur anderen Seite des Lesesaales zu den letzten Ausgaben der Zeitschriften für Kernphysik. Auch dieses Gebiet ist mir nicht fremd. Wiederum kann ich die Dinge nicht beurteilen, kann nicht sagen, ob irgendein Standpunkt in bezug auf die Quantenmechanik der Kritik standhält oder nicht, aber ich verstehe die dargestellte Ansicht und weiß auch hier im großen und ganzen, worüber gesprochen wird. Danach wende ich mich der Abteilung für französische Literatur zu – für moderne französische Literatur – und kann auch diese lesen. Ich weiß, daß das meiste dort nicht von Niveau ist, aber ich kann mich in den Dingen zurechtfinden, bin nicht orientierungslos.
So waren Sie schon in Ihrer Jugend?
Ja. Aber das ist vielleicht auch der Grund, weshalb ich auf keinem Gebiet etwas Großes hervorgebracht habe. Ich

habe mein Interesse über alle Themenbereiche verteilt, selbst innerhalb meines Gebietes, der Chemie, hielt ich es nie lange bei der Beschäftigung mit einem Thema aus. Sobald ich einen Artikel veröffentlicht hatte, weckte sogleich etwas anderes mein Interesse, in das ich mich dann vertiefte, bis ich einen Artikel veröffentlichen konnte. Irgendwie entspricht das meiner Natur. Wenn jemand aber etwas Großartiges leisten möchte, dann muß er sich mit einer Sache allein befassen; das aber ist einfach gegen meine Natur. Ich kann meine Kraft nicht auf eine Sache allein konzentrieren. Mein Interesse erstreckt sich eben auf viele Gebiete.

Spielten Sie Geige in Ihrer Jugend?

Ja. Aber ich erreichte kein besonderes Ausdrucksvermögen.

Die Quelle eines Talentes, sagen wir z. B. eines musikalischen Talentes, liegt Ihrer Meinung nach in der Phantasie?

Wenn wir von künstlerischem Talent reden, bin ich mir nicht ganz sicher. Ich denke, ohne eine intellektuelle Komponente kann es kein wirkliches Talent geben. Ich glaube nicht daran, daß ein Mensch ein großer Dichter sein kann, wenn er nicht auf einer hohen intellektuellen Ebene steht. Aber ich weiß auch, daß der Intellekt allein für einen Dichter nicht ausreicht.

Es gibt Menschen, die auf ihrem Gebiet Großartiges vollbringen und eigentlich ziemlich dumm sind?

Ich sprach nur von der Dichtung.

Wie sieht es in der Malerei aus?

Ich kann mir nicht gut vorstellen, daß Rembrandt nicht sehr tiefsinnig war.

Gilt dasselbe auch für die Musik?

Es ist einfach undenkbar, daß Beethoven die »Eroica« und die »Neunte« verfaßt haben soll, ohne viel über den Menschen nachgedacht zu haben; er hat das nicht nur gefühlt, sondern auch gedacht. Ich weiß, daß ein künstlerisches Werk nicht ausschließlich eine intellektuelle Angelegenheit ist. Ein Mensch kann zu den großen Mathematikern und Philosophen gehören und dennoch nicht fähig sein, ein Gedicht zu verfassen. Aber ein Gedicht zu schreiben, das Stoff zum Nachdenken enthält, wie die Gedichte von Goethe und Puschkin, das kann nicht geschehen, ohne daß der Dichter über den Menschen nachgedacht hat, über die Welt und über die Natur. Sogar bei einem Liebesgedicht, wenn dieses Gedicht auf hohem Niveau steht – reicht es nicht aus, daß der erotische Impuls zu der geliebten Frau einen entsprechenden Ausdruck erhält. Der Dichter muß unglaublich viel nachdenken – zum Beispiel darüber, worin eigentlich die Bedeutung der Beziehung zwischen Mann und Frau besteht. Es ist nicht genug, daß er das fühlt, sondern er muß auch darüber nachdenken.

Kann ein schlechter Mensch ein großes Kunstwerk schaffen?

Es ist aus zwei Gründen schwierig, darauf eine Antwort zu geben: Erstens, wer ist ein schlechter Mensch und in welcher Hinsicht ist er ein schlechter Mensch? Und zweitens: Was ist ein großes Kunstwerk? Nehmen wir beispielsweise Richard Wagner, der zweifellos ein schlechter Mensch war. Nicht allein im Hinblick auf seinen Antisemitismus, sondern in bezug auf viele menschliche Aspekte. Dennoch muß ich sein Werk als eines der großen Kulturwerke des 19. Jahrhunderts anerkennen und verstehen – und das ist nicht nur eine Frage des Genusses.

Welche Kunst spricht Sie besonders an?

Auch das ist schwer zu sagen. Ich kann doch keine Selbstanalyse vornehmen. So kann ich auch nicht wissen, welche der Künste ich bevorzuge.

Sagt Ihnen Chagall etwas? Es gibt Leute, die auf einer Ähnlichkeit der Werke Chagalls und Agnons bestehen, einer Parallelität auf den Ebenen der Malerei und der Literatur.

Chagall sagt mir nicht viel. Ich weiß von derartigen Theorien. Das ist einigermaßen interessant; demnach besteht eine Verbindung zwischen einem sprachlichen Werk und einem visuellen. Aber ich kenne mich darin nicht aus und weiß auch nicht, ob Chagalls Bilder wirklich einen originalen Ausdruck des jüdischen Lebens darstellen.

Sie hören Musik?

Die dritte, fünfte und neunte Symphonie Beethovens kenne ich auswendig. Auch den »Ring« von Wagner kenne ich fast auswendig, gleiches gilt auch für den »Tristan«.

Und Sie unternehmen auch einige Anstrengungen, um diese Werke zu hören, oder interessiert Sie das heute nicht mehr?
Wann haben wir die Gelegenheit, diese Werke bei uns zu hören? Aber wenn ich sage, ich kenne diese Musik fast auswendig, dann verstehen Sie sicher, daß ich sie sehr oft gehört haben muß.

Jetzt eine banale Frage: Wenn Sie auf einer einsamen Insel leben müßten, welche fünf Bücher würden Sie bei sich haben wollen?
Darauf kann ich nicht antworten. Ich kann mir einfach nicht ausmalen, auf einer einsamen Insel zu leben. In psychologischer Hinsicht kann ich mir eine derartige Situation einfach nicht vorstellen.

Besuchten Sie in Berlin das Theater?
Bisweilen sehr häufig. Ich war zu einer Zeit in Berlin, als Berlin für das Theater das darstellte, was London heute ist. Für die Aufführungen von Reinhardt, Leopold Jessner (jüdischer Direktor des Staatstheaters in Berlin bis zur Machtübernahme der Nazis) und andere konnte ich mich sehr begeistern.

In Deutschland besuchten Sie also häufig das Theater und standen der literarischen Welt nahe, hier bei uns nehmen sie daran fast keinen Anteil. Wie erklären Sie das? Schätzen Sie das, was hier auf literarischem und künstlerischem Gebiet geschieht, nicht besonders hoch?
Ja, da mögen Sie vielleicht recht haben mit ihren Worten. Viele Dinge bei uns, die von hohem Wert sind, stellen eigentlich keine lokalen Schöpfungen dar, sondern bilden eine Fortsetzung des »dunklen Exils« in reicher Kultur durch in Israel lebende Juden, die eben jene kulturelle Tradition weiterhin pflegen.

Was hier entsteht, ist nicht dauerhaft? – Oder muß man es gar provinziell nennen?
Ich sage nicht, daß die Dinge nicht dauerhaft sind. Den Ausdruck »provinziell« aber lehne ich völlig ab. Darin liegt etwas Verächtlich-Spottendes. Ich weiß, daß in einem Rahmen, der in seinen politischen, gesellschaftlichen und kulturellen Dimensionen beschränkt ist, durchaus ein Werk ent-

stehen kann, das sich auf diese Realität bezieht und nicht gegenüber den großen Schöpfungen der Zivilisation, die die Welt (die westliche Welt) in ihren Armen hält, in Niveau und Wert abfällt. Aber ich muß gestehen, daß ich gegenüber unserer israelischen Kunst nicht das gleiche Interesse aufbringe, das ich für die kulturellen Werke der westlichen Welt in jenen guten Jahren zwischen den Kriegen, den Jahren der Weimarer Republik, zeigte, von der Wissenschaft über die Literatur bis zu den bildenden Künsten, der Musik und dem Theater – obwohl ich mich damals in dieser Welt als ein Fremder fühlte.

Als Sie nach Israel kamen, waren Sie auf vielen Gebieten sehr aktiv und engagiert, nicht aber in den Bereichen der Literatur und Kunst – warum nicht?

Ich kenne die hauptsächlichen Werke, die auf diesen Gebieten hier geschaffen wurden.

Zum Beispiel? Lesen Sie Amos Oz?

Natürlich. Es gibt in seinen Büchern, und auch in Büchern anderer israelischer Schriftsteller, durchaus Beachtenswertes, aber das weckt nicht in gleichem Maße mein Interesse.

Wie erklären Sie sich das? Ist das Niveau nicht entsprechend hoch?

Ich denke, daß Amos Oz keineswegs gegenüber denjenigen abfällt, die damals in Europa für bedeutende Schriftsteller gehalten wurden, aber ich habe eben kein Interesse für die Welt der israelischen Schriftsteller.

Auch nicht für das israelische Theater?

Nein. Das Berliner Theater in jener Zeit war etwas Wundervolles in kultureller und künstlerischer Hinsicht. Man muß betonen, daß der Anteil der Juden an der Theaterwelt gewaltig war. Die Mehrheit der Theaterdirektoren und großen Regisseure und hauptsächlich der Theaterkritiker – deren Aufsätze in den Zeitungen und Journalen einen wichtigen Faktor im geistigen Leben der gebildeten Öffentlichkeit darstellten – waren Juden (oder getaufte Juden). Die Antisemiten sprachen ohne Unterlaß von der »Verjudung« der deutschen Theaterwelt.

Wie stehen Sie zum Film?

Heute gibt es eine Filmkunst. In dem Maße, in dem das Theater eine gesellschaftliche Institution von kultureller Bedeutung ist, so beginnt auch der Film, eine ähnliche Aufgabe zu erfüllen. Hier ist der »Abfall« größer als das Wertvolle, aber das muß man eigentlich auch über Theater und Literatur sagen. Ohne Zweifel gibt es heute eine Filmkunst, die man ebenso ernst nehmen muß wie die Literatur. Es gibt heute Filmschauspiele, die man ebenso beurteilen und kritisieren muß wie einen wichtigen Roman.

Kann man sagen, daß eine Evolution nicht nur in materieller, sondern auch in geistiger Hinsicht stattfindet – daß die menschlichen Kulturleistungen heute auf einem höheren Niveau anzusetzen sind als die kulturellen Errungenschaften vor Tausenden von Jahren?

Sie verwechseln den Begriff »Entwicklung« mit dem Begriff »Fortschritt«. Zwischen beiden Begriffen besteht kein Zusammenhang. Entwicklung bedeutet nicht unbedingt Fortschritt. Wenn man von Fortschritt spricht, dann meint man von Anfang an einen Fortschritt in Richtung auf ein bestimmtes Ziel. So verhält es sich aber nicht, wenn von Entwicklung die Rede ist. Ich denke nicht, daß die Menschen heute tiefsinniger sind als Plato oder Aristoteles, obwohl deren Gedanken nach unserem heutigen Verständnis nicht richtig waren. Aber in Hinsicht auf die Tiefe der Gedanken stellen Plato und Aristoteles ein Paradigma für den menschlichen Intellekt dar. Auch auf anderen Gebieten, so bin ich überzeugt, fühlen die Menschen heute nicht anders als früher. Der Dichter der Psalmen bringt das gleiche zum Ausdruck wie ein wirklicher Dichter unserer Zeit.

Warum verachten Sie den Sport und halten ihn für Rowdytum? Warum ist Sport schlimmer als die Lektüre eines pornographischen Romans, an der Sie nach Ihren eigenen Worten Freude haben?

An einem pornographischen Roman habe ich manchmal Freude, während die Begeisterung für den Sport, der für die Masse zum Inhalt ihres Lebens und zur geistigen Nahrung wird, in mir nur Ekel erweckt.

Das ist eine Frage des Geschmacks, der eine liebt Sport, der andere – pornographische Romane ...

Völlig richtig. Sie müssen selbst zugeben, daß nur wenige Menschen sich nicht an einem pornographischen Roman erfreuen ...

Aber warum lesen Sie vom moralischen Gesichtspunkt aus überhaupt einen solchen Roman?

Welche moralische Frage besteht hier?

Lernen Sie besser eine Seite Gemara mit Raschi-Kommentar!

Ich muß gestehen, daß ich nicht zu den Menschen gehöre, die, sobald sie eine freie Stunde haben, sogleich darangehen, eine Seite Gemara mit Raschi und Tosfot zu lernen.

Dann lesen Sie Maimonides oder Kant!

Nein. Wenn ich Gemara mit Raschi sagte, dann müssen Sie das metaphorisch-symbolisch verstehen. Habe ich keinen Spaß am Kino?!

Ja, dann rechnen Sie sich ja fast der Welt zu, von der Sie mit Verachtung gesprochen haben ...

Ja. Aber ich habe darüber hinaus noch andere Lebensinhalte und Werte. Das ist der Unterschied. Kultursoziologen sagen, daß sie, zum Beispiel in den Vereinigten Staaten, auf das Phänomen stoßen, daß sich in etlichen Millionen Haushalten kein einziges Buch befindet! Das Objekt »Buch« existiert im Leben vieler Menschen nicht. Sie können wohl Zeitungen lesen, aber die meisten Menschen lesen in der Zeitung nur die Sportseite und die Sex-Anzeigen. Ein Buch existiert für sie nicht. Und sie fühlen noch nicht einmal den darin bestehenden Mangel.

Zensur

Sind Sie für eine Zensur in Film und Theater?
Ich bin gegen jegliche Form von Zensur, ohne Ausnahme.
Warum? Gibt es nicht Fälle, in denen eine Zensur gerechtfertigt zu sein scheint?
Die Frage ist, wer dazu befugt ist, entsprechende Entscheidungen zu treffen. Hierin folge ich getreu amerikanischen Ansichten. Es hätte sich nicht gelohnt, die Vereinigten Staaten zu errichten, wenn es nicht den Paragraphen in der amerikanischen Verfassung gäbe, der jegliche Zensur verbietet. Die Zensur ist eine politische Waffe in den Händen der Obrigkeit. Das ist ihr Wesen. Ich bin für uneingeschränkte Meinungsfreiheit für alle Menschen, ohne Ausnahme, selbst wenn das »Nationalheiligtum« angegriffen wird. Was für andere heilig ist, ist nicht auch unbedingt für mich heilig. Sie wissen doch, daß ich bei jeder Gelegenheit, bei der eine Stellungnahme aus aktuellem Anlaß erforderlich ist, meine ketzerischen Anschauungen über alles, was der israelischen Gesellschaft heilig ist, vortrage – angefangen bei einem »Groß-Israel« bis zur Auffassung vom »Heiligen Land«.
Wie sieht es mit einer Zensur für Pornofilme aus? Haben derartige Filme keinen destruktiven Charakter?
Destruktiven Charakter hat unsere gesamte Zivilisation. Wir leben in einer Welt, die in Unzucht ertrinkt.

Warum ergreift die Gesellschaft dann keine Mittel, um gegen diese Phänomene vorzugehen?
Es gibt keine Mittel, mit denen man dagegen ankämpfen kann. Abgesehen davon: Wer sollte denn diese Mittel einsetzen? Es bleiben doch immer Machtmittel in der Hand einer Gesellschaft, die selbst in Unzucht ertrinkt.
Aber gerade zu diesem Thema gibt es doch keinen breiten Konsens?
Nein. Gerade dies gehört zu den Themenbereichen, in denen man keinen Konsens erreicht, und in denen man auch keinen Konsens erreichen kann. Es ist ja richtig, daß man heute keine Anzeigenseite einer Zeitung aufschlagen kann, ohne auf eine Fülle von Sex-Inseraten zu stoßen. Aber in dem Augenblick, in dem man jemandem die Autorität gibt, zu entscheiden, was in einer Zeitung veröffentlicht werden darf, befindet man sich schon in einem faschistisch-totalitären Staat.

In England hat sich vor nicht allzulanger Zeit (Februar 1987) ein gewaltiger Protest erhoben. Es hat sich herausgestellt, daß die Regierung das Parlament hintergangen hat, und es ist durchaus möglich, daß Frau Thatcher darüber zu Fall kommt. Eines der letzten Hefte des »New Statesman« hat sich ausschließlich damit beschäftigt. Es ist ein Spionageflugzeug gebaut worden, und das Parlament war darüber nicht unterrichtet.

Vor zehn, zwanzig Jahren aber ist in England ein Gesetz vom Parlament bezüglich des Geheimdienstes erlassen worden. Danach muß jede finanzielle Ausgabe des Geheimdienstes, die 200 Millionen Pfund Sterling überschreitet, eine besondere und ausdrückliche Genehmigung des Sicherheitsausschusses des Parlamentes, noch nicht einmal des gesamten Parlamentes, erhalten. Das Flugzeugprojekt aber hat 500 Millionen Pfund gekostet und ist den Mitglieder des Ausschusses wohl nicht zur Begutachtung vorgelegt worden. Darüber hinaus wußten die in dem Projekt Beschäftigten nicht, daß die Absicht bestand, dieses Objekt über der Sowjetunion seinen Standpunkt beziehen zu lassen. Es gab ein internes Projektpapier, in dem vermerkt war, daß man es über dem 53. Längengrade schweben lassen werde, und das ist wirklich genau über der Sowjetunion, wie sich herausstellte. Diese Ziffer war jedoch in der Projektbeschreibung, die unter den Mitarbeitern verteilt wurde, getilgt worden ... So hat also die Regierung zunächst das Volk betrogen; zweitens wurden selbst die mit dem Projekt Betrauten von anderen betrogen. Und drittens erhob sich ein gewaltiger Protest wegen der Veröffentlichung von sehr geheimen Dokumenten, die nach dem Gesetz noch nicht einmal dem Parlament bekannt sein dürften. In England gibt es keine Zensur. So erhob sich die Frage, ob man die Journalisten wegen der Veröffentlichung von Staatsgeheimnissen vor Gericht stellen sollte, obwohl es nicht möglich gewesen wäre, deren Publikation zu verhindern.

Dann ist unsere Methode vielleicht doch die bessere?

Bei uns muß alles der Zensur vorgelegt werden. Unsere Zensur versuchte wirklich zu verhindern, daß einige Angelegenheiten an die breite Öffentlichkeit geraten. Aber was soll man tun, wenn sie dann in der »New York Times« veröffentlicht werden ... In England gibt es keine Zensur, das bedeutet, daß eine Sache verloren ist, sobald sie in die Hände der Journalisten gerät. Jetzt kommt es zum dritten Abschnitt des Skandals. Wie konnten die Dinge an die Öffentlichkeit durchsickern? Wie gelangte das Material in die Hände des Redakteurs vom »New Statesman»?

Kam es vor, daß man Aufsätze von Ihnen wegen ihrer Schärfe nicht veröffentlichte?

Nein. Rede- und Pressefreiheit existieren bei uns noch in hohem Maße. Deshalb wehre ich mich in aller Schärfe dagegen, wenn Gäste aus dem Ausland behaupten, Israel sei ein faschistischer Staat. Ich frage sie dann, ob sie jemals einen faschistischen Staat gesehen hätten, in dem es Presse- und Meinungsfreiheit gibt. In dieser Hinsicht ist Israel keineswegs ein faschistischer Staat; aber der Staat läßt das auch nur zu, weil er weiß, das allen diesen Reden und Aufsätzen keinerlei Bedeutung zukommt.

Bedeutung schon, aber vielleicht keinerlei Einfluß?

Denken Sie nur an die »Affäre der verschwundenen Seite« in einem wissenschaftlichen Atlas! *(1986 erschien im Atlas des staatlichen Vermessungsamtes ein Aufsatz des Geographen Prof. David Amiran, der eine negative Einstellung zu der Siedlungspolitik in den besetzten Gebieten vertrat. Die Ausgabe wurde auf Anweisung des stellvertretenden Ministerpräsidenten David Levi unterdrückt.)*

Ich muß sagen, daß hier keine eindeutige und klare Angelegenheit vorgelegen hat. Man kann natürlich fragen, in welchem Maße die Geographie eine reine Wissenschaft ist. Darüber kann man streiten, und man kann behaupten, daß in dem vorliegenden Fall politische Töne und bestimmte Anschauungen in den Artikel gelangt sind.

Aber wo verläuft die Grenze? Stalin hat ein Verbot über die moderne Genetik verhängt, und David Levi will eine bestimmte geographische Auffassung verhindern.

Nein, ganz so ist es ja nicht.

Aber wo liegt die exakte Grenze zwischen beiden Fällen? Sie wissen, daß in den vierziger Jahren die Relativitätstheorie in der Sowjetunion verboten war, weil sie dem dialektischen Materialismus widersprach.

Radikalismus und Stil

Soll ein Geisteswissenschaftler sich gesellschaftlich und politisch engagieren?

Das kommt ganz darauf an, wie Sie den Begriff des »Engagements« fassen. Wenn ein Universitätsprofessor einen Ministerposten annimmt, dann muß er wohl während der Zeit, in der er als Minister tätig ist, seine Arbeit an der Universität vernachlässigen. Aber selbst im Rahmen der Universität gilt, daß jemand seine wissenschaftliche Arbeit wohl oder übel vernachlässigt, sobald er das Rektorat übernimmt. Daher weigert sich mancher, einen solchen Posten zu übernehmen, um seine Forschung nicht aufgeben zu müssen.

Fühlten Sie sich aufgrund Ihrer politischen Anschauungen an der Hebräischen Universität, an der Sie ja die meisten Jahre zubrachten, fremd oder fehl am Platze?

Nein, in keiner Hinsicht.

Aber dennoch bildeten Sie mit Ihren Anschauungen eine Ausnahme.

In welchem Sinne? Worin bildete ich bis zur Staatsgründung und auch danach eine Ausnahme?

Stets zeichnen Sie sich durch eine besonders scharfe Formulierung der Probleme aus.

Richtig. Aber gerade in bezug auf die Probleme, die keineswegs eine Ausnahme darstellen, sondern die Proble-

me des Zionismus und des Staates Israel sind, wobei ich die politische Linie, die die Regierung verfolgt, scharf ablehne.
Hat man Sie tätlich bedroht?
Nein, niemals. Ich erhalte Briefe und auch Telefonanrufe, aber das ist nicht ernst zu nehmen. Menschen wollen ihren Zorn loswerden. Das bedeutet doch, daß ich sie viel stärker verletze als sie mich. Ich denke, daß ich ihre Gefühle wirklich treffe. Wenn ich sage, die Idee eines »Groß-Israel« ist abscheulich, oder die West-Mauer ist eine religiös-nationale Diskothek, so trifft das die Menschen schwer.
Warum gebrauchen Sie diese verletzenden Ausdrücke?
Weil es einige Menschen gibt, die diese Ausdrücke verstehen und denen dadurch die Augen geöffnet werden. Ich treffe auf viele Menschen, die mir sagen, daß ich das treffend formuliere, was sie fühlen, aber nicht ausdrücken können.
Aber muß man das mit so scharfen Ausdrücken tun, einschließlich der sexuellen Anspielungen?
Ich habe keine anderen Formulierungen für diese Phänomene zur Verfügung! Wirklich nicht. Mit welchen Worten wollen sie denn den Fall der Ermordung der Gefangenen beschreiben? *(L. meint den Fall zweier Terroristen, die lebend ergriffen und dann hingerichtet wurden, nachdem sie einen israelischen Autobus auf dem Weg von Tel-Aviv nach Aschkalon im April 1984 entführt hatten. – Heute, im zweiten Jahr der Intifada, sind die Dinge noch viel schwerwiegender.)* Unter den Hunderten in Nürnberg als Kriegsverbrecher Verurteilten waren etliche, deren Verbrechen genau in einer solchen Tat bestanden hat! Aber ein Mann, der seine Schuld an einer derartigen Aktion bestreitet, obwohl einiges ihn schwer belastendes Material existiert, wird bei uns Ministerpräsident. Der verantwortliche Sicherheitsbeamte behauptete, daß der Mord auf Anweisung des damaligen Ministerpräsidentschaftskandidaten verübt worden ist. Das sollen wir dulden?!

Wenn man behauptet, der Chef des Geheimdienstes hat ihn verleumdet, dann soll man sich klar darüber sein, daß man hier von jemandem spricht, der einer Institution vorsteht, die in unserem Staat heute eine zentrale Rolle spielt, eine Institution, an der Leben und Tod hängen, und dieser Mann bringt eine verleumderische Anklage gegen den Ministerpräsidenten vor! Aber das ändert letztendlich gar nichts, denn beide sitzen weiterhin freundlich beisammen, und das Volk muß es ertragen ..., weil es keine anderen Wertinhalte kennt als die jüdische Faust. Das muß erst einmal verstanden werden! Selbstverständlich wird dabei ignoriert, daß die gesamte Kraft dieser jüdischen Faust nur darin liegt, daß sie einen amerikanischen Stahlhandschuh trägt, wunderbar gepolstert mit amerikanischen Dollar-Noten. Aber in dem Augenblick, in dem der amerikanische Präsident oder sein Nachfolger diesen Handschuh fortnehmen, wird der Staat Israel von alleine zusammenbrechen! Wir haben uns selbst in eine Situation hineinmanövriert, in der der Staat Israel keine Freunde mehr auf der gesamten Welt besitzt, abgesehen natürlich von jenem zweitklassigen Filmschauspieler, der heute die Rolle des Präsidenten der Vereinigten Staaten spielt ...

Auf den Philippinen hat das Volk die Regierung gestürzt, als Präsident Marcos sich in seiner ganzen Schändlichkeit und Korruption gezeigt hat. Selbst auf Haiti ist Präsident Duvalier vertrieben worden. Können Sie sich vorstellen, daß in einem zivilisierten Staat und einer zivilisierten Gesellschaft eine Regierung sich auch nur drei Tage hätte halten können, wenn dort geschehen wäre, was bei uns geschehen ist?! Wir sind an dem untersten moralischen Punkt angelangt, der seinesgleichen in der politischen Realität der westlichen Welt, zu der wir ja wohl gehören, nicht finden wird.

Wenn ich Ihre Meinungen analysiere, sehe ich – und dem haben Sie selbst zugestimmt –, daß Ihre politischen Versuche durchweg Mißerfolge dargestellt haben, und mich dann nach dem Grund frage, so denke ich, daß eine Wurzel Ihres politischen Mißerfolges in der Radikalität Ihrer Anschauungen zu suchen ist. Selbst wenn Sie Ihre Anschauungen hätten erfolgreich in die Tat umsetzen können, dann wäre Ihnen nur ein teilweiser, unbedeutender Erfolg beschert gewesen, weil von Anfang an keinerlei Chance bestanden hat, daß Ihre radikalen Meinungen von der Mehrheit akzeptiert werden.

Ich weiß nicht, was radikal bedeutet.

Worin besteht dann die Ursache Ihres Mißerfolgs?

Viele Anstrengungen und aktive Bestrebungen der Menschen enden im Mißerfolg, sowohl in der historischen als auch in der gesellschaftlichen Realität.

Sicherlich haben Sie sich selbst gefragt, woran Sie gescheitert sind.

Sehr im Gegenteil! Ich muß mich fragen, warum eine bestimmte Sache erfolgreich ist, denn jeder Plan zielt auf etwas, was eigentlich nicht existiert. Das Gegebene braucht man nicht zu planen. Es muß doch irgendeinen Grund geben, der den Erfolg einer Bestrebung ermöglicht, etwas Neues zu erreichen und etwas zu verändern!

Ihre Anschauungen sind revolutionär. Zum Beispiel Ihre Forderung, Religion und Staat zu trennen, die in der heute bei uns vorhandenen gesellschaftlichen Struktur einfach nicht verwirklicht werden kann.

Bin ich denn der Einzige, der das fordert? Die Trennung von Religion und Staat ist in dem größten politischen Rahmen, der jemals in der Geschichte der Menschheit errichtet worden ist –den Vereinigten Staaten von Amerika–, sehr wohl durchgeführt worden! Die Vereinigten Staaten sind ein unvergleichliches und erstaunliches politisches Gebilde in der Menschheitsgeschichte. Dort ist die Religion vom Staat getrennt.

Wenn wir von der Trennung der jüdischen Religion von einem jüdischen Staat sprechen, dann ist die Situation doch eine völlig andere.

Ich spreche von der Trennung einer Religion von einem Staat, in dem Gottesleugner und Schabbatentweiher die Oberrabbiner ernennen und einsetzen. Der amerikanische Präsident beherrscht keine der unzähligen Kirchen, die es in den Vereinigten Staaten gibt.

Ja, aber das kann man nicht mit unserer Gesellschaftsstruktur vergleichen.

Unsere Struktur ist von Grund auf verfault.

Es scheint mir, für die Verwirklichung Ihrer Idee kann es nur den Weg der Revolution geben, nicht aber den der Demokratie.

Der Weg der Revolution ist doch nicht unbedingt verwerflich.

Sind Sie bereit, für die Parole der Trennung von Religion und Staat auf die Barrikaden zu gehen?

Nein.

Warum nicht? – Das ist doch nach Ihrem Verständnis das wichtigste Thema, das es im Leben eines Juden geben kann!

Aber dafür kann man nicht auf die Barrikaden gehen. Das ist eine Frage, die an der Willensentscheidung der Menschen hängt.

Sie haben davon gesprochen, die Menschen aufzurufen, »den Aufstand zu organisieren«.

Sicherlich. Aber wenn die Bevölkerung nicht will, dann wird es auch keinen Aufstand geben . . .

Zum Abschluß

> »... Der Eindruck, den Leibowitz in Kultur und Intellekt des jüdischen Volkes unserer Generation auch für die Zukunft hinterlassen hat, ist unvergleichlich größer als Einfluß und Eindruck manches als bedeutend eingeschätzten Forschers und Denkers.«

Wenn man einen Eindruck von Jeschajahu Leibowitz und seiner ausgeprägten Fähigkeit gewinnen möchte, unzählige Intellektuelle – Anhänger wie Gegner – zu einer Stellungnahme zu seinen Ansichten anzustacheln und zu provozieren, so sollte man auch das Buch »Shelila le-shema« (»Shelila le-shema – klapei Jeschajahu Leibowitz«, dt.: »Verneinung um der Verneinung willen – gegen Jeschajahu Leibowitz«, ed. Ch. Ben-Yerocham u. Ch. Y. Kollitz, Jerusalem, 1983) zur Lektüre heranziehen, das eine Sammlung von Aufsätzen gegen leibowitzianische Lehranschauungen aus der Feder von Philosophen und Publizisten zweier Generationen bietet. Zweifelsohne gibt es keinen gegenwärtigen Denker in Israel und der jüdischen Welt überhaupt, der bereits zu seinen Lebzeiten einer derartig intensiven Reaktion auf seine Religions- und Staatslehre, seine Ansichten über Nationalismus und Zionismus, Wissenschaft und Menschenwerte gewürdigt worden ist wie Jeschajahu Leibowitz.

Leibowitz' Religionsphilosophie basiert auf der eindeutigen These, daß das Judentum seinen Ausdruck in der Erfüllung der Mitzwot, der Gebote, im Tragen des Joches der Mitzwot, findet, nicht aber in Glaubenssätzen und Dogmen, über die man im Laufe vieler Generationen zu keinem allgemeinen Konsens gelangen konnte. Diese These ruft starken Widerspruch bei vielen seiner Gegner hervor, die dahinter »Gefahr« und »Bedrohung« wittern, die zu einer Erschütterung des Glaubens führen könnten. Leibowitz folgt in seiner These, »man könne in Angelegenheiten, die den Charakter von Meinungen, persönlichen Anschauungen und Glaubenssätzen tragen, niemals sagen, ›das Judentum meint‹ , sondern müsse korrekt formulieren, diese Meinungen – und manchmal auch ihre Gegenteile ›werden im Judentum gesagt‹ « *(Shelila le-shema, S.94)*, konsequent und unbeirrbar der Ansicht des Maimonides. Daher betont Leibowitz stets ausdrücklich, daß er Textbelege für seine Anschauungen aus den Schriften des Judentums nur als Illustrationen anführt, nicht aber als Beweise für die Richtigkeit seiner Meinung. Er ist sich darüber im klaren, daß man stets auch Textbelege für die gegenteilige Meinung finden kann. Aufgrund der Schriften des Judentums kann also niemals entschieden werden, was »das Judentum« über Glauben und Glaubenssätze sagt. Das muß gerade gegenüber seinen Gegnern wiederholt betont werden.

Die erwähnte Grundthese der leibowitzianischen Religionsphilosophie soll im folgenden spezifiziert werden. Die Gottesverehrung an sich stellt nach Maimonides – »eine schwierige Haltung dar, die nicht von jedem Menschen sogleich zu Beginn seines Denkens erreicht und eingenommen werden kann«, sondern intellektuelle und seelische Anstrengungen erfordert *(»Sichot al Pirke Avot« – »Gespräche über Pirke Avot«, S.73)*. Nicht jeder Mensch ist überhaupt zu ihr fähig, weil die Mehrheit der Menschen nur zu »niedrigem«, einfachem, nicht abstraktem Denken gelangen kann. Deshalb setzt die Halacha aus nüchternem Realismus heraus fest, daß es nicht untersagt ist, dem Gottesdienst nicht nur als Gottesdienst an sich, sondern auch zur Erlangung von Lohn zu obliegen. Doch von Anfang an ist deutlich – zumindest demjenigen, der zum »hohen« (philosophischen) Denken fähig ist –, daß die Halacha den reinen Gottesdienst an sich bevorzugt – diese Gottesverehrung besteht in der Erfüllung der Mitzwot um ihrer selbst willen, ohne jegliche nutzbringende Nebenfunktion für den Menschen.

Hierin, so scheint mir, liegt einer der wesentlichen Unterschiede zwischen Leibowitz und vielen seiner Gegner. Er, der über das reichhaltige Wissen beider Welten, der Wissenschaften und der Tora, des säkularen und auch religiösen philosophischen Denkens verfügt, setzt sich den Glaubensfragen unserer heutigen Welt durch »hohes« Denken aus, das wohl nicht immer mit dem naiven Glauben an einen Messias, der auf einem weißen Esel reitend daher kommt, in Übereinstimmung zu bringen ist. Diese Auseinandersetzung verlangt Mut, intellektuelle Redlichkeit und manchmal auch weitreichende gedankliche Konsequenzen, vor denen Leibowitz niemals zurückschreckt, selbst wenn sie für diejenigen, die die Fahnen »des Judentums« hochhalten wollen, keineswegs angenehm und erfreulich sind. Aber ich hege ein starkes Mißtrauen gegen alle diejenigen, die zwar auch einen Blick über ihren Horizont hinaus in die große Welt geworfen haben und natürlich auch nicht bereit sind, den Glauben in seiner naiven Form zu akzeptieren, die jedoch nicht den Mut und die intellektuelle Redlichkeit aufbringen, dies auch öffentlich zu bekennen.

Der aufgeklärte Jude, der aus den Grenzen des Judentums im traditionell-volkstümlichen Verständnis ausbricht, jedoch der Religion seiner Väter treu bleibt, ist zwischen der Welt der Wissenschaft und des Rationalismus auf der einen und der Welt des Glaubens und der religiösen Handlungen auf der anderen Seite gespalten. Mancher kann diese Spaltung durch bewußte Distanzierung von einer dieser Welten in kleinbürgerlicher Bequemlichkeit überwinden. Diese Erscheinung findet dann ihren praktischen Ausdruck in dem Ablegen des Joches der Tora und der Mitzwot einerseits – ein Verhalten, das letztendlich, besonders außerhalb Israels, zu Assimilation und Anpassung führt – oder in einer erneuten Isolation in einem jüdischen Ghetto andererseits. Leibowitz dagegen gehört zu den wenigen, die sich sowohl im täglichen Leben als auch in ihrem Denken mit diesen Kardinalfragen auseinandersetzen. Er vollbringt das in einer ihm eigenen Form (obwohl er behauptet, in seinem Denken läge keine Originalität), die unter Umständen scharf wie ein Meißel sein kann und daher auch erschreckend und schmerzhaft ist. Doch schon der Rabbi aus Kozk hat gesagt: »Die Gabe der Tora an Israel war einheitlich, der Empfang der Tora geschieht bei jedem unterschiedlich, entsprechend seiner gedanklichen Kraft und seinem intellektuellen Fassungsvermögen.«

Die Tora im empirisch-historischen Verständnis ist nach Leibowitz mündliche Tora (ebd., S.19). Das betont Leibowitz immer wieder, um seine These zu begründen, die Halacha habe das Judentum im Laufe von Generationen geformt und geprägt. »Diejenigen Autoritätsträger, die die Verpflichtung zu Gesetzgebung und halachischen Entscheidungen für ganz Israel übernommen haben« (ebd., S.16), stehen auch in der Kette der Tradenten der Tora von Generation zu Generation. Aber gerade hier entsteht für Leibowitz ein schwieriges Problem, denn die entsprechenden Autoritäten unserer Zeit, d.h. die Rabbinen, stehen Leibowitz' Ansichten fern. So stellt sich für ihn die Frage, ob er ihre halachische Autorität dennoch akzeptiert. Aus diesem Konflikt findet Leibowitz einen Ausweg durch den Hinweis auf die Tatsache, daß es heute keine entsprechende Körperschaft wie das Hohe Gericht in den Tagen des Talmuds gibt (über das Oberrabbinat in Israel braucht dabei nicht gesprochen zu werden, denn ihm steht Leibowitz mit Spott gegenüber). Leibowitz gesteht deshalb zu, daß »die Halacha, nachdem sie nun einmal festgelegt worden ist, praktisch für jeden jüdischen Menschen, der das Joch der Tora und der Mitzwot akzeptiert, verpflichtend ist« (ebd. S.35). Doch damit verknüpft Leibowitz eine harte Kritik an den rabbinischen Institutionen, nicht nur wegen ihrer Unfähigkeit, Halacha zu entscheiden und vom halachischen Aspekt aus auf die Probleme unserer Zeit einzugehen, sondern auch, »weil diese Institutionen ihr Leben im Torastudium auf Kosten anderer führen, praktisch als Parasiten leben und so dem Torastudium seine religiös-ethische Bedeutung nehmen« (ebd., S.24). Dennoch läßt auch Leibowitz Raum für die Annahme, daß die Entstehung von »elitistischen Gruppen, die sich dem Torastudium auf Kosten der breiten Öffentlichkeit widmen« (ebd., S.63), im historischen Prozeß eine soziologische Notwendigkeit darstellte, die nachträglich auch in religiös-halachischer Hinsicht legitimiert wurde.

Parallel zur Institutionalisierung des Torastudiums (Talmudtora) im Laufe der Generationen kam es seit der Zerstörung des zweiten Tempels zu einer Institutionalisierung des Gebetes. Aus dem improvisierten Gebet wurde ein in seinem Wortlaut fixiertes Gebet. In diesem Falle jedoch weist Leibowitz der Fixierung und Institutionalisierung eine positive Rolle zu. Es scheint, daß dieser Widerspruch in seiner Anschauung vor dem Hintergrund seiner eigenen Persönlichkeit deutlich wird. Wenn von dem Torastudium die Rede ist, d.h. dem Bereich der Vernunft und des Verstandes, so fordert er für den Menschen maximale Freiheit und Unabhängigkeit, Bedingungen, die seiner Meinung nach für Torastudierende nicht existieren, wenn sie von der Gunst der breiten Öffentlichkeit abhängig sind. Ist jedoch von dem Gebet, das seiner Natur nach in die Welt der Gefühle und der Hingabe des Herzens gehört, die Rede, so fordert Leibowitz die Unterordnung des Gefühls unter den Verstand, da er die Ansicht vertritt, eine für sich alleinstehende »Religiosität« sei Götzendienst und nicht als wahre Gottesverehrung zu akzeptieren. Demnach darf der jüdische Glaube und zumal das Joch der Mitzwot nicht der Befriedigung der psychologischen Bedürfnisse des Menschen dienen, sondern allein der Verehrung Gottes »mit ganzem Herzen und mit ganzer Seele«.

Zum Beweis seiner Anschauung kann sich Leibowitz entschieden auf den Umstand stützen, daß im Judentum die Einstellung Halacha geworden ist, die ein fest formuliertes Gebet fordert, so wie es sich im Gebetbuch widerspiegelt, obgleich dadurch die Legitimation des improvisierten Gebetes neben dem wörtlich fixierten Gebet nicht negiert wird. Gern würde ich an einer Diskussion zwischen dem Baal-Shem-Tov *(1700-1760; Gründer der chassidischen Bewegung)* und dem Vernunftmenschen Leibowitz teilnehmen, um zu sehen, wer in diesem gewaltigen Streite, der vielleicht gar nicht zu entscheiden ist, die Oberhand gewinnen würde. Doch auch Leibowitz zeigt sich manchmal als Mensch mit sentimentaler Seele. So zum Beispiel, wenn er über ein Gedicht Rabbi Jehuda Halevis – dessen philosophischen Anschauungen Leibowitz in aller Schärfe widerspricht – schreibt: »Es ist ein Gedicht von außerordentlich poetischer Schönheit, das die höchste Freude über die Gabe des Schabbat für alle, die ihn heiligen und beachten, zum Ausdruck bringt.« *(J. Leibowitz, Emunah, Historia we-arechim – Glaube, Geschichte und Werte, S.80)*. Im weiteren Text kann man dann lesen: »Der Glaube, der die unendliche Entfernung zwischen Gott und Mensch erkennt, läßt diese Entfernung unendlich gering werden: Die Erkenntnis der Distanz nivelliert die Distanz. Wer die Nähe Gottes ›mit ganzem Herzen‹ wünscht, findet seinen Gott sehr nahe: ›Als ich Dir entgegenging, da kamst Du auf mich zu.‹« (ebd.).

Auch aufgrund seiner Einstellung zum Regime, oder zum »Staat«, zieht Leibowitz sich häufig heftigen Zorn zu. In seinen Augen besteht kein wesentlicher Unterschied zwischen einer jüdischen Regierung und einer Regierung von Nicht-Juden. Diese Ansicht kann er auf Worte der Talmudweisen stützen, die meinten, es sei gleichgültig, ob man unter dem unabhängigen Königtum der Hasmonäer oder unter dem über Israel herrschenden römischen Statthalter leben würde. »In den Worten aller Rabbinen der ersten zwei Jahrhunderte stellt die Staatsherrschaft keinen Wert dar ... Dieser Ansicht kommt weitreichende Bedeutung für jeden gesellschaftlichen Rahmen ... besonders in unserer Zeit zu« *(»Sichot al Pirke Avot«, S.43)*, in der noch immer in weiten Kreisen ein »Staatskult« herrscht. Dieser Tendenz gegenüber gelangt Leibowitz zu der Einsicht, daß die »Wertvorstellungen der Tora mit keinem politischen System übereinstimmen und auch nicht mit ihm in Übereinstimmung zu bringen sind« (ebd., S.44).

Nicht weniger Wichtiges hat Leibowitz zu der Stellung der Frau im Judentum zu sagen. Er schreibt zu diesem Thema: »Die Stellung der Frau in unserer Gesellschaft, Wirtschaft und Kultur gehört zu den Dingen, bei denen die Forderungen und Bestimmungen der uns überlieferten Halacha nicht greifen, weil ihnen jeglicher Bezug zu unserer heutigen Realität fehlt« (»*Emuna, Historia we-arechim*«, S.74). Das gleiche stellt Leibowitz auch in bezug auf die Probleme des modernen Staates fest. Seiner Meinung nach finden sich in der uns überlieferten Halacha keine Bezüge zu den Problemen des modernen Staates. Daher ist es für Leibowitz selbstverständlich, daß gerade die Bevölkerungsschicht, die entsprechend der Tora und den Mitzwot lebt, eine neue halachische Gesetzgebung fordern und initiieren muß, weil man für die Probleme des modernen Staates und die Frage der Stellung der Frau in unserer Gesellschaft mittels der überlieferten Halacha keine Lösung erhalten kann.

Diese Ansichten erweckten und erwecken innerhalb des religiösen Judentums heftigen Widerspruch, denn nach Meinung der Mehrheit der Rabbiner haben Leibowitz' Ansätze den Beigeschmack von Reform. Doch Leibowitz gibt in diesem Punkte nicht nach: »Das mit dem Begriff ›Stellung der Frau‹ umschriebene Problem ist für das gegenwärtige Judentum von lebenswichtiger Bedeutung, weitaus wichtiger als alle politischen Probleme des jüdischen Volkes und seines Staates. Ein mangelndes Interesse für die damit zusammenhängenden Fragen gefährdet die gesamte Existenz des Judentums und der Mitzwot in unserer Zeit« (ebd., S.71). Das Problem besteht nach Leibowitz nicht darin, daß Frauen wünschen, Mitzwot zu erfüllen, die ihnen nicht geboten sind wie Gebetsschal (Talit) und Gebetsriemen (Tefillin), ein Wunsch, dem in praktischer Hinsicht jeder religiöse Grund fehlt, sondern in der Frage des Torastudiums. »Die traditionelle Halacha meint, daß Frauen von dieser Mitzwa befreit seien – das aber ist eine gefährliche Idee und ein schwerwiegendes Unglück des historischen Judentums... Indem das Judentum die Frauen am Torastudium hindert, verweigert es ihnen das jüdische Grundrecht« (ebd., S.71). Hier hebt Leibowitz eine Maske auf, hinter der sich zu verstecken für viele religiöse Juden äußerst bequem ist, auch wenn sie sich darüber klar sind, daß sie damit einen Selbstbetrug begehen. »Die religiöse jüdische Bevölkerung gehört zu einer Gesellschaft, deren Kultur die gemeinsame Kultur von Männern und Frauen ist«, daher gibt es für die

Diskriminierung der Frau durch das Verbot des Torastudiums keinerlei Berechtigung. »Wir können eine halachische Entscheidung unserer Väter nicht akzeptieren, die sich auf eine andere gesellschaftliche Realität als die unsere bezieht« (ebd., S.73).

Der Auffassung Leibowitz' vom Judentum liegt ein Hauptsatz zugrunde: Das Judentum als religiöse und historische Erscheinung wird durch ein Verhalten aufgrund der Anerkennung der Pflicht, dem Schöpfer gemäß der Halacha zu dienen, charakterisiert. Judentum verwirklicht sich nicht in Theologie, Philosophie oder Kabbala, weil im historischen Judentum kein Konsens über diese Systeme bestand und gegen jedes von ihnen Einwände erhoben worden sind. Alle schwerwiegenden Krisen des Judentums entsprangen den Versuchen, die zentrale Stellung der Mitzwot, der Halacha, zu untergraben. Hierin liegt auch die Ursache für die eindeutig negative Beziehung des Judentums zum Christentum, dem Karäertum, dem Schabbatianismus und das problematische Verhältnis zum säkularen Zionismus. Die persönliche Basis für ein der Halacha entsprechendes Verhalten ist die Anerkennung der Pflicht, dem Schöpfer zu dienen. Die Ursache dieser Basis ist nicht einheitlich. Manchmal dient die religiöse Andacht (Devekut) als Quelle der Anerkennung, meistens steht diese jedoch auf einer volkstümlichen Theologie oder einer »menschlich angelernten Lebensweise« (vgl. Jes.29,13), der Leibowitz keine negative Bedeutung gibt. Weil zwischen dem erwünschten Verhalten und dem natürlichen Verhalten stets eine Lücke besteht, ist das Leben gemäß der Halacha fortwährend mit persönlicher Anstrengung verbunden. Es ist anzuzweifeln, ob es überhaupt möglich ist, diese Lücke auf Dauer zu schließen. Der Gottesdienst geschieht um seiner selbst willen und dient nicht dem Wohl von Körper und Seele, der Verbesserung der Gesellschaft oder der Vervollkommnung der Welt. Es handelt sich um einen Gehorsam, der seinen Sinn nur im religiösen Kontext der Gottesverehrung findet. In Leibowitz' System gibt es daher keinen Platz für eine rationale Begründung der Mitzwot. Auch der Begriff »Schöpfer« hat für Leibowitz keinen eindeutigen Sinn, sondern erfährt verschiedene Interpretationen. Die den Menschen verpflichtende halachische Norm wurde von der Mehrheit der Gläubigen vieler Generationen festgelegt. Daher steht Leibowitz der Reformbewegung negativ gegenüber. In seinem System wird das Judentum stärker durch das Gebetbuch als durch die Bibel geprägt, denn nicht die Tora ist die gültige religiöse Quelle der Halacha, sondern die Halacha ist es, die der Tora den Status einer heiligen Schrift verleiht und ihre Aufgabe im Rahmen der halachischen Legislative festlegt. Die religiöse Aufgabe der Tora ist nur mit dem Gottesdienst verbunden. Deshalb hat die Tora für den Menschen keine wissenschaftliche, literarische, historische oder andere Funktion und Bedeutung. So ist das Problem der Widersprüche zwischen dem wörtlichen Verständnis des Buches Genesis und der Information der verschiedenen Wissenschaften kein reales Problem. Für Leibowitz hat weder die Natur noch die Geschichte eine religiöse Bedeutung.

Die Halacha in ihrer historisch gültigen Form ist unter den Bedingungen der Fremdherrschaft über das jüdische Volk geprägt worden. Nach der Gründung des Staates Israel besteht zum ersten Male die Möglichkeit, den Gottesdienst im Rahmen der gesellschaftlichen und politischen Sektoren des täglichen Lebens zu vollziehen. Daher ist Leibowitz überzeugt, daß »Juden, die die Tora beachten und sich am zionistischen Aufbau beteiligen, mit der Gründung des Staates die größte religiöse Revolution in der Geschichte des jüdischen Volkes begonnen haben«. Es ergibt sich hier also die Frage der Selbständigkeit der Religion oder der Abhängigkeit vom Staate. Einerseits könnte man vom religiösen Standpunkt aus den Staat ablehnen und sich von ihm fernhalten. Andererseits hat man in aktiver Weise am Staatsleben teilzunehmen, und zwar als religiöse Opposition zum säkularen Regime, wobei man sich aber nicht direkt unbedingt auf die halachische Tradition beziehen kann, da diese eine säkulare jüdische Staatlichkeit nicht kennt.

Leibowitz ist der Meinung, die Religion habe ihre Gelegenheit versäumt, weil die rabbinischen Institutionen und religiösen Parteien der Frage des religiösen Status des Staates ausgewichen sind und sich aufgrund eigener Interessen nur mit wenig bedeutsamen Improvisationen beschäftigt haben, anstatt sich um die Ausarbeitung eines halachischen Programmes für den Staat zu bemühen. Nur eine absolute Trennung der Religion vom Staat – was gewissermaßen einem »Kulturkampf« zwischen Staat und Religion gleichkommt – zwingt beide Seiten zur eindeutigen Stellungnahme zu den Grundfragen der Beziehung von Judentum und Staat.

Ohne Zweifel ist Leibowitz auch seiner eigenen Aussage nach Neo-Maimonidianer. Das wird besonders in seinem Buch »Sichot al shmoneh perakim le-rambam« (»*Gespräche über acht Kapitel des Maimonides*«) deutlich. Auf die Frage, worin in seinen Augen der Glaube an Gott bestehe, antwortete Leibowitz: »Der Glaube ist nicht das Wissen über Gott (denn was kann der Mensch schon von Gott wissen), sondern das Wissen um meine Pflichten Gott gegenüber. Der Glaube, der auf meinem Wissen von Gott gegründet ist, ist nichts anderes als Götzendienst.« Für diese Meinung findet man etliche Belege in der Philosophie des Maimonides, nicht in der »Mishne Tora«, die sich mit der jüdischen Praxis, d.h. der Erfüllung der Mitzwot beschäftigt, aber im »More Newuchim«, dem »Führer der Verwirrten«, dem philosophischen Werk des Maimonides.

In dem oben erwähnten Buch können wir auch noch eine andere Seite der leibowitzianischen Persönlichkeit entdecken. Er tritt dort nicht nur als ein Philosoph mit klaren Gedanken und prägnanten Formulierungen auf, sondern auch als ein Pädagoge ersten Ranges. Er führt seine Hörer oder Leser, mündlich wie schriftlich, schrittweise zu dem angestrebten Ziel der Argumentation, auch wenn diese von Anbeginn an außerordentlich schwer zu verfolgen zu sein scheint. In seiner Gedankenführung erhalten die behandelten Themen durch Aktualisierungen und Beispiele aus dem täglichen Leben immer eindrücklichere Klarheit. Aber dies bliebe nur Beiwerk ohne Wirkung, wenn es Leibowitz nicht immer wieder gelänge, bei der Analyse der Schriften des Maimonides sein eigentliches Werkzeug anzuwenden:

seine umfangreiche Kenntnis der antiken und modernen Philosophie, der Psychologie (viele Themen in den »acht Kapiteln« berühren das psychophysische Problem), der Medizin, der Geschichte, der Theologie und selbstverständlich – der jüdischen Gedankenwelt. Bei der Lektüre seiner umfangreichen Interpretationen gelangt man unweigerlich zu der Schlußfolgerung, daß die meisten Kommentatoren, die sich für Maimonides-Experten halten – und sich dabei bewußt und absichtlich allem »säkularen Wissen« verschließen (eine in ultra-orthodoxen, aber auch in national-religiösen Kreisen zunehmend verbreitete Tendenz) – nicht in der Lage sind, Maimonides in seiner ganzen Tragweite zu verstehen, weil ihnen einfach das nötige Allgemeinwissen fehlt.

Wir gelangen nun zu dem Problembereich der Beziehungen, die zwischen Wissenschaft und Philosophie bestehen, und darüber hinaus – der Beziehung zwischen Wissenschaft und ethischen Werten. Ich denke, der neue Ansatz bei Leibowitz liegt in seinen Worten: »Es gibt menschliche Probleme, die nicht durch die Kategorien eines sogenannten ›wissenschaftlichen‹ Denkens erfaßt werden können ... weil sie keineswegs Erkenntnisinhalte darstellen, sondern in den Bereich von Wollen und Begehren gehören. Ihre gedankliche Bewältigung kann nicht zu systematischen Schlußfolgerungen führen, sondern zu entschlossenen Entscheidungen« (*»Bin meda le-philosophia«* – *»Zwischen Wissenschaft und Philosophie«, S.7*). Mit anderen Worten: Wissenschaft ist niemals »gut« oder »böse« (ohne hier nun in die Diskussion über die Bedeutung dieser Begriffe einsteigen zu wollen), sondern neutral, und nur auf dieser Ebene gelangt man zu wissenschaftlichen Erkenntnissen. Wer dazu beiträgt, daß die Ergebnisse der Wissenschaft »gut« oder »böse« sind, ist der Mensch, der die Wissenschaft für seine persönlichen Bedürfnisse mißbraucht. Er wird durch Wollen und Begehren angetrieben, die – auf kollektiver Ebene – ihren Ausdruck in entsprechenden Ideologien finden. Bei weiterer Simplifizierung dieser Aussagen gelangen wir zu dem von Leibowitz so geschätzten Beispiel, wonach die Atombombe als solche ebensowenig gut wie schlecht ist. Wer sie zum Guten oder Bösen anwendet – ist der Mensch. Auf diesem Unterschied beharrte Leibowitz, als er im Interview gefragt wurde, ob er nicht denke, daß die Wissenschaftler ein Entscheidungsrecht über das Schicksal ihrer wissenschaftlichen Entdeckungen fordern sollten (Hiroshima!). Seine Antwort hieß: »Was berechtigt die Wissenschaftler dazu, dieses Recht zu verlangen? Warum soll ein Wissenschaftler kompetenter als ein normaler Mensch sein, um über ethische Fragen zu entscheiden? Aus einer wissenschaftlichen Erkenntnis heraus kann man weder zu einem Gebot noch zu einem Verbot gelangen, d.h. eine wissenschaftliche Erkenntnis kann keine ethische Entscheidung begründen« (ebd., S.268).

Diese Trennung von Wissenschaft und ethischen Werten hat natürlich auch weitreichende Konsequenzen für das religiöse Denken. Leibowitz formuliert das folgendermaßen: »Jede Beschäftigung mit der Konfrontation von Wissenschaft und Glauben und jeder Versuch, die Wahrheit der Tora durch Entscheidungen der wissenschaftlichen Forschung zu fundieren, ... ganz besonders aber der lächerliche Versuch, die Wahrheit der Tora dadurch »zu retten«, daß man die Zuverlässigkeit der bei Anwendung einer wissenschaftlichen Methode auf die Tora erlangten Ergebnisse anzweifelt oder die Überzeugung zum Ausdruck bringt, eine ›wissenschaftliche Wahrheit‹ sei keine Frage von Zuverlässigkeit, sondern allein von Wahrscheinlichkeit, während die Wahrheit der Tora dagegen Absolutheitscharakter hat – alle diese Dinge stellen gewaltige Irrtümer im Verständnis des Wesens der Wissenschaften und vom religiösen Standpunkt nicht zu vertretende Ideen dar« *(A. Ben-Ezer, Eyn Sha'ananim be-zion, – Es gibt keine Sorglosen in Zion, S.128)*. Der Glaube und die ethischen Werte stehen auf einer Ebene, die Wissenschaft aber auf einer anderen, und nach Leibowitz' Auffassung werden sie sich niemals treffen, oder, in seinen Worten gesagt: »Es besteht eine Nicht-Zugehörigkeit der Wissenschaft zu ethischen Werten und zu jeglicher Ideologie« *(»Bin Meda le-philosophia«, S.276)*.

Leibowitz' Denksystem besitzt eindeutig kantianische Elemente. Die autonome Religion der Mitzwot bei Leibowitz findet in bestimmten Maße ihre Analogie in der autonomen Ethik Kants, grundsätzlich und in vielen Einzelheiten. Es handelt sich jedoch um eine strukturelle, nicht um eine inhaltliche Analogie; Leibowitz sieht in Kants Ethik eine atheistische Lehre, die im Menschen den »Zweck an sich« sieht. Deutlich kantianische Elemente finden sich auch in Leibowitz' wissenschaftsphilosophischem Ansatz, besonders in dem Punkte, daß er die wissenschaftliche Methode als von der menschlichen Erkenntnisweise notwendigerweise ableitbar ansieht, aber auch in seiner Zuordnung weiter Zweige der Psychologie zu außerwissenschaftlichen Bereichen.

Man kann die Wissenschaftler wohl in zwei Kategorien einteilen: die einen, die bedeutenden Forscher und Neuentdecker, die nichts außer ihren eingeschränkten Forschungsbereich zur Kenntnis nehmen und bekanntlich alles über nichts wissen – und deshalb hoch geschätzt und geehrt werden – und die anderen, die einfach nicht in der Lage sind, bis in die Tiefen einer Angelegenheit vorzudringen, unter deren Händen nichts eigentlich Neues entsteht, die ihr Interesse auf viele Gebiete verteilen und so über alles nichts wissen. Von Leibowitz sagt man manchmal, er habe »nichts Bedeutendes« geleistet, weil sich seine Interessen über viele Gebiete erstrecken. Doch es scheint, daß diese Diagnose oberflächlich und falsch ist. Der Eindruck, den er auf Kultur und Intellekt des jüdischen Volkes unserer Generation auch für die Zukunft hinterlassen hat, ist unvergleichlich größer als Einfluß und Eindruck manches als bedeutend eingeschätzten Forschers und Denkers, selbst wenn Leibowitz kein »bedeutendes Werk« vollbracht hat. Es ist richtig, daß er keine bedeutende Leistung auf den Gebieten, mit denen er sich beschäftigte, aufzuweisen hat, aber gerade seine an Quantität »kleinen« Schriften sind qualitativ große Schriften, strömen vor Originalität über, sind klein, aber inhaltsreich.

Leibowitz ist ein Sprachkünstler. Mancher lehnt seine Ansichten aufgrund der pornographischen Vergleiche und der derben Sprache ab, die Leibowitz nicht selten anwendet, und manchmal, so scheint es, überschreitet er tatsächlich die Grenzen des guten Geschmacks, wie zum Beispiel in seinen Vergleichen mit Nazi-Deutschland. Aber diese Vergleiche gehören zu seinem erstaunlichen Talent, die Dinge einfach darzustellen, selbst wenn sie schwer verständlich und kompliziert sind, und sie in scharfer, aber deutlicher Form zu formulieren. Es ist nicht schwer, für ein kompliziertes Gebiet Professoren und Wissenschaftler zu finden, aber nur selten gelingt es, auch jemanden für einen Vortrag zu gewinnen, der in der Lage ist, klar und, was beinahe noch wichtiger ist, in einer für Laien verständlichen Sprache zu sprechen. Leibowitz ist fähig, seine Gedanken – und seien sie auch noch so kompliziert und schwer verständlich – jedem Menschen mitzuteilen, egal, ob jung oder alt. Als begnadetem Lehrer gelingt ihm dies immer wieder in fesselnder Form. Die Fähigkeit, der Wille, die Pflicht des Gewissens und das hervorragende Talent, seine Quellen nach außen sprudeln zu lassen, im Dienst von Lehre und Weisheit, sind in seinen Augen – und so soll es auch zukünftig bleiben – eine große Errungenschaft, derer sich der zivilisierte Mensch rühmen kann. Leibowitz ist – zusammen mit seiner Schwester Nechama – eifriger als seine Kollegen in akademischen Kreisen, Tora – Weisung im weitesten Sinne des Wortes – unter das Volk zu bringen. Und aufgrund seiner regen Einmischung in öffentliche Angelegenheiten sind sein Name und Ruf in weiten Kreisen der Bevölkerung bekannter als die Namen vieler seiner Kollegen.

Wir haben hier die Verkörperung des jüdischen Genius (ein Begriff, dessen Berechtigung Leibowitz in diesem Buch abstreitet) in konzentrierter und prägnanter Form vor uns, wie er uns in den letzten Generationen in den Lehrhäusern Ost-Europas begegnete, und wie wir ihn in unserer Generation auch an einigen wissenschaftlichen Akademien antreffen können. Seine weitverzweigten Tätigkeiten regen das kulturelle und geistige Leben an, so wie wir es aus Taten, Gedanken und Schriften der bedeutenden jüdischen Weisen der Vergangenheit kennen. Auf daß wir noch lange von seiner Lehre zehren können, die für so viele von uns ein Lebenselixier darstellt.

Biographisches

Der israelische Intellektuelle, Wissenschaftler und Philosoph Jeshajahu Leibowitz wurde 1903 in Riga geboren. Er erhielt in seinem Elternhaus eine jüdische Erziehung und besuchte zusätzlich das allgemeine Gymnasium in Riga. 1919 ging Leibowitz nach Deutschland. An der Berliner Universität studierte er Chemie und Philosophie, und erhielt 1924 den Doktortitel für Philosophie. In den Jahren 1926 bis 1930 war Leibowitz an der Kaiser-Wilhelm-Akademie in Berlin als Assistent des Biochemikers Karl Neuberg und später an der physiologischen Abteilung der Universität Köln tätig. 1929 nahm er das Medizinstudium in Köln und Heidelberg auf. 1934 erhielt er an der Universität Basel den Titel eines Doktors der Medizin. Im gleichen Jahr wanderte er nach Eretz Israel aus, wurde in den Lehrkörper der Hebräischen Universität Jerusalem berufen und 1961 zum ordentlichen Professor für organische Chemie und Neurophysiologie ernannt. Er unterrichtet ebenfalls Wissenschaftsgeschichte und -philosophie, sowie weitere allgemeinere Themenbereiche. Leibowitz' Forschungsgebiete liegen innerhalb der Chemie im Bereich der Zucker und Enzyme, in der Biologie hauptsächlich auf dem Gebiet der Neurophysiologie. Leibowitz arbeitete als Redakteur für den naturwissenschaftlichen Bereich der »Hebräischen Enzyklopädie« vom ersten Band ab und als Chefredakteur seit 1953. Er verfaßte für die Hebräische Enzyklopädie zahlreiche Artikel auf seinen Spezialgebieten und war auch wesentlich für Artikel der Judaistik und der Geisteswissenschaften verantwortlich.

Auf der Basis seiner Auffassung vom Judentum nahm Leibowitz zu dem Problem der Religion innerhalb der jüdischen Gesellschaft in Eretz Israel Stellung. Er wies – noch vor der Gründung des Staates Israel – auf die Frage der religiösen Bedeutung hin, die einer nationalen Befreiung zukomme, wenn es in ihrer Folge zu einer Gesetzgebung nach der Halacha zur Gestaltung des Staates kommen werde. Leibowitz war Offizier der »Hagana« in Jerusalem, und im »Poel ha-dati« tätig, der religiösen Gruppierung innerhalb der Histadrut, deren erster Kandidat er für die Wahlen zur legislativen Versammlung (1. Knesset) wurde. Aufgrund seiner völligen Ablehnung des Parteiensystems in Israel, einschließlich der »religiösen Parteien« mit ihren wirtschaftlichen und rabbinischen Institutionen, trat Leibowitz nach der Staatsgründung für eine absolute Trennung der jüdischen Religion vom Staat ein. Seit 1959 fordert Leibowitz diese Trennung verstärkt. Bisweilen gelangt Leibowitz aufgrund seines weltanschaulichen Systems zu weitreichenden Konsequenzen in aktuellen Fragen. 1962 gehörte er dem Komitee zur Entmilitarisierung des Nahen Ostens von Atomwaffen an. Mitte der fünfziger Jahre gehörte er der »Shurat ha-Mitnadwim« an, die gegen die Korruption im israelischen Regierungssystem vorging. Seit 1967 äußert Leibowitz heftigen Widerstand gegen die Annexion der im Sechs-Tage-Krieg eroberten Gebiete. Ziel dieses Widerstandes ist es, die Errichtung einer israelischen Gewaltherrschaft über ein anderes Volk und die Untergrabung des jüdischen und demokratischen Charakters des Staates Israel zu verhindern.

Auf diesem Hintergrund erlangt seine konsequente und kompromißlose ideologische Einstellung weitverbreitete Zustimmung, stößt jedoch auch auf heftigen Widerstand in religiösen und nationalistischen Kreisen. In religiösen Kreisen trifft man auf die unterschiedlichsten Einstellungen Leibowitz gegenüber. Auf der einen Seite hält man ihn für den größten lebenden jüdischen Philosophen, auf der anderen Seite betrachtet man ihn als einen »Ketzer, der die Mitzwot beachtet«.

Michael Shashar (Schereschewsky) wurde 1933 in Berlin geboren und kam 1935 nach Eretz Israel. Er studierte Judaistik an der Hebräischen Universität in Jerusalem und der »Volks-Uni« in New York. Shashar lebt als Journalist und Schriftsteller in Jerusalem. Er war mehrere Jahre lang Assistent des Verteidigungsministers Moshe Dayan, Berater des vierten Präsidenten des Staates Israel, Ephraim Katzir, und israelischer Konsul in New York. »Jeshajahu Leibowitz – Über Gott und die Welt« ist Shashars siebentes Buch.

Glossar

Achdut ha-Avoda: *1944 gegründete Arbeiterpartei in Eretz Israel*
Josef Albo: *ca. 1360-1444; Schüler des Kreskas; einer der mittelalterlichen jüdischen Philosophen, die versuchten, eine philosophische Systematik der jüdischen Religion zu erstellen*
Almohaden: *eine islamische Glaubenspartei und die von ihr getragene maurisch-spanische Dynastie (1147-1269)*
Amora/Amoräer (Pl. Amoraim): *alle rabbinischen Gelehrten der talmudischen Zeit (von 200 n.d.Z. bis zur Endredaktion des Talmud im 6. Jh.)*
Aramäisch: *eine dem Hebräischen verwandte Sprache, in der die Gemara des Talmud überwiegend abgefaßt ist*
Rav Aschi: *gest. 427; Leiter des Lehrhauses in Sura; spielte eine wichtige Rolle bei der Redaktion des Talmud*
Aschkenasim: *Juden aus den europäischen Ländern mit deutsch-jüdischer Kultur, vgl. Sephardim*
Astarte: *kanaanitische Göttin der Fruchtbarkeit, deren Kult auch nach Israel eindrang, vgl. Baal*
Autoemanzipation: *von Jehuda Pinsker (1821-1891) in Odessa in deutscher Sprache verfaßte politische Abhandlung über die nationale Befreiung und Emanzipation des jüdischen Volkes*
Baal: *Herr, Besitzer; Name eines weit verbreiteten, teilweise auch von den Israeliten verehrten kanaanäischen Fruchtbarkeitsgottes, vgl. Astarte*
Babylonischer Talmud: *die im Gegensatz zum Jerusalemer Talmud in den Lehrhäusern Babyloniens entstandene Diskussion und Kommentierung der Mischna; vor allem der babylonische Talmud ist im Judentum rechtlich autoritativ geworden; Endredaktion im 6. Jh. n.d.Z.*
Bar-Ilan-Universität: *in den fünfziger Jahren gegründete religiöse Universität in Ramat-Gan/Israel, in der die jüdische Tradition mit moderner Wissenschaft verbunden werden soll*

Salo Baron: *1898-1988; jüdischer Historiker in den USA*
Menachem Begin: *geb. 1913; rechter Politiker, Ministerpräsident Israels in den Jahren 1977-1982*
David Ben-Gurion: *1886-1976; Vorsitzender der politisch führenden Arbeiterpartei vor der Staatsgründung, verkündete 1948 die Unabhängigkeit und wurde dann erster Ministerpräsident Israels*
Chajim Hillel Ben-Sasson: *1914-1977; bedeutender Historiker und Prof. für jüdische Geschichte an der Hebräischen Universität Jerusalem*
Beterem: *politische Zeitschrift in Israel in den vierziger und fünfziger Jahren*
Ernst Bevin: *1891-1951; britischer Labour-Politiker, Außenminister im Kriegskabinett Churchill, 1945 in der durch ihre Sozialreformen bedeutenden Labour-Regierung Attlee. Leitete die Liquidierung des britischen Kolonialreichs ein. Seine Politik stand im Gegensatz zu den Interessen der jüdischen Bevölkerung in Eretz Israel.*
Isaak Bleichröde: *1867-1954; Rabbiner in Deutschland und später in Eretz Israel; Lehrer Gershom Scholems*
Brooklyn: *Stadtteil in New York mit überwiegend jüdisch-orthodoxer Bevölkerung*
Camp Davis: *Urlaubsort des amerikanischen Präsidenten, an dem die Friedensverhandlungen zwischen Israel und Ägypten unter amerikanischer Regie geführt und mit dem Friedensvertrag von 1979 abgeschlossen wurden*
Jimmy Carter: *geb. 1924; früherer Präsident der USA; an den Friedensverhandlungen zwischen Israel und Ägypten 1979 beteiligt*
Chabad-Bewegung: *chassidische Gruppe, die in ihrer Ideologie die Mystik mit der Vernunft verbindet; Chabad ist Abkürzung für Chochma-Weisheit, Bina-Verstand, Daʻat-Wissen, die Aufeinanderfolge der verschiedenen Stufen menschlicher Erkenntnis und zugleich innergöttlicher Kräfte*
Chassidische Höfe: *die im 18. Jh. in Polen gegründete jüdisch-religiöse Bewegung des Chassidismus zersplitterte rasch in kleine Gruppen und Gemeinden, die sich um ihren jeweiligen Rebbe als dem geistigen Oberhaupt der Gruppe wie um einen Fürsten mit eigener Hofhaltung und z.T. dynastischer Erbfolge organisierten; daher spricht man auch heute von den chassidischen Gruppen in Israel und den USA als den chassidischen Höfen*
Cheder: *Zimmer; Lese- und Schreibschule für vier- bis fünfjährige Kinder; hebräische Elementarschule*
Chelek: *Anteil; Kapitel im Talmud über die Frage, wer Anteil an der kommenden Welt hat*
Chowewe-Zion-Bewegung: *Vorläuferbewegung des Zionismus im Rußland des 19. Jh. zur Förderung der Besiedlung und des Aufbaus des Landes Israel*
Cohen: *Priester z.Zt. des Jerusalemer Tempels, nach der Tempelzerstörung ohne religiöse Funktion*
Moshe Dayan: *1915-1982; General der israelischen Armee; Verteidigungs- und Außenminister; eine der populärsten Persönlichkeiten Israels*
Diaspora: *Exil; Zerstreuung des jüdischen Volkes in der Welt*
Adolf Eichmann: *1906-1962; einer der Hauptverantwortlichen für die Durchführung der Ermordung des jüdischen Volkes im Dritten Reich; in Israel vor Gericht gestellt, zum Tode verurteilt und hingerichtet*
Israel Eldad: *geb. 1910; Schriftsteller und Ideologe der rechts-nationalen Bewegung in Israel*
Eretz-Israel: *das Land Israel*

Esther-Rolle: *biblisches Buch, das die Geschichte der jüdisch-persischen Königin Esther und dem von ihr verhinderten Pogrom gegen die Juden erzählt*
Ezechiel: *biblischer Prophet in den Jahren des Untergangs Jerusalems (593/92-587 v.d.Z.) und der ersten Zeit des babylonischen Exils (nach 587 v.d.Z.)*
Joachim Fest: *Historiker, Publizist und Verfasser einer Hitler-Biographie*
F. Bhamonde Franco: *1892-1976; spanischer Diktator; faschistischer General im spanischen Bürgerkrieg von 1936-1939, unterstützt und ausgerüstet von den deutschen und italienischen Faschisten*
Gebete König Davids: *die von der Tradition König David zugeschriebenen Gebete und Psalmen der Bibel: Leibowitz denkt im Gespräch besonders an die Lob- und Danklieder 1. Chr. 16,7-36; Ps. 105 und Ps. 106, in denen von Gottes Macht, Ehre und Herrlichkeit die Rede ist*
Gemara: *die auf der Mischna basierende aramäische und hebräische Diskussion und Kommentierung des Religionsgesetzes und der erzählerischen und predigthaften (erbaulichen) Traditionen im Talmud*
Genesis: *Schöpfung; das erste der fünf Bücher Mose in der Bibel*
Gojim: *Nicht-Juden*
Groß-Israel: *Stichwort und Slogan für die politische Einstellung, nach der Eretz Israel mindestens das Land zwischen Mittelmeer und Jordan umfaßt*
Achad Haam: *1856-1927; Pseudonym Ascher Hirsch Ginsbergs; Vertreter und Theoretiker der jüdischen Nationalbewegung; Gegner Herzls in der Definition der Ziele des Zionismus*
Haaretz: *israelische Tageszeitung*
Jehuda Halevi: *1080-1140; hebräischer Dichter und jüdischer Philosoph des Mittelalters*
Hallel: *Dankgebet an den Festtagen, Ps. 113-118*
Haggadische Midraschim: *literarische Gattung der Bibelauslegung, die Erzählungen, Geschichten und folkloristisches Material zur Auslegung benutzt; Gegenstück zu den halachischen Midraschim, den Bibelauslegungen mit überwiegend religionsgesetzlichem Charakter*
Halacha: *alle zivil- und religionsgesetzlichen Bestimmungen im Judentum*
Halacha-Kompendium: *Zusammenfassung aller religionsgesetzlichen Vorschriften und Anweisungen (Halacha)*
Hasmonäer: *Makkabäer, Priesterfamilie in Israel im 2. Jh. v.d.Z.; Anführer der Kämpfe um politische und religiöse Freiheit Israels um 163 v.d.Z. und anschließend königlich-hohepriesterliche Herrscherdynastie im unabhängigen Israel bis 40 v.d.Z.*
Gideon Hausner: *geb. 1915; Ankläger im Eichmann-Prozeß 1961 in Jerusalem*
Hebräische Enzyklopädie: *Erste vollständige Enzyklopädie in hebräischer Sprache, die sowohl Themen aus der jüdischen Welt als auch aus der nicht-jüdischen Welt behandelt*
Theodor Herzl: *1860-1904; Begründer des politischen Zionismus*
Hiob: *literarische Figur im gleichnamigen biblischen Buch; der leidende Gerechte schlechthin*
Histadrut: *die israelische Gewerkschaftsorganisation, gleichzeitig größter Unternehmer im Staat*
Historiosoph: *Historiker, der den Ablauf der Geschichte vor dem Hintergrund philosophischer Prinzipien erklärt*
Hosea: *biblischer Prophet in den Jahren 755/50-725 v.d.Z.*
Shmuel Jabnieli: *1884-1960; Führer der Arbeiterbewegung in Israel*

Jeremia: *biblischer Prophet der späten Königszeit (7.-6. Jh. v.d.Z.)*
Jewish Agency: *Exekutiv-Organ der Zionistischen Weltbewegung und dann zugleich Führungsorgan der Juden in Eretz Isrel vor der Staatsgründung, heute noch teilweise verantwortlich für die Integration der Neu-Einwanderer in Israel*
Jischuw: *die jüdische Bevölkerung in Eretz Israel vor der Staatsgründung*
Jom-Kippur-Krieg: *Krieg im Oktober 1973, in dem Israel unvorbereitet und überraschend von Syrien und Ägypten angegriffen wurde, nach anfänglichen Schwierigkeiten jedoch bedeutende militärische Erfolge an beiden Fronten erzielen konnte*
Jüdische Mystik: *mystische Deutungen von Tora, Ritus und Welt verbunden mit Elementen der allgemeinen Mystik (Vereinigung von Gottheit und Mensch in ekstatischen Erlebnissen), deren Anfänge man in der Prophetie sehen mag, dann vor allem aber die Kabbala und der Chassidismus*
Freies Jüdisches Lehrhaus: *eine von Franz Rosenzweig in Frankfurt/M. errichtete Erwachsenenbildungsstätte zur Förderung jüdischer Bildung, ab 1920*
Kabbala: *theosophisch-mythologische jüdische Mystik, im 12. und 13. Jh. in Südfrankreich u. Nordspanien entstanden (Hauptwerk der Sohar), sie erfuhr im 16. Jh. in Palästina eine tiefgreifende Umgestaltung durch Jizchak Luria*
Franz Kafka: *1883-1924; lebte in Prag, deutschsprachiger Schriftsteller; wird als einer der bedeutendsten Autoren des 20. Jahrhunderts betrachtet*
Meir Kahana: *geb. 1932; Gründer der rechts-nationalen jüdischen Verteidigungsliga in den USA und der militanten rechts-nationalen Gruppe Kach in Israel; ehemaliger Knessetabgeordneter*
Kanaanitische Kultur: *heidnische Kultur mit starker Verehrung der Natur- und Fruchtbarkeitsgötter im Land Kanaan vor der Eroberung durch die Israeliten; die Bibel fordert wiederholt zur Ausrottung und Vernichtung der kanaanäischen Kultur und Völker auf*
Immanuel Kant: *1724-1804; deutscher Philosoph in Königsberg*
Karäer: *jüdische Sekte (ab dem 8.Jh.), die nur die hebräische Bibel, nicht aber den Talmud und die rabbinische Tradition anerkennt, daher Karäer-Bibelkundige*
R. Josef Karo: *1488-1575; Kodifikator des jüdischen Religionsgesetzes, Verfasser des Schulchan Aruch und Kabbalist*
Kaschrut: *religiöse Speisevorschriften*
Jaacov Katz: *geb. 1904; Historiker und Soziologe an der Hebräischen Universität Jerusalem*
Kezot ha-Choschen: *Kommentar zum 3. Teil des Schulchan Aruch, d.h. dem zivilrechtlichen Teil, von Arye Leib Cohen*
Kibbutz: *landwirtschaftliche Siedlungsform in Eretz Israel, basiert auf kollektivem (Land)Besitz*
Bruno Kisch: *1890-1966; jüdischer Arzt aus Prag; einer der bedeutendsten Kardiologen in Deutschland zu Beginn des 20. Jh.*
Henry Kissinger: *geb. 1923; jüdischer Politiker in den USA; amerikanischer Außenminister von 1973-1977*
konservatives Judentum: *auf den deutschen Rabbiner Zacharias Fraenkel (1801-1875) zurückgehende Form des Judentums; ist stärker auf die Bewahrung der Tradition ausgerichtet als das Reform-Judentum und paßt die Gebote nur dann an Umwelt und Zeitgeist an, wenn es unbedingt notwendig ist*
Korach: *biblische Gestalt; revoltierte mit seinen Anhängern gegen Autorität und Führungsanspruch des Moses (vgl. 4. Mose 16)*
Chasdai Kreskas: *gest. um 1412; wichtiger jüdischer Philosoph des Mittelalters*
Kusari: *philosophische Abhandlung des Dichters Jehuda Halevi; eigentlicher Ti-*

tel »Buch der Begründung und des Beweises zur Verteidigung des mißachteten Glaubens«; gemeinhin »Kusari« genannt, da die Bekehrung des Khazarenkönigs zum Judentum seinen literarischen Rahmen bildet
Michael Kutosow: *1745-1813; russischer Prinz und Heerführer der russischen Armee gegen die napoleonische Invasion 1812*
Nechama Leibowitz: *geb. 1905; Professorin für Bibel und Bibelauslegung an der Universität Tel-Aviv; Schwester von Jeshajahu Leibowitz*
Emanuel Levinas: *moderner jüdischer Philosoph in Frankreich*
Likud: *rechts-konservative politische Partei in Israel*
Lubawitscher Chassidim: *die nach der russischen Stadt Lubawitsch benannte chassidische Chabad-Bewegung; der in den USA lebende Lubawitscher Rabbi wird von seinen Anhängern für den Messias gehalten*
Maarach: *sozial-demokratische politische Partei in Israel*
Maariv: *Abendgebet*
Männer der Großen Synagoge: *sagenhafte höchste religiöse Autorität des jüdischen Volkes zu Beginn der Zeit des Zweiten Tempels*
Maimonides: *Rabbi Moses ben Maimon; 1135-1204; Arzt und größter jüdischer Phlosoph des Mittelalters; lebte in Spanien und Ägypten; Verfasser der Mishne Tora, eine umfassende Kodifizierung des talmudischen Rechts und des philosophischen Werkes Moreh Nevuchim (Führer der Verwirrten), eine aristotelische Interpretation des Judentums*
Thomas Robert Malthus: *1766-1834; engl. Sozialforscher und Prof. für Geschichte und politische Ökonomie; vertrat eine seiner Epoche fremde, extrem pessimistische Anschauung über Wachstum und Entwicklung der Weltbevölkerung*
Manasse: *696-649 v.d.Z. König des Südreiches Juda*
Maschach Chochma: *Homiliensammlung (Predigtsamml.) zur Tora*
Golda Meir: *1898-1978; israelische Politikerin der Arbeiterpartei; Ministerpräsidentin von 1969-1974*
Moses Mendelssohn: *1729-1789; jüdischer Philosoph und Schriftsteller der Aufklärung in Deutschland*
Midrasch: *homiletische, erzählerische und rechtliche Auslegung und Erklärung der hebräischen Bibel*
Midrasch Rabba: *Auslegungsmidrasch zur Tora und den 5 biblischen Büchern Hohelied, Ruth, Beliser, Klagelieder und Esther*
Mincha: *Nachmittagsgebet*
Mischna: *die um 200 n.d.Z. abgeschlossene, nach Themen geordnete Aufzeichnung des bis dahin mündlich überlieferten jüdischen Religionsgesetzes; Grundlage des Talmud*
Mishne Tora: *s. Maimonides*
Mitzwa: *Gebot; religiöse Vorschrift, menschlicher Liebesdienst*
Bernhard Montgomery: *1887-1976; englischer General im 2. Weltkrieg; Gegner Rommels*
Moschav: *landwirtschaftliche Siedlungsform nach dem Prinzip der Kooperative und, im Unterschied zum Kibbutz, mit privatem Landbesitz*
Rudolf Mosse: *1843-1920; deutsch-jüdischer Verleger mit liberalen Anschauungen*
Mussar-Bewegung: *von R. Israel Salanter (1810-1883) geführte religiös-ethische Bewegung in Litauen, die die Beschäftigung mit ethischen Fragen betonte und das religiöse Gefühl, in dem sich alles menschliche Handeln vollzieht, zu stärken suchte*

Neo-Orthodoxie: *die im 18. Jh.von Samson Raphael Hirsch (Ffm.) und Asriel Hildesheimer (Bln.) maßgeblich beeinflußte Gegenbewegung zum Reformjudentum*
Neo-Kantianismus: *um 1860 entstandene philosophische Bewegung, deren Ziel die Wiederanknüpfung an Kant und Wiederaufnahme seiner kritischen Methode war. Ihr Begründer war der jüd. Philosoph Hermann Cohen*
Friedrich Nietzsche: *1844-1900; einflußreicher deutscher Philosoph und Schriftsteller*
Max Nordau: *1849-1923; Arzt, Schriftsteller und Vertreter des Zionismus*
Obadja: *1. biblischer Prophet nach der Zerstörung Jerusalems 587 n.d.Z.; 2. o.d. Proselyt, katholischer Priester in Nordfrankreich, der zum Judentum übertrat (11.-12. Jh.); sein Fall wird in einer von Maimonides verfaßten Abhandlung über den Übertritt zum Judentum behandelt*
Orthodoxie: *Rechtgläubigkeit*
Pentateuch: *die fünf Bücher Mose der Bibel*
Pessach: *Fest der ungesäuerten Brote im Frühling zumGedenken an den Auszug der Israeliten aus Ägypten*
Pontius Pilatus: *26-36 n.d.Z. römischer Statthalter in den Provinzen Judäa und Samaria; verurteilte Jesus v. Nazareth*
Poel ha-Zair: *1905 gegründete jüdische Arbeiterpartei in Eretz Israel*
Karl Popper: *Wissenschaftsphilosoph des 20. Jh.*
Poskim: *rabbinische Rechtsdezisoren der nachtalmudischen Zeit, deren Entscheidungen zur Feststellung des Rechtes als Präzedenzrecht herangezogen wird.*
Proselyt: *ein zur jüdischen Religion Übergetretener*
Protektorat: *Schutzherrschaft*
Psalter: *1. ein Saiteninstrument; 2. die Sammlung der Psalmen, das Psalmenbuch*
Pumbedita: *eine der beiden führenden babylonischen Talmudakademien neben Sura, in denen der babyl. Talmud entstand*
Rabba: *gest. 330; wichtiger Lehrer, nach der Tradition auch Leiter des Lehrhauses in Pumbedita*
Rabbi Chanina: *Amoräer kurz nach 200 n.d.Z.*
Rabbi Moses Isserles: *1525-1572; jüdischer Gelehrter, der die religionsgesetzlichen Grundsätze des aschkenasischen Judentums in seinen Anmerkungen zum Schulchan-Aruch zusammenfaßte*
Rabbi Schimeon: *Tanna der Generation von 130-160 n.d.Z.; später Schüler Rabbi Akibas, des bedeutendsten Lehrers jener Epoche*
Rabbinatsobergericht: *oberstes religiöses Gericht in Israel; Parallelinstitution zum säkularen zivilen Obergericht*
Jitzchak Rabin: *geb. 1922; General der israelischen Armee; ehemaliger Ministerpräsident; z.Zt. Verteidigungsminister*
Walter Rathenau: *1867-1922; jüdischer Politiker in Deutschland; Außenminister der Weimarer Republik; von antisemitischen Nationalisten ermordet*
Reform-Judentum: *um 1820 u.a. von Abraham Geiger in Deutschland angeregte Form des Judentums, das im Gegensatz zur Orthodoxie die Zeitbedingtheit der Halacha betonte und zu rechtlichen und rituellen Reformen und Anpassungen des Judentums an den modernen Zeitgeist schritt*
Revisionismus: *radikale national-zionistische Bewegung unter der Leitung des zionistischen Schriftstellers Se'ev Jabotinsky in den dreißiger Jahren in Eretz Israel*
rituelle Ehevorschriften: *alle mit Ehe, Ehehygiene und Sexualität verbundenen religiösen Vorschriften und Gebote*

Erwin Rommel: *1891-1944; deutscher General; führte im Zweiten Weltkrieg die deutschen Truppen in Nordafrika und bedrohte Eretz Israel durch den Einmarsch deutscher Truppen*
Anwar Sadat: *1918-1981 (ermordet); Ägyptischer Präsident, der mit Israel 1979 Frieden schloß*
Oliveira S. Salazar: *1889-1970; Diktator in Portugal von 1932-1968*
Herbert Samuel: *1870-1963; jüdischer Politiker in England; erster Gouverneur der englischen Mandatsregierung in Eretz Israel*
Sanhedrin: *1. oberste politische und religiöse Autorität des jüdischen Volkes zur Zeit des Zweiten Tempels; 2. Traktat im Talmud, der das Strafrecht behandelt*
Satmer-Chassidim: *nach der ost-europäischen Stadt Satmer benannte chassidische Gruppe; Anhänger dieser Gruppe leben heute vorwiegend in den USA, da sie eine stark anti-zionistische und gegen den Staat Israel gerichtete Ideologie vertreten*
Schabbat: *der siebente Tag der Woche, der in Erinnerung an das Ruhen Gottes nach der Schöpfung durch Unterlassung jeglicher Arbeit geheiligt werden soll; Zeichen des Bundes zwischen Gott und Israel*
Schacharit: *Morgengebet*
Scharam-a-Scheich (Scharm-el-Sheikh): *südliche Spitze der Sinai-Halbinsel am Roten Meer*
Schechina: *die Gegenwart Gottes bei den Menschen*
Schmita (Schabbatjahr): *Jedes 7. Jahr, in dem Felder und Weinberge brachliegen und ruhen (Lev. 25, 1-7) und alle Schulden erlassen werden sollen (Deut. 15,1)*
Sde-Boker: *Kibbutz im Negev; Altersruhesitz Ben-Gurions*
Sechs-Tage-Krieg: *Krieg im Juni 1967, der zur Eroberung der West-Bank, der Altstadt Jerusalems und der Sinai-Halbinsel durch Israel führte*
Sefer ha-Nizachon: *Buch des Sieges; Titel von wenigstens acht hebräischen Schriften, meist Polemik u. Apologetik gegenüber den Ansprüchen des Christentums und zur Verteidigung des Judentums. Das bekannteste verfaßte Yom Tov Lippman Muehlhausen, 15. Jh. in Prag*
Sephardim: *von der spanischen Kultur geprägte Juden, heute vorwiegend aus orientalisch-islamischen Ländern kommend*
Moshe Sharet: *1894-1965; ehemaliger Ministerpräsident und Außenminister Israels*
Ariel Sharon: *geb. 1928; General der irsraelischen Armee; ehemaliger Verteidigungsminister; gerade zurückgetretener Minister für Handel und Industrie*
Shoah: *Katastrophe; Holocaust; die Ermordung des jüdischen Volkes in den Konzentrationslagern des Dritten Reiches*
R. Dov Soloveitschik: *geb. 1903; bedeutender Rabbiner und Repräsentant der Neo-Orthodoxie in den USA*
Sota: *die des Ehebruchs verdächtigte Frau; Kapitel im Talmud über den Ehebruch*
Südreich Juda: *das nach der Teilung des salomonischen Reiches 926 v.d.Z. entstandene Königreich Juda mit der Hauptstadt Jerusalem; das Nordreich Israel wurde 722 durch die Eroberung der assyrischen Großmacht zerstört, das Südreich existierte bis zur Eroberung Jerusalems durch den babylonischen König Nebukadnezar im Jahre 587 v.d.Z.*
Sukkot: *Laubhüttenfest; ursprünglich herbstliches Erntefest, schon in biblischer Zeit zur Erinnerung an die Wüstenwanderung nach dem Auszug aus Ägypten begangen*
Sura: *s. Pumbedita*

Alexander W. Suworow: *1729-1800; russischer Nationalheld des 18. Jh., zeichnete sich im Krieg gegen die Türkei und Frankreich aus*
Talmudschule (Jeschiwa): *traditionelle Hochschule für das Studium der nachbiblischen Quellen des Judentums, vor allem des Talmud*
Tanach: *Abkürzung für Tora, Nevi'im, Ketuvim (Tora, Propheten und Schriften)*
Tanna (Pl. Tannanim): *alle Traditionsgelehrten der Zeit bis zur schriftlichen Niederlegung der Mischna (um 200 n.d.Z.)*
Tefillin: *die beim Morgengebet an Wochentagen um Kopf und Arm anzulegenden Gebetsriemen und Gebetskapseln mit biblischen Texten*
Tora: *Weisung; im engeren Sinn die fünf Bücher Moses, im weiteren Verständnis die gesamte religionsgesetzliche Überlieferung und rabbinische Tradition im Judentum*
Thorat ha-Emet: *die Lehre der Wahrheit; entspricht im Sprachgebrauch Rabbi Kooks der Kabbala*
Leopold Ullstein: *1826-1899; deutsch-jüdischer Journalist, Verleger und Gründer des gleichnamigen Verlages*
Chajim Weizmann: *1874-1952; Wissenschaftler und 1. Staatspräsident Israels*
West-Mauer – Klagemauer: *ein Teil der westlichen Umfassungsmauer des Jerusalemer Tempelberges aus herodianischer Zeit (Zeit Jesu); heiliger Ort und Gebetsplatz, an dem nach der Tradition Gottes Gegenwart (Schechina) nach der Zerstörung des Tempels gelegentlich erschien*
Yoreh De'eh: *Kapitel des Schulchan-Aruch über die Ritualgebote*
Zeloten: *Eiferer; Untergrundgruppe von extremen Nationalisten und Toraanhängern zur Zeit des Zweiten Tempels, die unter Einsatz des Lebens den Kampf gegen die römische Besatzungsmacht im Kleinkrieg aufnahmen*
Zion: *ursprünglich die Anhöhe des Jerusalemer Tempelberges, sodann symbolisch für Jerusalem und Eretz Israel insgesamt*
Zionismus: *nationale Befreiungsbewegung des jüdischen Volkes; Ende des 19. Jh. von Theodor Herzl (1860-1904) gegründet; setzte sich die Rückkehr des jüdischen Volkes nach Eretz Israel und die Errichtung eines jüdischen Staates zum Ziel*